직업의 지리학

소득을 결정하는 일자리의 새로운 지형

직업의
지리학

엔리코 모레티 | 송철복 옮김

김영사

직업의 지리학

1판 1쇄 발행 2014. 7. 4.
1판 7쇄 발행 2023. 1. 26.

지은이 엔리코 모레티
옮긴이 송철복

발행인 고세규
편집 성화현 | 디자인 지은혜

발행처 김영사
등록 1979년 5월 17일(제406-2003-036호)
주소 경기도 파주시 문발로 197(문발동) 우편번호 10881
전화 마케팅부 031)955-3100, 편집부 031)955-3200 | 팩스 031)955-3111

값은 뒤표지에 있습니다.
ISBN 978-89-349-6839-9 03320

홈페이지 www.gimmyoung.com   블로그 blog.naver.com/gybook
인스타그램 instagram.com/gimmyoung   이메일 bestbook@gimmyoung.com

좋은 독자가 좋은 책을 만듭니다.
김영사는 독자 여러분의 의견에 항상 귀 기울이고 있습니다.

이 도서의 국립중앙도서관 출판시도서목록(CIP)은 서지정보유통지원시스템 홈페이지
(http://seoji.nl.go.kr)와 국가자료공동목록시스템(http://www.nl.go.kr/kolisnet)에서
이용하실 수 있습니다.(CIP제어번호 : CIP2014019122)

세계 경제의 지도가 바뀌고 있다. 그 변화의 정도는 엄청나며 속도도 갈수록 더 빨라지고 있다. 새로운 경제 강자들이 지도에 등장하고 있으며 옛 강자들이 사라지고 있다. 어떤 도시들은 호황을 누리는 반면 다른 도시들은 쪼그라들고 있다. 작아서 제대로 보이지도 않던 지도상의 점들이 수천 개의 새 기업들과 수백만 개의 새 일자리를 가진 번영하는 거대도시들로 변모했다. 새 경제 수도들이 옛 경제 수도들을 대체하는 중이다.

이 같은 세계 경제의 변화와 마찬가지로 미국 경제지도 역시 오래전부터 차츰 변화를 거듭해왔으며, 더욱이 지난 20년 사이에 그 속도는 더욱 빨라졌다. 이러한 변화가 승자와 패자를 만들어내고 있으며, 이 둘 사이의 거리는 갈수록 멀어져만 간다.

캘리포니아에서 설계하고 중국에서 조립한다

세계 경제지도의 변화를 이해하는 데 가장 적합한 장소는 선전深베이라는 중국 도시이다. 비록 이전에 이 도시에 대해 들어본 적이 없다고 하더라도, 앞으로는 자주 듣게 될 것이다. 선전은 세계지도에 새로이 등장한 산업 수도 중 하나이며 세계에서 가장 빠르게 성장하는 도시이다. 30년이라는 짧은 기간 동안 이 장소는 작은 어촌 마을에서 1,500만 인구의 거대도시로 바뀌었다. 미국이라면, 라스베이거스나 피닉스처럼 급성장하는 도시가 인구 면에서 두 배로 커지자면 20년은 족히 걸릴 것이다. 그런데 선전 인구는 300배 이상 증가했고, 그 과정에서 세계의 제조업 수도가 되었다.

선전의 발전은 또한 미국 제조업 부문의 쇠퇴와 또한 거의 전적으로 궤적을 같이한다는 점에서 주목할 만하다. 30년 전, 선전은 외부에 전혀 알려지지 않은 평범한 작은 마을이었다. 미국의 제조업 근로자 수백만 명의 운명이 그랬듯이, 선전의 운명도 1979년 중국 지도부가 그곳을 '경제특구 1호'로 지정하면서 정해졌다. 경제특구는 외국인 투자를 끌어들이는 자석이 되었다. 결과적으로 투자의 유입은 수천 개의 새 공장을 탄생시켰다. 선전이 바로 미국의 제조업 일자리가 대거 옮겨간 장소이다.

디트로이트와 클리블랜드가 쇠퇴하는 동안 선전은 성장했다. 호경기로 급속하게 발전한 신흥도시가 어떤지 알고 싶다면 이 도시를 방문해봐라. 온갖 종류의 거대한 생산시설이 이곳을 뒤덮고 있다. 매주 이 도시의 스카이라인에는 사무용 고층 건물과 고층 아파트가 새로이 새겨진다. 갈수록 많은 근로자들이 시골을 떠나 이곳의 휑뎅그렁한 공장들에서 벌이가 더 나은 일자리를 찾기 때문에 노동 인구는 계속 팽창한다. 중국인들은 선전을 '하루에 고층건물 한 채, 사흘에 도로 하나가 건설되는' 도시라고 부른다. 북적이는 거리를 걷다 보면 이 도시의 에너지와 낙관주의를 느낄 수 있다. 선전은 중국의 주요 강세 도시 중 하나가 되었으며, 20년 동안 중국 내 수출 1위 자리를 지켜왔다. 현재 선전에는 세계에서 가장 붐비는 항구도 하나가 있다. 이 드넓은 항구 곳곳에서 거대한 크레인들이 가동되며, 열차, 온갖 색깔의 육중한 트럭들과 컨테이너들로 북적인다. 하루 24시간, 한 주 7일, 일 년 365일 내내 이들 컨테이너에는 엄청난 분량의 화물이 실리고 미국 서해안을 향해 운송될 채비를 마친다. 한 해에 이런 컨테이너 2,500만 개가 이 항구를 떠나는데, 거의 1초에 한 개 꼴이다. 떠난 지 2주 안에 컨테이너 속 상품들은 트럭에 실려 월마트 배송센터, 이케아 창고나 애플 점포로 향한다.

선전은 아이폰이 조립되는 곳이다. 세계화를 단적으로 상징하는 물건이 있다면 바로 아이폰일 것이다. 아이폰이 생산되는 과정은 세계화가 일자리의 소재지를 어떻게 바꿔놓았는지를 단적으로 드러낸다. 또한 오늘날의 미국인 근로자들에게 닥친 상황을 선명하게 나타내기도 한다. 과거에는 IBM이나 휴렛패커드 같은 대형 전자회사들이 거의 대부분의 자사 제품을 자사 종업원들이 거주하는 미국에서 제조했다. 오늘날, 애플 근무자들은 아이폰을 물리적으로 직접 만들지 않는다. 그 대신 아이폰은 아시아의 공급업체 수백 곳에서 외주outsourcing로 제작된다. 경제 측면에서 보면 아이폰 공급 사슬supply chain은 하나의 예술품이다. 왜냐하면 경제적으로 완벽하게 이치에 맞기 때문이다. 애플은 자사 제품을 매끈하게 설계하기 위해 신경을 쓰는 것만큼이나 자사의 공급 사슬 설계에도 심혈을 기울인 것 같다.

캘리포니아 주 쿠퍼티노에서 애플 기술자들이 아이폰을 구상하고 설계한다. 이 부분이 아직도 전적으로 미국에서 이루어지고 있는 아이폰 생산 과정의 유일한 단계이다. 이 단계에는 제품설계, 소프트웨어 개발, 제품관리, 마케팅, 기타 고가치高價値 기능들이 포함된다. 이 단계에서 인건비는 주된 고려사항이 아니다. 여기에서 주된 고려사항은 창의성, 독창성 그리고 아이디어 창출이다. 복잡하기는 하지만 설계만큼 인력과 자본의 집약도가 높지 않은 아이폰의 전자 부품들은 대부분 싱가포르와 대만에서 제조된다. 생산의 최종 단계는 전체 과정 중에서 노동 집약도가 가장 높은 부분이다. 근로자들은 하드웨어를 조립하고 재고를 유지하며 '핑'(인터넷에 연결된 특정 시스템이 정상적으로 연결되었는지 확인하기 위해 이용하는 통신 프로그램160)을 수행한다. 인건비가 핵심 요소인 이 부분은 선전 외곽에서 이루어지며 애플의 대만 공급업체인 팍스콘이 이를 처리한다. 생산시설은 세계에서 가장 큰 공장에 속하는데, 그 규모가 대단하다. 근로자 30만 명에 기숙사, 가게, 심지어 영화관까지 갖춘 그곳은 하나의 공장이라기보다 도시 속 도시에 가깝다. 대체로 열두 시간마다 근무교대하는 근로자들은 공장 구내에서 대부분의 시간을 보낸다. 만약 누군가가 인터넷으로 아이폰을 구매하면, 선전에서 직접 그 사람에게로 제품이 배달된다. 믿기 힘들겠지만, 그 아이폰은 오직 단 한 명의 미국인 근로자, 즉 UPS(미국의 대형 택배회사—옮긴이) 택배 직원만이 물리적으로 이 최종 생산품에 손을 대 미국 소비자에게 도달하는 것이다.

아이폰에 얽힌 이 이야기를 피상적으로만 보면 독자들은 매우 곤혹스러울 수도 있다. 지금 당신도 세계 곳곳의 소비자들을 사로잡은 이 상징적인 미국 제품을 가지고 있을지도 모른다. 하지만 이 제품에 얽힌 이야기에서 미국 근로자들은 혁신 단계 때에만 주된 역할을 했다. 복잡한 전자부품들의 제조를 포함해 생산 과정의 다른 대부분 단계들은 대만과 싱가포르로 이동했다. 그러니 "그다음엔 어떻게 될까?"라고 묻는 것이 당연하다. 한국, 독일, 일본, 영국에 이르기까지, 고소득 국가의 시민들 또한 같은 질문을 던진다.

미국에서 돌아가는 상황을 잘 살펴보면 다른 나라에서도 자국의 상황에 대입할 수 있는 통찰력을 얻을 수 있다. 지난 반세기에 걸쳐 미국 경제는 물리적 제품 생산을 중심으로 하는 공업 구조에서 혁신과 지식 생산을 중심으로 하는 공업 구조로 바뀌었다. 미국은 자국의 제조업 일자리를 대부분 잃었지만 혁신과 관련된 일자리에서는 지금까지 훨씬 더 잘 해오고 있다. 최근까지, 대부분의 개발도상국들은 주로 가격으로 경쟁하는, 노동 집약적인 저

低기술 제조업 부문들에 집중해왔다. 하지만 어느 시점에 가면 개발도상국들은 '캘리포니아에서 설계된' 제품들을 생산만 하는 단순한 노릇에 싫증을 낼지도 모른다. 그런 날이 오면 그 나라들은 혁신의 단계를 확보하기 위해 모색할 것이다. 예를 들어 인도는 급성장 중인 '실리콘밸리'(미국 실리콘밸리의 이름을 그대로 딴 것임—옮긴이)를 이미 벵갈루루에 조성했으며, 발달된 IT 부문을 보유하고 있다. 중국은 이미 모든 유럽 국가들보다 더 많은 특허를 내 생산하고 있으며, 중국 첨단기술 부문은 해마다 놀랍도록 성장하고 있다.

미국 근로자들 입장에서 좋은 소식은, 향후 수십 년 동안 지도적 위상을 보장해줄 혁신 부문에서 미국이 결정적 비교우위를 갖고 있다는 사실이다. 그 비교우위의 원천에는, 미국 경제에 관해 현재 벌어지고 있는 토론에서 대체로 간과해온 미국 경제 고유의 특성이 반영돼 있다. 이 책에서 우리는 이러한 특성을 살펴보고 왜 그것이 일자리의 미래에 그토록 중요한지 탐구할 것이다. 낙관주의의 근거가 단지 이론에 의한 것만은 아니란 걸 우선 강조해둔다. 자료에 따르면, 혁신 분야의 일자리 수는 줄고 있지 않고 폭증하는 실정이다. 다른 나라에 외주로 빠져나가는 것에 대해 언론이 온갖 호들갑을 떨고 있음에도 혁신적 산업에서 미국의 지도력은 약해지는 것이 아니라 강해지고 있다. 실제로, 혁신 부문은 미국 경제를 위한 일자리와 번영의 새로운 원동력이 되고 있다. 앞으로 살펴보겠지만, 이것은 단지 과학자들과 교육 수준이 높은 괴짜들에게만 중요한 것이 아니다. 혁신 부문의 성장은, 첨단기술에 종사하든 않든, 모든 근로자에게 엄청나게 중요하다. 특히 교육 수준이 낮은 근로자들에게 중요하다.

나쁜 소식은, 이러한 경제의 변화로 인해 미국 공동체들 사이에서 승자와 패자가 생겨나고, 시市들과 주州들 사이에서 전례 없이 일자리, 인구, 부富의 재분배가 일어나고 있다는 사실이다. 새로운 혁신 중심지들은 성장하는 반면 오래된 제조업 본거지들은 쪼그라들고 있다. 두드러진 현상으로, 승자와 패자 간의 거리는 더더욱 빠른 속도로 벌어지고 있다. 이처럼 커져가는 격차는 우연이 아니라, 혁신 부문에 성장을 가져오는 바로 그 경제적 힘에서 비롯된 필연적 결과이다. 그런데 역설적이게도 미국 성장엔진의 성공 자체가 미국 공동체들 사이에 심각하고도 큰 불평등을 낳고 있다. 앞으로 알아보겠지만, 이 과정의 승자와 패자가 우리 예상과 늘 일치하는 것은 아니다.

번영의 새 엔진

지난 30년 동안 미국은 해마다 평균적으로 제조업 일자리 35만여 개를 잃어왔다. 멈출 길 없는 이러한 감소의 양대 배경에는 세계화와 기술 진보가 있다. 그 결과, 중산층 근로자 임금은 1980년대 초 이래 사실상 제자리걸음했거나 감소해왔다. 전형적인 40세 고졸 근로자의 사례를 보자. 물가상승률에 맞춰 조정을 거친 그의 현재 시급은 그의 아버지가 1980년대에 받던 것보다 8퍼센트 정도 적다. 잠시 이에 대해 생각해보자. 이는 미국 역사상 처음으로 평균적인 근로자들이 이전 세대와 비교했을 때 생활 수준의 향상을 경험하지 못했음을 의미한다. 그러기는커녕, 생활 수준의 저하를 경험했다.

이러한 추세를 감안하면, 나라가 쇠퇴의 단계에 진입한 것이 아니냐는 미국 대중의 우려도 상당히 이해할 만하다. 하지만 실제 경제 상황은 현재 언론에서 벌어지고 있는 토론에서 내비치는 것보다 더 복잡하고 더 흥미로우며 더 놀랍다. 경제의 어떤 부분들과 국가의 어떤 지역들은 가라앉고 있는 반면, 경제의 다른 부분들과 다른 지역들은 떠오르고 있다. 이 책에서는 이러한 변화와 그것을 이끄는 심오한 경제적 힘을 다루어볼 것이다.

왜 우리는 혁신innovation에 관심을 가져야 하는가? 일자리에 있어 혁신의 문제는 매우 중요하다. 그것도 갈수록 더 중요해지고 있다. 생산 혁신 단계가 진행되는 장소는 전례가 없을 정도로 중요하다. 왜냐하면 혁신은 우리가 구매하는 제품들에 가장 많은 경제적 가치를 부가하기 때문이다. 물리적 부품들을 만드는 일은 너무 쉬워졌다. 그것으로 많은 가치를 부가하지 못하기 때문에 아이디어가 더 중요해진 경제 속에서 우리는 살고 있다. 역사상 처음으로, 오늘날 희소요소稀少要素는 어떤 물리적 물체나 어떤 귀중한 원료가 아니라 바로 혁신적 아이디어인 것이다.

당연히 혁신가들이 새 제품 가운데 가장 많은 몫의 가치를 만든다. 아이폰은 634개 부품으로 이루어져 있다. 너트나 볼트 같은 일반 부품들에서 생산되는 부가가치는 매우 낮다. 왜냐하면 이들 품목은 가격 경쟁이 매우 치열한 산업들에서 생산되며 세계 어디서든 제조될 수 있기 때문이다. 플래시 메모리나 칩 제어장치처럼 더 전문적인 부품들은 부가가치가 약간 더 크다. 하지만 아이폰 가치의 대부분은 그 콘셉트와 설계에서 나온다. 바로 이것 때문에 애플은 아이폰 한 대를 팔 때마다 110달러를 가져간다. 이 액수는 아이폰 생산에 참여하는 어떤 공급업체보다 훨씬 더 많다.

혁신 부문의 일자리들은 다양한 조합組合을 보인다. 이 조합에는 정보기술, 소프트웨어, 인터넷 서비스, 나노기술, 녹색기술, 생명공학 그리고 기타 생명과학 분야들이 포함된다. 하지만 혁신 부문이 단지 컴퓨터와 소프트웨어에 국한된 것만은 아니다. 이 용어는 오락, 환경, 마케팅, 금융 부문 등에서 새 아이디어와 새 제품을 발생시키는 방대한 일자리 집단을 아울러 지칭한다. 이 모든 일자리에 공통되는 점은 남들이 아직 만들지 못하는 새 제품들을 이들 일자리가 창조한다는 점이다. 이것이 오늘날 진짜 돈벌이가 되는 분야이다. 단지 기업들의 이윤 폭이나 국가적 자부심을 위해서가 아닌, 좋은 일자리를 의미하기 때문에 이것은 엄청나게 중요하다. 그 이유는 단순하다. 혁신은 기업 주주들과 종업원들이 나눠 갖는 '경제적 지대地代'를 창출한다. 애플이 받는

110달러 가운데 일부는 애플 주주들 호주머니로 들어가고, 나머지는 쿠퍼티노에 있는 애플 종업원들에게 간다. 그리고 엄청난 수익성 덕분에 애플에서는 계속해서 '혁신'을 할 수 있고 이에 따라 근로자를 고용할 유인誘因을 지닐 수 있다. 연구에 따르면, 어떤 기업이 더 혁신적일수록 그 기업 종업원들은 그만큼 더 많은 봉급을 받는다.

정보기술 업무는 결국에는 완전히 외주로 처리될 것이며, 이러한 과정은 제조를 외주하는 것보다 심지어 더 빠르고 더 깊어질 것이라고 권위 있는 전문가들은 예측한다. 또한 첨단기술에 종사하는 근로자들은 공장에 묶여 있지 않기 때문에, 혁신 부문의 일자리 대부분은 결국 임금이 낮은 국가들로 이동할 것이라고 주장한다. 이러한 견해는 미래를 내다보는 데 있어 너무 운명론적으로 비치기도 하지만 일단 겉으로 보기에는 그럴듯한 주장이다. 포천 500대 기업 대부분은 이미 소프트웨어 개발을 외주하거나 자사의 개발센터를 미국 바깥에서 확대하고 있다고 밝혔다. 경력 있는 소프트웨어 기술자는 인도에서 4만 달러를 번다. 그에 반해 실리콘밸리의 IT전문가는 대체로 16만 5,000달러를 번다. 그러니 국외에 외주함으로써 인건비를 4분의 3이나 절감할 수 있는데 기업들이 무엇 때문에 계속해서 실리콘밸리에서 사람을 채용하겠느냔 것이다. 세계화에 대해 논한 책 중 가장 영향력 있는 한 저서 《세계는 평평하다》에서 토머스 프리드먼은, 휴대전화, 이메일, 인터넷 덕분에 통신장벽이 너무도 크게 낮아졌기 때문에 물리적 위치가 더는 중요하지 않다는 유명한 주장을 펼쳤다. 실리콘밸리는 첨단기술 근로자들이 서로 상호작용할 필요성에 전적으로 존재 기반을 두고 있다. 그런데 더는 물리적 접촉이 굳이 필요하지 않으므로 실리콘밸리와 같은 곳들은 지도에서 사라지리라는 것이었다. 혁신 일자리에 대한 이 같은 비관적 전망은, 가장 상징적이고 영향력 큰 실리콘밸리 기업들 가운데 하나인 선마이크로시스템스에서 22년간 최고경영자를 지낸 스콧 맥닐리의 다음과 같은 말에도 잘 요약되어 있다. "집 사는 데 350만 달러를 쓰지 않아도 되고 봉급의 절반을 세금으로 내지 않아도 되기 때문에 더 적정한(여기서 '적정한'reasonable이라는 형용사는 근무자에게 봉급을 지불하는 미국 기업인 입장에서 사용한 것임—옮긴이) 봉급을 받고도 일하겠다는 기술자들이 많은 아시아와 여타 지역들로 실리콘밸리가 죄 이동하고 있다."[1]

설득력 있는 주장이다. 그런데 실은 이 주장이 실상實相과 별로 관계가 없다는 게 관건이다. 사실 데이터를 보면 진실은 이와 반대이다. 미국에서 혁신 부문의 일자리는 늘고 있으며, 그 성장 속도는 경제의 여타 부문들보다 훨씬 빠르다. 다름 아닌 세계화와 기술 발전이라는, 제조 부문에서 일자리 종말을 초래했던 바로 그 두 가지 힘이 이제는 혁신 부문에서의 일자리 증가를 이끌고 있다. 예를 들어, 지난 10년에 걸쳐 인터넷, 소프트웨어 그리고 생명과학 부문의 일자리 성장률은 경제 여타 부문들의 전체 일자리 성장률보다 여덟 배 이상 높았다. 경제의 여타 부문들이 이들

들어가는
글

세 부문처럼 성장했더라면, 실업이 없을 것임은 물론이고 아기와 노인을 포함한 미국 시민 한 사람에게 새 일자리가 네 개씩이나 돌아갔을 것이다. 뒤에서 살펴보겠지만, 이처럼 괄목할 만한 성장은 우연히 일어난 게 아니다. 그것은 살아 움직이는 미국 경제가 갖추고 있는 강력한 경제적 힘 세 가지를 반영한다.

예를 들어 어떤 사람이 구글에 근무한다면 그에게 혁신의 발전은 정말 신나는 일이겠지만, 그가 첨단기술 분야 바깥에서 일한다면, 게다가 별다른 기술이 없다면, 혁신의 발전은 그토록 중요하지 않을지 모른다. 따지고 보면 미국 근로자들 가운데 다수는 대학 졸업장이 없으며, 그들이 첨단기술 분야에 근무하는 일은 결코 일어나지 않을 것이다. 그렇다면 그들은 왜 혁신에 관심을 가져야 하는가? 밝혀졌듯이, 혁신 분야 발전의 수혜자는 과학자, 기술자, 새 아이디어 창안자처럼 첨단기술 기업에 직접 고용된, 교육 수준이 높은 사람들에 국한되지 않는다. 수혜자에는 모든 미국 근로자가 포함된다. 혁신 부문에서 일하는 사람들, 저급 기술을 가진 근로자들을 비롯해 혁신 부문에서 일하지 않는 사람들이 모두 포함된다. 여기에는 두 가지 중요한 이유가 있다.

혁신이 중요한 이유

혁신 부문은 여전히 미국의 고용 전체를 놓고 볼 때 작은 부분을 차지하는 데 그친다. 그 중요성이 빠르게 커지고 있지만, 혁신 부문이 일자리의 다수를 차지하는 일은 결코 없을 것이다. 그 이유는, 비록 종종 잘못 이해되기는 하지만 단순하다. 미국, 유럽, 한국, 일본을 막론하고 현대 경제에서 일자리의 3분의 2는 지역적 서비스local services에서 나온다. 교사, 간호사, 가게 점원, 웨이터, 미용사, 변호사, 목수, 치료사therapist 같은 일자리가 그것들이다. 순수하게 수數로 따져 지난 20년 사이 고용이 가장 많이 증가한 경제 부문은 첨단기술이 아니라 의료 서비스 분야였다. 하지만 비록 일자리 면에서 방대한 다수를 차지하고 있다고는 해도 지역적 서비스가 번영의 원인이 되지는 않을 것이다. 오히려 그것은 여타 부문들에 의해 만들어진 번영의 결과이다. 생활 수준을 높이려면 근로자들의 생산성이 높아져야 한다. 그런데 서비스 부문의 생산성은 그다지 많이 바뀔 수 없다. 오늘 머리를 깎으나 정신과 치료를 받으나 과거에 걸리던 것과 비슷한 시간이 걸린다. 식당에 가보면 손님 시중을 드는 웨이터의 수는 언제나 거의 같다.

30년 전, 제조업은 생산성 향상의 원동력이자 미국 근로자들의 봉급을 끌어올린 한 부문이었다. 오늘날 그 역할은 혁신 부문으로 넘어갔다. 이에 따라 혁신 부문에 발생하는 것이 미국인 대부분의 급여 인상을 이끈다. 혁신 부문에 근무하든 않든 상관없다. 이러한 관점에서 보면 제조업의 종말이 왜 그토록 섬뜩한지 그 이유가 분명해진다. 수십 년 동안 제조업은 번영의 주된 원동력이었으며, 모든 미국인, 즉 제조업에 종사하는 사람들과 서비스업에서 일하는 사람들 모두의 생활 수준을 끌어올리는 데 최종적 책임을 지는 한 부문이었다. 같은 이유에서, 혁신의 발전이 왜 그토록 중요한지도 똑같이 명백해진다. 혁신의 발전이 혁신 분야에서 일자리를 만들어내는 것을 넘어 국가 경제의 성패를 좌지우지하기 때문이다.

혁신의 발전이 일반 근로자에게 중요한 두 번째 이유는 일자리 증식이라는, 거의 마술 같은 경제학과 관련이 있다. 혁신적 산업들은 그것들이 몰려 있는 공동체들에 '좋은 일자리'와 높은 임금을 가져오며, 현지 경제에 미치는 영향은 명백히 눈에 보이는 효과보다 훨씬 막대하다. 연구에 따르면, 한 도시에 새 과학자를 유치하는 것은 '승수乘數효과'를 촉발하고 지역적 서비스 산업에서 고용과 임금을 높인다. 비록 첨단기술 부문은 전체 고용의 작은 부분에 불과하지만, 그것은 해당 지역에서 추가 일자리의 분량을 불균형적으로('전체 고용에서 혁신 부문이 차지하는 비중에 어울리지 않게'라는 의미—옮긴이) 창출하며 따라서 현지 경제를 밀도 높게 구성하는 첨병이 된다. 본질적으로, 한 도시의 관점에서 볼 때 첨단기술 일자리 한 개는 일자리 한 개를 넘어서는 어떤 것이다.

필자의 연구에 따르면, 한 도시에서 첨단기술 일자리 한 개가 새로 생길 때마다 그 도시의 첨단기술 바깥에서 궁극적으로 추가 일자리 다섯 개가 만들어진다. 대부분의 부문들에는 승수효과가 있는데, 혁신 부문의 그것은 전체 부문들 가운데 가장 커서 제조업의 약 세 배이다. 뒤에 가서 이것이 왜 그런지 알아볼 것이다. 여기에서는 단지 이 사실이 지역의 개발 정책에 중요하고도 놀라운 영향을 미친다는 것만 우선 지적해두겠다. 얄궂게도 이것은, 만약 어떤 도시나 주에서 미숙한 근로자들을 위한 일자리를 만들려고 한다면 그 최선의 방법은 고도로 숙련된 근로자들을 고용하는 첨단기술 기업들을 유치하는 것임을 의미한다.

언론에서는 다음과 같은 핵심적 사실을 흔히 놓친다. 경제적 힘들은 대단히 서로 밀접하게 연결되어 있기 때문에, 인적 자본과 기술을 더 잘 갖춘 근로자 집단에 좋은 것은, 인적 자본과 기술을 덜 갖춘, 같은 지역의 근로자 집단들에게도 좋다. 이것은 밀물이 모든 배를 끌어올리는 것이 아니라 최소한 같은 도시에 사는 사람들을 끌어올리는 경우이다. 이것은 오늘날 미국 사회의 진정한 격차가 사회적 계급뿐만 아니라 지리에 기인하는 것이기도 한 이유이다. 부인할 수 없는 것은, 지구촌 경제를 개조하고 있는, 막을 수 없는 경제적 힘, 즉 기술 변화와 세계화는 교육받지 않은 근로자들보다 교육받은 근로자들을 더 선호한다는 사실이다. 하지만 이들 힘이 지역의 일자리와 봉급에 미치는 영향은, 당신이 누구인가보다 당신이 어디 사는가에 더 결정적으로 달려 있다. 바로 그 두 가지 힘은, 같은 저低숙련 근로자라고 해도 제조업 지역의 사람들에게는 피해를 입힐 수 있고, 첨단기술 중심지의 사람들에게는 이득을 안겨줄 수 있다.

승자와 패자

혁신은 신약新藥, 더 나은 의사소통과 정보공유 방법 그리고 더 깨끗한 수송 수단이라는 형태로 엄청난 사회적 편익을 창출한다. 이러한 편익은 지구촌 전역의 소비자들이 누릴 수 있으므로 널리 확산된다. 그런데 혁신은 새롭고 더 나은 일자리라는 형태로도 엄청난 편익을 창출한다. 그런데 이러한 편익은 세계에서도 그 수가 얼마 안 되는 장소들에 엄청나게 집중된다.

미국 노동시장에 벌어지고 있는 일을 한번 살펴보자. 미국 사례를 보면 다른 많은 나라들에서 앞으로 노동시장이 어떻게 발달할지 알아볼 수 있다. 미국의 주된 경제엔진으로서 혁신 부문의 발달은 본질적으로 평평하지 않은 경제지도, 즉 승자와 패자로 이루어진 지도를 만든다. 오늘날 미국의 경제지도는 하나가 아닌 세 개의 미국을 보여주고 있다. 지도의 한쪽 끝에서는 숙련된 노동력과 강력한 혁신 부문을 갖춘 도시들이 빠르게 성장하고, 좋은 일자리들을 추가하며, 한층 더 숙련된 근로자들을 유치하고 있다. 반대편 끝에서는 과거 전통적 제조업에 의해 지배되었던 도시들이 오랜 쇠퇴의 길을 걸어오고 있으며, 일자리와 인적 자본을 잃고 있다. 지도의 중앙에서는 수많은 도시들이 어떤 방향을 택할지 결정하지 못하고 주춤거리는 것으로 보인다. 이 도시들의 미래는 어느 쪽으로든 향할 수 있다. 그런데 세 개의 미국은 점점 서로에게서 멀어지고 있다. 그 경제적 분기分岐는 수십 년 전

시작되었으며 이후 가속화되고 있다. 당초 이러한 분기는 경제에서만 발생했지만, 해가 가면서 더 깊어졌으며 문화적 정체성과 정치적 가치관에 영향을 미치기 시작했다.

주민들의 임금 수준을 기준으로 미국 도시들의 순위를 한번 매겨보자. 미국의 주요한 혁신 중심지들, 이를테면 실리콘밸리, 오스틴, 시애틀, 더럼-롤리, 보스턴·케임브리지, 워싱턴 D.C.는 모두 꼭대기 근처에 위치한다. 밑바닥에는 첨단기술이 전혀 없거나 거의 없는 도시들이 자리 잡고 있다. 미시건 주의 플린트, 버지니아 주의 댄빌, 뉴저지 주의 바인랜드-밀빌-브리지타운, 코네티컷 주의 워터베리가 보인다. 최상부 도시 집단의 근로자들은 생산성이 훨씬 높으며 훨씬 더 혁신적이기도 하다. 오스틴의 근로자들은 평균적으로 매년 댄빌의 근로자들보다 특허를 200배가량 많이 생산한다. 하지만 진짜 충격적인 것은 봉급 차이이다. 위에서 세 번째인 보스턴과 밑에서 네 번째인 플린트를 비교해보자. 두 도시 모두 자랑스러운 공업화 시대라는 과거를 가지고 있다. 하지만 현재 두 도시의 경제는 극과 극이다. 대학 졸업자가 플린트의 네 배인 보스턴에서는 혁신, 특히 보건학 연구, 첨단기술 연구개발R&D, 금융에 크게 의존하는 경제가 가동되고 있다. 미국에서 인적 자본의 집중도가 가장 낮은 편인 플린트의 경제는 여전히 전통 제조업, 특히 자동차 제조가 그 중심이다. 보스턴의 대졸자는 평균적으로 7만 5,173달러를 버는데, 이는 플린트의 유사직종 종사자 연봉의 거의 두 배이다. 실제로 보스턴의 고졸 근로자가 플린트의 대졸 근로자보다 연봉을 거의 2만 달러나 더 받는다.

　이 도시들의 차이는 그것뿐만이 아니다. 가장 흥미로운 부분은 그 차이가 해가 갈수록 커진다는 것이다. 1980년 두 도시의 경제는 그 정도로 판이하지 않았다. 1990년이 되자 그 차이는 벌써 더 가시적이 되었다. 2000년에 이르자 엄청나게 차이가 드러났다. 앞으로 살펴보겠지만, 이러한 추세는 우연이 아니다. 우연이기는커녕 혁신 기반 경제의 중요한 구조적 특징에서 비롯된 불가피한 결과인 것이다. 전통 산업과 달리 지식경제에는 집중화라는 본질적 경향이 있다. 이러한 신세계에서는 초기 이점initial advantage이 중요하며, 미래는 과거에 의해 크게 좌우된다. 혁신적 기업들이 혁신이 전문적으로 발달된 도시들을 선택하는 경향을 보이면서, 하나의 도시의 성공이 더 많은 성공을 불러온다. 혁신 기반의 좋은 일자리와 숙련된 근로자를 유치할 능력이 있는 공동체들은 일자리와 근로자를 더더욱 많이 유치하고, 그렇지 못한 공동체들은 더더욱 뒤처지는 경향이 있다.

　그로 인해 미국 근로자들이 갈수록 교육 수준 선線을 따라 지리적으로 분리되고 있다. 대졸자들은 첨단기술과 고임금이 자리 잡은 해안 도시들에 갈수록 더 몰려들고 있으며, 교육 수준이 낮은 개인들은 첨단기술이 덜 들어오고 임금이 낮은 미국 중심부 도시들에 갈수록 더 몰려들고 있다. 지난 30년 사이 보스턴에는 대졸자가 3분의 2 늘어난 반면 플린트에는 대졸자가 줄어들었다.

비록 그 정도는 덜하지만 비슷한 추세가 많은 유럽 국가들, 캐나다 그리고 일본에서 관찰된다. 최근 공업화가 추진된 여러 아시아 국가들에서도 이와 비슷한 경향이 보일 것이라고 예측할 수 있다. 대졸 주민이 많고 이들이 높은 연봉을 받기 때문에 숙련 근로자들이 많이 밀집된 도시들이 부유하다는 뜻이 아니다. 이것은 재미있기는 하지만 놀랄 일은 아니다. 그보다 더한 뭔가 심오한 것이 있다. 근로자의 교육 수준은 당사자의 봉급뿐만 아니라 그를 둘러싼 전체 공동체에까지 영향을 미친다. 대졸 주민이 많다는 사실은 현지 경제를 엄청난 방식으로 바꿈으로써, 주민들에게 돌아갈 수 있는 일자리의 형태와 전체 근로자의 생산성에 영향을 미친다. 이는 궁극적으로 숙련 근로자들뿐만 아니라 미숙련 근로자들에게도 임금 인상을 가져다준다.

미국 공동체들 사이에서 커지고 있는 격차는, 그 자체로서 중요하기도 하지만 미국 사회에 시사하는 것이 있기 때문에 특히 중요하다는 것이다. 세 개의 미국 사이의 격차는 다른 무엇보다도 경제적인 것이지만, 그 영향은 생활의 다른 많은 측면들로 번지고 있으며, 그래서 보건, 가계 건전성, 심지어 정치적 영향력 면에서 갈수록 심화되고 있다. 손을 쓰지 않고 내버려둔다면 이러한 추세는 지속될 가능성이 있으며 아마도 미래에는 가속화할 것이다.

미국 공동체들 사이의 이처럼 어마어마한 지리적 차이는 미국 노동 인구의 소득 불균형 확대에도 그 역할을 한다. 대졸 근로자들은 이동성이 훨씬 더 높기 때문에 지역의 경제여건이 나빠지면 보따리를 싸서 더 나은 일자리를 찾아 다른 곳으로 떠나는 경향이 있다. 그에 반해 고졸자와 고등학교 중퇴자들은 이동성이 훨씬 더 낮다. 현지 경제여건이 나빠져도 이동할 가능성이 더 낮다. 플린트를 빠져나오는 대졸자들의 흐름은 상대적으로 빠른 반면 고졸자들의 흐름은 이보다 훨씬 느리고, 고등학교 중퇴자들의 흐름은 그저 옴짝거리는 수준에 불과하다. 이것이 교육 수준이 상대적으로 낮은 개인들의 실업률이 구조적으로 더 높은 중요한 한 요인이다.

미국 근로자들이 유달리 숙련도가 높기 때문에 첨단기술 일자리들이 미국에 소재한다고 일반적으로 생각한다. 인적 자본이 혁신의 중요한 구성요소인데, 다른 나라들과 비교하여 미국이 재능을 갖춘 인적 자본을 압도적으로 많이 공급할 수 있기 때문에 혁신 부문이 미국에서 계속 유지된다는 것이다. 이러한 주장은 흥미롭기는 하지만 거의 전적으로 신화神話에 가깝다. 미국 학교들의 낮은 학업 수준, 특히 첨단기술 기업에 가장 중요한 수학과 과학에서의 낮은 수준 때문에 평균적인 미국 십대 청소년은 대부분의 다른 선진국들과 많은 신흥국의 평균적인 근로자보다 숙련도가 낮다.

혁신에 있어 미국은 다른 비교우위를 갖고 있다. 이 비교우위는 미국 경제의 미래를 논하는 일반 토론에서 대체로 간과되어왔다. 혁신 부문은 전통적 부문들과 다르다. 전통적 생산은 국외로 이전하기가 상대적으로 쉽지만, 혁신적 기업들을 옮기기는 훨씬 어렵다. 장난감이나 섬유를 생산하는 공장이 있다고 치자. 그 공장을 이를테면 중국이나 인도에 있는 완전히 다른 장소로 옮기는 것을 막을 수 없다. 장난감이나 섬유를 만드는 일은 그다지 어렵지 않다. 어디서든 잘 만들 수 있다. 철도나 항구가 가까이 있기만 하면 그 소재지가 정확히 어디냐는 그리 중요하지 않다. 하지만 같은 논리가 혁신적 기업에게는 통하지 않는다. 생명공학연구소나 소프트웨어 기업을 멀리 인적이 끊긴 곳으로 옮겨놓고 그 연구소나 기업이 계속 혁신적이기를 기대할 수는 없다. 혁신을 창조하기는 훨씬 더 어려우며, 혁신 아이디어는 고립 상태에서 절대 탄생되지 않는다. 혁신적 생산을 위해서는 적절한 생태계를 찾아내는 것이 엄청나게 중요하다. 어떤 다른 부문보다도 더, 첨단기술 기업의 성공은 단지 그 근로자들의 우수성뿐만 아니라 그 기업을 둘러싼 전체 지역 경제에 달려 있다. 첨단기술 기업들이 첨단기술을 전문으로 하는 도시들을 선택하는 경향이 있는 것은 우연이 아니다. 이것은 혁신 일자리와 R&D가 몇몇 도시들에 크게 집중되는 현상으로 이어진다. 혁신적 산업들은 한덩어리로 뭉치는 경향이 강할 뿐만 아니라 이러한 뭉침은 없어지지도 않는다. 화상 회의, 이메일, 인터넷도 이러한 뭉침의 정도를 낮추지 못했다. 전 세계 전화 통화, 교통 그리고 투자의 95퍼센트는 지역에서 이루어진다. 어느 정도인가 하면, 첨단기술 부문은 20년 전보다 현재 더 많이 뭉쳐져 있다.

도대체 이러한 '뭉침'을 이끄는 요소는 무엇일까? 언뜻 보면, 미국 지도에 나타난 혁신적 산업들의 지리적 집중은 마구잡이이며 영문 모를 일처럼 보인다. 첨단기술 산업들이 현 위치에 자리 잡은 이유를 설명해줄 똑 부러진 자연적 이점은 없다. 따지고 보면 실리콘밸리에는 실리콘이 없으며, 샌디에이고가 생명공학에 특별히 좋은 장소이어야 할 명백한 이유도 없고, 시애틀이 소프트웨어를 개발하는 데 특히 좋은 도시이어야 할 뚜렷한 이유도 없다. 그뿐만 아니라, 이 혁신 단지cluster들은 대단히 비싼 지역에 자리 잡는 경향이 있기 때문에, 그 소재지가 사업적으로 그다지 좋은 의미가 있는 것 같지도 않다. 그러므로 이 어렵고도 중요한 질문을 우리는 다시 이렇게 물어야 할 것이다. 미국의 혁신 부문을 유지하는 것이 무엇이냐가 아니라, 그보다는 미국의 혁신 중심지들, 즉 오스틴, 보스턴, 샌프란시스코, 더럼, 시애틀 같은 곳들을 유지하는 것이 무엇이냐고 말이다. 다시 말해, 더 싼 지역으로 갈 수 있는데도 무엇 때문에 혁신적 기업들은 이처럼 비싼 지역에 한데 모이느냐라고 물어야 할 것이다.

이에 대해서는 혁신 단지가 중요한 경쟁우위를 제공하기 때문이라고 답할 수 있다. 이러한 우위는 혁신 부문의 놀라운 세 가지 특징을 반영한다. 경제학자들은 이 세 가지를 싸잡아 '뭉침의 힘 forces of agglomeration'이라고 부르는데, 두터운 노동시장, 전문적 사업 인프라의 존재 그리고 가장 중요하게는 지식 전파傳播가 그것이다. 이러한 뭉침의 힘이 왜 존재하는지, 그 힘이 왜 갈수록 강해지는지에 관해서는 이 책의 뒷부분에서 상세하게 살펴볼 것이다. 여기서 말하려는 핵심은, 어떤 지역에 몇몇 첨단기술 기업을 일단 유치하면, 다른 첨단기술 기업들이 뭉치기에 더더욱 매력 있는 곳으로 그 지역을 만드는 방식으로 그곳의 경제가 변한다는 사실이다. 많은 숙련된 개인들이 혁신적 일자리를 찾아 나서고 혁신적 기업들이 숙련된 근로자들을 구하는 가운데 이것은 자급균형self-sustaining equilibrium(한번 발생하고 나면 그다음부터는 자동적으로 계속 달성되는 균형—옮긴이)을 발생시키는 경향이 있다. 이러한 뭉침의 힘은 균형을 혁신적 기업들이 뿌리칠 수 없을 정도로 매력적이게 만든다. 이는 전체가 부분들의 합슴보다 훨씬 더 크게 된다는 전형적인 사례라 할 수 있다. 첨단기술 기업은, 이용 가능한 숙련 인력, 전문적 공급업체들 그리고 지식의 흐름을 지원할 만큼 충분히 대규모인 혁신 중심지에 자리 잡음으로써, 더 창의적이고 더 생산적으로 변한다. 이것이 결국 보스턴의 근로자들이 플린트의 근로자들보다 임금을 두 배 이상 더 받는 이유이며 특히 그 격차가 계속 커지는 이유이다.

전망

20세기에는 많은 시간 동안 좋은 일자리와 높은 소득이 물리적으로 제품을 생산하는 데서 나왔다. 공장과 설비를 세울 물리적 자본을 투자 유치하는 것에 경쟁했다. 대규모 제조업 부문을 건설할 능력이 있는 도시들과 국가들은 엄청나게 부유해졌다. 미국은 세계에서 가장 성공적인 제조업 부문을 보유했고, 그 결과 경제 강국이 되었다. 21세기에 좋은 일자리는 새 아이디어, 새 제품 또는 새 기술의 창조에서 나올 것이다. 물리적 자본이 아니라 인적 자본 유치를 놓고 경쟁이 벌어질 것이다. 사람들은 얼굴을 마주 보며 협력할 때 가장 창의적이기 때문에 지리가 그 어느 때보다 더 중요해질 것이다. 인재의 집중은 더 많은 인재를 끌어모으고, 이는 더 많은 협력을 낳고, 모든 사람의 기량을 크게 증대시키며, 더 많은 인재와 기타 등등을 끌어모은다. 혁신적 근로자들이 일하는 대규모 단지를 유치할 수 있는 도시들과 국가들이 지배적 주자走者가 될 것이다.

지리적 뭉침을 지향하는 혁신 부문의 본질적이고도 거의 마술적이라고 할 수 있는 이러한 경향은 학자들의 호기심을 불러오는 것에 그치지 않는다. 그것은 많은 국가들의 미래에 결정적으로 중요한 영향을 미친다. 이는 새 일자리의 대부분이 계속해서 오래된 제조업 중심지들을 버리고 첨단기술 중심지들로 몰려듦에 따라 미래에 공동체들 간의 격차는 반드시 더 커지게 되어 있음을 의미한다. 한 경기에서 이기면 탄력을 받아 더 잘하게 되고 그래서 다음 경기에서도 이길 가능성이 더 높아지는 스포츠와 같다. 역사적으로 이러한 스포츠에서 승리를 거둬온 미국의 일부 도시들은, 그래서 다른 도시들이 패배하는 가운데 위상을 강화하고 있다. 이 같은 방식으로 고찰하면, 오늘날 미국에서 점점 벌어지고 있는 지리적 격차가 하나의 우연이 아니라 깊이 자리 잡은 경제적 힘의 필연적 결과라는 것이 이제 명백해진다. 이러한 결론은 정치적 결과를 수반한다. 바로 자신의 과거라는 덫에 걸려 있는 모든 공동체들에게 '어떻게 할 것인가'라는 문제를 제기하기 때문이다. 우리는 이 '빈곤의 덫'에서 탈출할 정책을 수립하는 동시에 각국 정부가 직면한 새로운 국면을 분석할 것이다.

이렇게 되리라고 예상된 적은 없었다. 닷컴 광풍(미국 경제를 한껏 달구었던 인터넷 기반의 경제—옮긴이)이 정점에 달했던 2000년, 각계각층의 관측통들이 거의 한목소리로 "신경제는 기업과 근로자 모두에게 더 많은 장소의 자유를 준다"[2]라고 결론 내렸다. 앞에서 이야기했듯이 토머스 프리드먼은 《세계는 평평하다》에서 휴대전화, 이메일, 인터넷 덕분에 통신장벽이 너무도 크게 낮아졌기 때문에 장소는 중요하지 않다는 유명한 주장을 폈다. 거리는 사망한 상태였다. 지리는 중요하지 않았다.

이러한 주장은 계속 울려 퍼졌다. 어디에 살든 상관없이 사람들은 지식을 공유할 수 있으며 사실상 비용을 들이지 않은 채 제품을 이동시킬 수 있다는 것이 그 주장의 핵심이다. 이러한 견해에 따르면, 현재 실리콘밸리와 보스턴처럼 고高비용 장소들에 몰려 있는 좋은 일자리들은 미국에서건 국외에서건 저低비용 장소들로 신속하게 흩어질 것이다. 경력이 있는 소프트웨어 기술자가 인도에서는 3만 5,000달러를 버는 반면, 실리콘밸리에서는 14만 달러를 번다. 외주하면 비용을 그토록 많이 아낄 수 있는데도 왜 미국 기업들은 계속 실리콘밸리에서 인력을 채용하려 할까? 같은 이유로, 실리콘밸리의 인건비가 앨라배마 주 모바일의 세 배라면 기업들은 결국 모바일로 이전할 것이다. 그 주장에 따르면, 이러한 분산의 과정은 제조업 일자리의 분산보다 더 빨라야 한다. 왜냐하면 소프트웨어 코드를 디지털 전화 가입자 회선DSL에 실어 이동시키는 것이 부피가 큰 상품을 국경을 가로질러 이동시키는 것보다 더 쉽기 때문이다.

또한 그렇게 미래를 내다보는 견해에 따르면, 미국의 위대한 혁신 중심지들은 지도에서 사라질 것이며, 혁신 일자리들은 미국 전역에 걸쳐 균등하게 분산될 것이다. 이러한 견해를 가진 사람들의 예측의 핵심은 미국 공동체들이 서로 녹아든다는 것이다. 그렇다면 저비용 지역들은 새로운 고임금 일자리들을 갈수록 더 많이 유치할 것이다. 클리블랜드, 토피카, 모바일처럼 뒤처져온 도시들이 훨씬 더 빠르게 성장할 것이다. 고비용이라는 수렁에 빠진 샌프란시스코, 뉴욕, 시애틀 그리고 비슷한 도시들은 쇠퇴할 것이다.

하지만 실제 자료는 이런 견해를 뒷받침해주지 않는다. 현실에서는 그 반대 현상이 발생해왔다. 혁신에 있어 한 기업의 성공은 근로자의 단순한 자질 이상의 뭔가에 의존한다. 그 성공은 또 기업을 둘러싼 전체 생태계에 의존한다. 이는 중요한 문제이다. 왜냐하면 전체 생태계 때문에, 혁신의 본거지를 다른 곳으로 옮기는 것은 전통적 제조업이 본거지를 옮기는 것보다 더 어려워지기 때문이다. 섬유 공장은 노동력이 풍부한 곳이라면 세계 어디에든 자리 잡을 수 있는 독립형 존재이다. 그와 반대로 생명공학 연구소는 다른 나라로 내보내기 어렵다. 그러자면 단지 기업 하나만이 아니라 전체 생태계를 이동시켜야 하기 때문이다.

많은 연구기관에서 점점 더 이런 견해를 내놓는다. 도시는 단순히 개인들의 집합체가 아니라, 사업의 새 아이디어와 새 방법의 창출을 조성하는, 복잡하며 상호 연관된 환경이라는 것이다. 예를 들어, 근로자들 사이에서 일어나는 사회적 상호작용이 혁신과 생산성을 높이는 학습 기회를 만들어내는 경향이 있다. 똑똑한 사람들 주변에 있다 보면 우리는 더 똑똑해지고 더 혁신적인 사람이 된다. 서로 가까이 뭉쳐 있음으로써, 혁신가들은 서로의 창의적 정신을 발전시키며 더 성공적인 사람이 된다. 그러므로 어떤 도시가 혁신적 근로자들과 혁신적 기업들을 일단 유치하면, 다른 혁신가들에게 그곳을 더더욱 매력적인 곳으로 만드는 방식으로 그곳의 경제가 변한다. 따지고 보면 이것이 바로 미국 공동체들 사이에서 '거대한 상이相異'를 만들어내는 것이다. 이에 따라 어떤 도시들은 좋은 일자리, 재능 있는 인력, 투자의 집중이 심화되는 현상을 경험하는 반면 또 어떤 도시들은 급속히 쇠퇴하는 것이다. 이는 단지 우리 경제뿐만 아니라 사회 전반을 엄청난 방식으로 개조하고 있는 하나의 추세이다. 이러한 추세는 미국에서 커지고 있는 불평등이라는 부분이 단지 계급 격차만이 아니라 지리적 격차를 반영함을 의미한다.

저비용 지역들은 따라잡아야 할 운명에 놓여 있다는 견해에 새겨들을 만한 구석이 없다는 뜻은 아니다. 전 지구적 차원에서 보자면 지난 10년간 가장 중요한 경제적 발전은 브라질, 중국, 폴란드, 터키, 인도, 심지어 일부 아프리카 국가들 같은 개발도상국들에서 놀랍도록 생활 수준이 개선된 점일 것이다. 이들 나라의 뛰어난 경제적 성과 덕분에 이들 나라와 부자 나라들 사이의 격차가 크게 줄었으며, 이는 이 나라들이 소득 수준에 있어 뚜렷하게 성과를 내는 데 기여했다. 환영할 만한 소식이다. 좀처럼 인식되고 있지 않지만, 지구 차원에서 측정할 때 불평등은 크게 줄었다. 미국 남부가 지난 50년에 걸쳐 경험한 따라잡기는 이렇게 서로 녹아드는 과정의 또 다른 사례라 할 것이다. 많은 남부 주들은 1960년대에 미국 여타 지역에 비해 눈에 띄게 가난했지만 이후 수십 년에 걸쳐 더 급속하게 성장했다.

그렇지만 두 사례 모두에서 따라잡기 과정은 지리적으로 균등하지 않았다. 일부 남부 도시들, 예컨대 오스틴, 애틀랜타, 더럼, 댈러스, 휴스턴은 다른 도시들보다 훨씬 더 빨리 성장했고, 그 바람에 남부 공동체들 사이에 격차가 커졌다. 개발도상국들도 비슷한 지역적 차이를 드러낸다. 중국의 경우, 상하이의 1인당 소득은 부자 나라의 소득에 근접했다. 상하이 학생들은 표준시험 성적에서 미국과 유럽 학생 들을 큰 폭으로 능가한다. 상하이의 사회 기반시설은 미국 대부분의 도시보다 더 좋다. 하지만 중국 서부의 농업 공동체들의 발전상은 이에 훨씬 못 미친다. 중국과 부유한 나라들 간의 격차가 줄었음에도 중국의 지역 간 격차는 분명히 커졌다.

무엇이 이러한 추세를 이끌고 있는가? 왜 이렇게 뚜렷한 차이가, 많은 사람들의 예상대로 줄지 않고 늘고 있는가? 이 책에서는 이러한 추세의 근본 원인과 그것이 미국 공동체들에 의미하는 바를 탐구하며, 혁신적 기업들에 미국을 매력적인 장소로 만드는 특성을 검토한다. 이 부문의 일자리들이 왜 미국의 혁신 중심지들에 몰려 있는지를 이해하는 것이야말로, 세계 경제의 미래를 이해하는 열쇠이다.

'거리의 종말'과 '평평한 세계'에 관한 온갖 호들갑에도 불구하고, 어디 사느냐는 그 어느 때보다 더 중요하다. 혁신 부문의 내부에 살든 외부에 살든, 자영업을 하든 직장 생활을 하든, 어디 사느냐는, 직장 경력에서 재무에 이르기까지, 만나는 사람들의 종류에서 자녀들이 노출되는 가치에 이르기까지, 삶의 모든 측면에 크게 영향을 준다. 세계 도시들이 서로 떨어져 따로 성장하기 때문에, 일자리의 새 지형도를 이해하는 것이 그 어느 때보다 더 중요해졌다.

앞으로 이어질 장들은 경제의 새 풍경을 통과하는 여행이다. 우리는 발전하는 도시들과 죽어가는 도시들을 탐구할 것이고, 멀리 떨어진 땅들과 친숙한 뒷마당들을 여행할 것이다. 또한 우리는 픽사Pixar(3차원 컴퓨터 그래픽을 전문으로 하는 미국의 소프트웨어 회사. 국내에서 개봉된 〈토이스토리〉〈벅스라이프〉〈카〉 같은 애니메이션이 픽사 작품이다—옮긴이)에서 색채학자를, 샌프란시스코에서 제본업자를 만날 것이다. 나아가 최신 유행을 뽐내는 시애틀의 '개척자 광장'을 걸을 것이다. 이곳은 한때 메타돈 진료소(헤로인 중독 치료에 쓰이는 약물인 메타돈을 사용하던 병원—옮긴이)들 때문에 알려졌지만 지금은 징가(미국의 사회공동망 게임 개발 업체. 페이스북이나 마이스페이스와 같은 SNS에 게임을 제공한다—옮긴이), 블루 나일(다이아몬드 같은 보석류를 온라인으로 판매하는 미국 기업—옮긴이) 같은 기업들의 본거지이다. 우리는 유럽에서 가장 재미있는 도시이지만 의외로 아직도 가난한 베를린과 상대적으로 볼거리가 적음에도 갈수록 번성하는 롤리-더럼을 방문할 것이다. 중국의 공업력이 어떻게 확대되었는지, 이것이 한국과 일본 근로자들에게 무엇을 의미하는지도 알아볼 것이다.

그러는 동시에 우리는 세계 경제의 변화가 어떻게 지구촌의 작업장을 개조하고 있는지 알아볼 것이다. 이런 것들이 미래 일자리의 소재지, 특정한 도시들과 지역들의 운명을 결정할 힘이다. 우리는 무엇이 이러한 변화를 일으키는지, 그 변화가 어떻게 우리의 직장 생활, 우리의 공동체, 우리의 생활방식에 영향을 미치는지 알아볼 것이다.

우선 이를 위해서 우리는 국가들이 어떻게 부유해지는지를 알아볼 필요가 있다. 미국은 과거 가난했다가 지난 세기에 번영하는 중산층 사회가 되었다. 비록 미국보다 뒤일 테지만, 한국은 정확히 같은 궤적을 따르고 있다. 비록 가속 모드이기는 한데 중국도 비슷한 추세를 보이기 시작했다. 실제로, 경제 개발은 어떠한 방식으로 이루어질 것인가?

차례
THE NEW GEOGRAPHY OF JOBS

1

제조업의
흥망

The Rise and Decline of Manufacturing

자신이 육지로 밀려오는 바닷물을 되돌릴 수
있다고 믿었다가 물에 빠져 죽을 뻔했던
영국 왕 크누트와 마찬가지로
거대한 역사의 힘은 거스를 수 없다.

해마다 늘어나는 공장에서 일하기 위해 중국과 인도 농민 수백만 명이 그들이 살던 마을을 떠나 몸집이 커지는 도시로 이주한다. 미국인들로서는 경외감과 불안감이 뒤섞인 심정으로 이 현상을 그저 바라보고 있을 수밖에 없다. 그러는 사이 그들 나라의 휑뎅그렁했던 공장들에서 수백만 개의 일자리가 창출되고, 그 공장들에서 끊임없이 제품이 쏟아져 나오며, 생활 수준은 현저히 개선된다. 미국인, 일본인, 한국인은 벌써 잊어버렸을지 모르지만 그리 오래지 않은 옛날 그들의 모습이 저러했다. 저소득 사회에서 중산층 사회로 나아가는 데 정확히 같은 원동력, 즉 좋은 제조업 일자리가 동원됐던 것이다.

제2차 세계대전이 끝난 이듬해인 1946년, 미국 가정들은 현재 기준으로 보면 가난했다. 유아 사망률은 높았고, 소득과 소비는 낮았다. 냉장고나 세탁기 같은 가전제품은 귀한 물건이었다. 대부분의 사람에게 새 신발을 사는 일은 큰 행사였다. 텔레비전이 있는 집은 전체의 2퍼센트에 불과했다. 하지만 그로부터 30년이 흐르는 동안 미국 사회는 역사상 가장 인상적인 경제적 변화를 경험했다. 봉급과 소득은 놀라운 속도로 늘었다. 사회 모든 계층에서 소비가 폭발적으로 증가했다. 미국 대부분 지역에 이전에 볼 수 없었던 풍요와 낙관의 분위기가 넘쳤다. 1975년이 되자 유아 사망률은 절반으로 줄었고 생활 수준은 두 배로 높아졌다. 가전제품은 너무도 싸져서 누구든 장만할 수 있었다. 신발을 새로 구입하는 것은 별것 아닌 일상사가 되었고, 사실상 모든 가정이 텔레비전을 보유했다. 짧은 기간인 한 세대 만에, 미국은 중산층 국가로 바뀌었다.

그 기간 동안 중산층 소득은 자동차, 화학, 철강 같은 제조업의 생산성 향상에 연계되어 성장했다. 봉급을 많이 주는 공장의 좋은 일자리는 수많은 근로자들에게 '아메리칸 드림'이었다. 집 장만에서 주말 휴무와 여름휴가에 이르기까지, 경제와 문화의 측면 모두에서 중산층 생활의 온갖 특전이 일자리와 함께 찾아들었다. 요컨대 이는 번영과 낙관주의를 의미했다. 당시 미국에서 가장 활기가 넘쳤던 지역들은 디트로이트, 클리블랜드, 애크런, 게리, 스크랜턴, 피츠버그 같은 제조업의 거대 기지들이었다. 이들 도시는 세계의 부러움을 샀다. 이 도시들의 힘과 번영은 공장, 굴뚝, 기름투성이 설비 그리고 유형有形이면서 무겁기 일쑤인 물리적 제품들과 분명하게 가시적으로 연결되어 있었다. 디트로이트는 미국에서 세 번째로 부유한 도시가 된 1950년 그 경제력이 정점에 도달했다. 디트로이트는 당시의 실리콘밸리였다. 이 도시에 전례 없이 최첨단 기업들이 집중된 덕분이었다. 이들 중 많은 기업이 각자의 부문에서 세계 최상급이었는데, 이로 인해 가장 창의적인 혁신가들과 기술자들이 이 도시로 몰려들었다. 미국의 번영을 공업화와 동일시하는 풍조는 당시 제너럴 모터스의 최고경영자였던 찰스 윌슨의 다음과 같은 유명한 발언이 나온 1950년대에 절정에 도달했다. "제너럴 모터스에 좋은 것은 미국에 좋다. 역으로 해도 마찬가지다."

모든 것을 가능하게 만든 원동력은 이전에 볼 수 없었던 근로자들의 생산성 향상이었다. 경영 관행의 개선과 새롭고 더 현대화된 기계에 엄청나게 투자한 덕분에 1975년 미국 공장 근로자 한 명의 시간당 생산량은 1946년에 비해 두 배로 증가했다. 이러한 생산성 향상은 미국의 번영에 두 가지 보강補强효과를 미쳤다. 첫째, 상당한 임금 인상을 초래했다. 생산성 향상은 대체로 제조업 부문에 국한되었지만, 임금 인상은 그렇지 않았다. 게다가 생산성 향상 덕분에 제조업체들은 제품을 더 효율적으로, 더 싸게 생산할 수 있었다. 자동차와 가전제품처럼 과거에는 엄두도 못 낼 만큼 비쌌던 상품들이 적당한 가격의 대중 상품이 되었다. 중간 소득층의 가계가 평균 크기의 쉐보레 승용차를 구입하려면 1946년에는 소득의 절반을 지출해야 했지만 1975년에는 소득의 4분의 1 미만으로 구입이 가능해졌다.

낮아진 가격과 높아진 봉급이라는 이러한 조합은, 미국 사회의 문화와 경제 구조에 커다란 영향을 미쳤으며, 쇼핑몰의 확산과 대중 마케팅 그리고 광고의 발달에 힘입어 소비자의 경험에 크나 큰 변화를 주었다. 소비가 너무 많이 늘어나는 바람에 소비 지상주의consumerism라는 신조어까지 생겨났다. 대자연과 결핍에 맞서 싸워온 인류의 오랜 투쟁 이후, 이 새로운 풍요 사회는 평범한 가정에 전에 없던 수준의 물질적 복지를 제공했다. 보통 가정의 경우, 부모는 그들의 자녀가 단지 미국에 산다는 것만으로도 자신들보다 두 배쯤 더 잘살게 되리라 예상했다.

1978년 가을 약 2,000만 명의 미국인이 공장에서 일하게 되자 제조업 고용은 정점에 도달했다. 그해 지미 카터가 대통령이었고, 〈그리스〉는 최고 흥행수입을 올린 영화였으며, 연속극 〈댈러스〉가 텔레비전 시청자들의 시선을 사로잡았다. 그해 가을 경제는 잘 굴러가 GDP와 고용 모두에서 튼실한 팽창을 기록했다. 그러다 갑자기 엔진이 멈췄다. 혼자 힘으로 미국을 대공황의 불확실성으로부터 끌어내 전후戰後의 안정으로 몰고 간 원동력인 제조업 고용의 성장이 둔화되었고, 중단되었으며, 곧이어 뒷걸음질 치기 시작했다. 1979년 초에는 이란 혁명에 이어 석유 값이 천정부지로 치솟았다. 자동차 산업이 제일 먼저 타격을 입었지만, 생산비 상승이 기업들의 감원으로 이어져 그 문제는 이내 다른 부문들로 확산되었다. 석유 값이 마침내 내려갔을 때에도 일자리 손실은 계속되었다. 당초 일시적 경기 침체로 보였던 것이 고통스러운 경기하강으로 변해 오늘날까지 지속되고 있다.

거인의 죽음

이 성장엔진의 사망은 너무 큰 충격이었다. 현재 미국 인구는 1979년의 인구보다 훨씬 많지만, 제조업 일자리 수는 그 절정기의 절반에 지나지 않는다. 현재 제조업 일자리는 아예 이례적인 것이 되어 미국 근로자 열 명 가운데 한 명도 채 고용하지 않고 있으며 그나마 해가 갈수록 줄고 있다. 오늘날 미국인은 공장보다 식당에서 일할 가능성이 훨씬 크다. 1985년 이래 미국에서는 해마다 평균 37만 2,000개의 제조업 일자리가 사라져왔다. 제조업에서는 심지어 경기 확장기에도 일자리가 사라지기 때문에 단지 불황과 같은 단기적 현상을 반영하는 것이 아니다. 미국 노동부의 발표에 따르면, 10년 안에 최대 규모의 일자리 손실을 경험할 20개 부문 가운데 19개 부문이 제조업에 속한다. '봉재 의류 제조', '의류 뜨개질 공장', '직물 마감 및 코팅 처리 공장'이 대표적인 부문이다.[1] 현재의 추세가 지속된다면 현재 세 살인 내 아들이 노동시장에 진입할 때쯤이면 미국에는 제조업 근로자보다 세탁소 직원이 더 많을 것이다.

이러한 추세는 미국에서만 벌어지고 있는 것이 아니라 고소득 국가들이 대부분 겪고 있는 현상이다. 그림 1은 부유한 네 나라에서 지난 40년에 걸쳐 제조업 고용이 전체 고용에서 차지하는 비율이 어떻게 변해왔는가를 보여준다. 1970년에는 독일 근로자 중 약 40퍼센트가 제조업에 고용되어 있었다. 그 비중은 현재 고

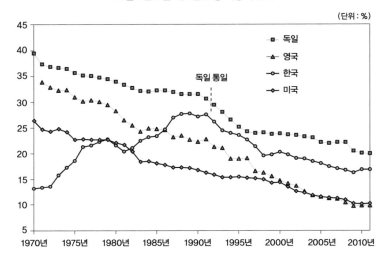

그림1 **연도별 제조업 고용 비중의 변화**

(단위 : %)

독일 통일

- 독일
- 영국
- 한국
- 미국

1970년 1975년 1980년 1985년 1990년 1995년 2000년 2005년 2010년

작 21퍼센트로 급격히 하락했다. 하락세는 영국과 미국에서도 유
사하다. 한국은 시차를 두고 비슷한 궤적을 따라가고 있다. 한국에
서 제조업 비중은 1995년까지 계속 성장했다. 하지만 지난 15년
사이 그것은 가파르게 줄어왔다. 실제로 1995년 이래 한국의 감
소세는 미국, 영국 또는 독일보다 더 가파르다.

　　제조업은 더는 지역 공동체들에게 번영의 원동력이 아니다. 오
히려 그 반대가 진실이다. 한때 자랑스럽고 부유했던 미국의 대
규모 제조업 중심지들은 쉽게 꺾이고 말았으며 현재는 줄어드는
인구와 암울한 경제 전망을 붙들고 몸부림치고 있다. 그곳들은
과거에서 넘어온 창백한 유령들이나 다름 없으며, 그중 많은 곳

은 경제지도에서 아예 사라질 위험에 처해 있다. 그곳들의 이름은 이제 '도시의 어두운 그림자', '돌이킬 수 없는 쇠퇴'와 동의어이다. 2000년과 2010년 두 차례 인구조사에서 인구가 가장 많이 줄어든 것으로 나타난 대도시 지역은 뉴올리언스였다. 허리케인 카트리나가 그 원인이었다. 하지만 뉴올리언스를 이은 도시들은 디트로이트(25퍼센트 감소), 클리블랜드(17퍼센트 감소), 신시내티(10퍼센트 감소), 피츠버그(8퍼센트 감소), 톨레도(8퍼센트 감소), 세인트루이스(8퍼센트 감소)였다. 마치 해마다 러스트벨트Rust Belt(미국 북부의 사양화된 공업 지대—옮긴이) 도시들이 계속해서 자신들의 허리케인 카트리나에 강타당하고 있는 것처럼 보인다. 1950년대 후반 규모 면에서 정점에 이르렀던 디트로이트에서는 이후 50년간 주민이 감소해왔다. 현재 이 도시의 인구는 100년 전 수준이다. 이 도시 주민의 3분의 1은 빈곤선 아래에서 살고 있다. 이곳의 범죄율은 매년 미국에서 가장 높은 편이다. 공장이 사라졌고 굴뚝이 사라졌으며 기름투성이 기계들도 없어졌다. 또 임금이 대단히 후했던 양질의 제조업 일자리들도 사라졌다.

그 수치가 충격적이기는 하지만 제조업의 종말이 한 사회에 가한 충격의 정도를 전부 나타내지는 못한다. 어떤 의미에서 생활방식이 통째로 사라지고 있다. 일자리에 관한 토론들에서 흔히 놓치는 요점은, 제조업 일자리 손실의 직접적 효과가 이들 공동체를 가장 크게 해치는 것이 아니라는 사실이다. 공장이 문을 닫으면 이들 도시에서 많은 서비스 일자리도 함께 사라진다. 필자의 연구에 따르면, 제조업 일자리가 한 개 사라지면 그 영향을 받는 공동체에서 결국 제조업 바깥의 일자리가 추가로 1.6개 사라진다. 이렇게 사라지는 일자리는 이발사, 웨이터, 목수, 의사, 청소원, 소매상 등이다. 건설 일자리의 손실은 특히 정도가 심하다. 러스트벨트 공동체들에서 건설은 전통적으로 저학력 근로자들에게 제조업 바깥에서 가장 벌이가 좋은 일자리였다. 하지만 그 건설 일자리들도 모두 결국에는 제조업 소득에 의해 지탱된다. 그런데 일자리가 말라버리자 공동체의 다른 구성원들의 삶 역시 말라버리고 있다.

국민들의 사기士氣는 더더욱 가라앉았다. 국가의 방향에 대해 우려하는 목소리는 분명하게 실재하며, 2008~2010년 불황 때보다 더 심해졌다. 최근의 한 여론 조사에서 미국 제조업의 쇠퇴가 미국인들에게 '경제적 불안정감'을 주고 있는 것으로 나타났다. 〈보스턴글로브〉의 분석에 따르면, "미국이 더는 물건을 충분하게 만들지 않는다"[2]는 우려가 팽배해 있다. 1984년에 발표한 노래 〈내 고향〉에서 브루스 스프링스틴은, 공장 폐쇄에 크게 충격을 받은 동해안과 러스트벨트 공동체 사람들의 걱정하는 마음을 다음과 같이 완벽하게 포착했다.

이제 메인스트리트(미국 금융의 상징인 월스트리트와 대비하여 실물경제 부문을 가리키는 용어—옮긴이)의 희게 칠한 창문들과 텅 빈 가게들은 아무도 더는 여기 오고 싶어 하지 않을 것임을 보여주는 것 같네.

그로부터 25년 뒤 스프링스틴 노랫말 속의 지친 느낌은 더더욱 널리 퍼져 있다고 〈보스턴글로브〉는 결론지었다.

제조업 부문의 이러한 운명 역전逆轉은 미국의 지난 60년 경제사에서 가장 중요한 사실들 가운데 하나이다. 미국 예외론의 종식에 대한 논의를 포함해 국가의 미래에 대한 비관론은 제조업의 쇠퇴에서 많은 부분 그 원인을 찾을 수 있다. 평균적 가정의 생활수준은 1946년부터 1978년까지 두 배 이상 높아졌지만 그 이후로는 대체로 제자리걸음을 해왔다. 40세 고졸 남자로서 약 20년의 근무 경력이 있는 평균적인 미국 근로자를 한번 보자. 1946년에서 1978년 사이 이 남자가 받았던 시급은 현재 달러로 환산하면 8달러에서 16달러로 높아졌다. 그런데 1978년 이래 그의 시급은 2달러 낮아졌다.

무슨 일이 일어났는가? 무엇 때문에 그토록 충격적인 역전이 발생했는가? 많은 사람들은 은행과 금융업자를 탓한다. 국민 정서에 이런 생각이 스며 있으며, 이것은 '월스트리트를 점령하라' 운동보다 상당히 더 오래된 것이다. 올리버 스톤 감독이 연출해 히트한 영화 〈월스트리트〉에는 1980년대의 경제적 변화가 양자 사이의 싸움으로 묘사되어 있다. 한쪽에는 메인스트리트의 정직성과 순수성이 있는데, 이는 건실하며 자기 삶에 만족해하는 블루칼라 노동조합의 대의원에 의해 구현되며 마틴 쉰이 배역을 맡았다. 다른 쪽에는 월스트리트의 부패와 도덕적 무분별이 있는데 이는 마틴 쉰의 아들 찰리 쉰에 의해 구현된다. 영화 속 젊은 주식 중개인 찰리 쉰은 비정한 기업 사냥꾼의 세계에서 앞서가기 위해 어떤 짓이든 마다하지 않는 사람으로서, 결국 그의 아버지가 근무하는 회사를 파괴하다시피 한다. 그로부터 30년이 지났어도 미국의 경제적 고민을 보는 할리우드의 시각은 변하지 않았다. 2010년 영화 〈더 컴퍼니 맨〉(존 웰스 감독)에서 벤 애플렉은, 월스트리트의 비위를 맞추고 회사 주가를 끌어올리기 위해 탐욕스러운 최고경영자가 무자비한 해고를 지시하는 바람에 일자리를 잃은 어느 사무직 종업원을 연기했다. 두 영화는 충격적이리만큼 유사하다. 두 영화 모두에서 착한 사람들은 실질적이고 물리적인 물건을 만든다. 앞서 개봉된 영화에서 그들은 항공사에서 일하며, 뒤에 나온 영화에서 그들은 조선회사에 근무한다. 그런가 하면 나쁜 사람들은 주식과 옵션을 가지고 장난을 치고, 공격적으로 사자 주문과 팔자 주문을 외치며 시간을 보내다 결국 남의 일자리를 파괴한다. 〈더 컴퍼니 맨〉의 가장 가슴 아픈 장면 중 하나에서 해고된 근로자 두 명은 녹슬고 방치된 조선소를 찾아가 이렇게 혼잣말을 한다. "우리는 여기서 진짜 물건들을 만들곤 했지."

탐욕스러운 금융업자와 매끈한 정장 차림으로 뭔가를 강요하려 드는 여피족은 어떤 이야기에 등장시켜도 설득력 있는 악당이 되지만, 현실에서 월스트리트는 미국 육체 노동자들을 죽이지 않았다는 것이다. 역사가 죽인 것이다. 미국 제조업 일자리에 얽힌 문제들은 구조적이다. 그리고 그 문제들은 지난 반⁺세기에 걸쳐 강해져온 깊은 경제적 힘, 즉 세계화와 기술 발전을 반영한다.

옛 공장 부지에 들어선 사립학교

미국 산업사를 상징하는 상표가 있다면 바로 '레비 스트로스 Levi Strauss'일 것이다. 필자가 1990년대 초 샌프란시스코로 이사 갔을 때, 그 도시에는 여전히 레비 스트로스 공장이 한 군데 있었다. 레비 사社는 스물네 살의 독일 출신 이민자가 금金 시굴자試掘者들에게 질긴 바지를 공급하기 시작했던 골드러시(새로 발견된 금광으로 사람들이 몰려드는 현상—옮긴이) 때인 1853년 샌프란시스코에서 설립됐다. 미국의 도시 지역에 촘촘히 자리 잡았던 수천 개의 제조 공장들 가운데 하나로서, 레비 사의 샌프란시스코 공장은 설립 이후 내내 가동되어왔다. 1994년 여름 필자는 그 공장을 가보았다. 그곳에서는 대부분 라틴아메리카 출신인 여자 종업원 수십 명이 유명한 레비 501 바지를 재단하고 바느질하고 있었다. 그때, 그 사람들이 과연 얼마나 오래 버틸 수 있을까, 하고 궁금해했던 기억이 지금도 또렷하다. 오랫동안 그 회사는 자사의 미국인 종업원들을 보호하려고 애썼다. 하지만 시급 7~14달러에 각종 수당을 붙여 임금을 주다 보니 그 회사의 생산비는 경쟁사들보다 현저하게 높아지게 됐다. 마침내 2001년, 레비 사는 미국 내 모든 생산시설을 폐쇄하고 생산 근거지를 아시아로 옮겼다. 샌프란시스코 공장은 현재 상류층 자녀가 다니는 퀘이커 사립 초등학교로 변해 있다. 이 학교의 연간 수업료는 2만 4,045달러이다.

필자는 놀라지 않았다. 오히려, 레비 스트로스가 생산을 외주하지 않고 그토록 오래 버텨왔다는 사실이 더 놀라웠다. 동종 업종의 다른 회사들, 이를테면 갭, 랠프 로렌, 올드 네이비는 훨씬 더 일찍 생산 근거지를 국외로 이전했다. 이러한 측면에서 의류 부문은 전체 제조업의 전형적 모습을 보여준다. 제2차 세계대전 이후 10년간 섬유산업은 미국 노동시장의 주요한 부분이었다. 일자리 면에서 미국의 가장 중요한 산업단지는 디트로이트의 자동차 산업이 아니라 뉴욕의 의복 산업이었다.[3] 1980년대 중반까지만 해도 백만 명 이상의 미국 근로자들이 여전히 옷감과 의복을 만드는 미국 기업들에 고용되어 있었다. 현재 그 수는 90퍼센트 넘게 줄었다. 잠시 시간을 내 당신의 옷이 어디서 만들어졌는지 점검해보라. 그 옷은 아마도 베트남이나 방글라데시 같은 곳에서 제3의 공급업체가 제조했을 가능성이 높다. 미국 상표는 잘나가고 있지만, 디자인, 마케팅, 판매 같은 몇 안 되는 일자리만 미국에 남아 있다.

재미있는 것은, 피상적 차원에서 이 이야기는 아이폰 이야기와 비슷하다는 사실이다. 아이폰의 경우 디자인과 마케팅 일자리는 미국에 남아 있지만 아시아의 공급업체들이 모든 부품을 만든다. 하지만 둘 사이에는 주요한 차이가 있다. 의류 제조(그리고 전통적 생산 전반)의 경우, 미국에 남아 있는 디자인과 마케팅 일자리는 극소수일뿐더러 눈에 띄게 늘어나지는 않는다. 반면 혁신 부문에서는 디자인과 공학기술 일자리가 많이 그리고 빠르게 늘어나고 있다.

얼마 전까지 미국은 저임금 국가들에서 많이 수입하지 않았다. 1991년까지만 해도 이들 나라에서 들여오는 제품은 미국 제조물 수입의 3퍼센트 미만이었다. 그 양이 많은 수의 일자리에 영향을 미치기에는 너무 적었다. 하지만 지난 20년에 걸쳐 세계는 갈수록 확대되는 상업의 지구촌이 되어버렸다. 2000년이 되자 저소득 국가들에서 수입하는 비율이 두 배가 되었고, 2007년에 이르러 수입 증가분의 대부분을 중국산이 차지하자 그 비율이 다시 두 배가 되었다. 물리적 제품의 생산 장소가 인건비가 비싼 부자 나라들에서 인건비가 싼 가난한 나라들로 엄청난 규모로 이전되었기 때문에 생겨난 현상이었다. 아이폰 사례가 보여주듯이, 지구 상에는 상당히 복잡한 것을 포함해 물리적 제품을 만들기에 훨씬 더 알맞은 장소들이 있다.

개발도상국은 인건비가 싸기 때문에 그곳의 공장은 미국에서보다 기계를 덜 사용하는 경향이 있다. 이러한 사실은 융통성을 더 발휘해 갑작스러운 변화에 좀 더 잘 적응할 수 있게 해주는 추가 이득을 그 공장에 안겨준다. 중국에서 사업하는 어느 미국 사업가는 최근 인터뷰에서 이렇게 말했다. "사람들은 중국이 싸다고만 생각하지만 정말이지 중국은 빠르다."[4] 중국에서 일하는 어느 산업 디자이너는 이렇게 덧붙였다. "사람이야말로 가장 적응력이 뛰어난 기계이다. 기계는 가동 프로그램을 새로 만들어야 한다. 하지만 사람이라면 곧바로 다음 주에 전혀 다른 무엇인가를 하게 할 수 있다." 미국 공장들과는 달리 중국 내 공장들은 생산 계획이나 디자인의 변경을 거의 하룻밤 사이에 소화할 수 있다.

세계화가 미국의 블루칼라 일자리에 미치는 영향이 모든 지역에서 같은 것은 아니다. 경제학자 데이비드 오터, 데이비드 돈, 고든 핸슨의 주목할 만한 새 연구에 따르면, 대중對中 수입의 영향은 당신이 어디 사느냐에 크게 달려 있다.[5] 프로비던스나 버펄로 같은 도시들은 중국과 비슷하게 전통적인 저부가가치 생산 쪽으로 크게 기운 제조업 부문을 보유하고 있다. 그래서 이런 도시들은 경쟁 심화에서 오는 부정적 영향을 크게 경험했다. 이와 대조적으로, 워싱턴 D.C., 휴스턴 같은 도시들의 제조업은 종류가 다종다양하며 따라서 훨씬 영향을 적게 받았다. 중국과 직접 경쟁하는 도시들에서는 수입으로 인해 실업 증가, 경제활동 참가율 감소, 임금 저하가 초래되는 것으로 나타났다. 흥미로운 것은, 중국산 때문에 일자리를 잃는 근로자들이 이런 비용을 전부 부담하지 않는다는 사실이다. 비용의 일부는 정부 지원금이라는 형태로 다른 미국인들에게 부담된다. 연구에 따르면, 중국으로부터의 수입으로 인해 실업보험, 식량 배급표(미국 정부가 저소득자들에게 주는 식료품 할인 구매권—옮긴이)의 사용이 늘었으며, 흔히 숨겨진 복지라고 불리는 상해보험의 이용률까지 늘어났다. 본질적으로, 무역의 직접적 영향은 특정 지역들에 크게 집중되지만, 적어도 일부는 중앙정부에서 돈을 대는 각종 프로그램이라는 형태로 바뀌어 납세자들이 최종적으로 부담한다.

세계화의 영향은 기업들의 대응 능력에 따라서도 매우 다양하게 나타난다. 니콜라스 블룸, 미르코 드러커, 존 반 리넨의 최신 연구에 따르면, 개발도상국들과의 교역 증대는 기술 혁신의 가속화를 초래하지만, 그러한 궁극적 효과는 각 기업의 적응 의지에 달려 있다.[6] 1996년부터 2007년까지 12개 선진국 50만 개 기업에서 수집한 포괄적 자료를 사용해 이들 경제학자가 밝혀낸 바에 따르면, 중국산 수입품과의 경쟁에 직면한 기업들은 기술을 갱신함으로써 이에 대응하는 경향이 있다. 그런 기업들은 컴퓨터를 추가로 구매하고, R&D 지출을 늘리며, 특허를 더 많이 취득하고, 경영 정책을 갱신한다. 이러한 외부 위협이 미국 기업들에는 생산성 향상, 국가에는 경제 성장의 중요한 동인이 되었다는 것은 역설적이다. 하지만 모두 개선을 이루어내지는 못한다. 첨단 기술 기업들은 그 위협에 성공적으로 대응하는 반면, 혁신, IT투자, 생산성 면에서 능력이 부족한 저기술 기업들은 중국산 수입품에 대응하는 데 더 큰 어려움을 겪으며, 결국 종업원을 해고하거나 폐업한다. 이렇게 해서 세계화는 기술 발전을 자극하고, 교육받은 근로자들에 대한 수요를 키우지만, 미숙련 근로자들에 대한 수요는 줄어들게 된다.

제조업에도 첨단 유행 상품이 있다

물론 쇠퇴에도 예외가 있다. 예를 들어 고급 패션은 다른 제조업 부문들보다 인건비 영향을 덜 받으며, 디자이너와 숙련된 재단사들이 어디 있느냐에 더 많이 좌우된다. 게다가 지역에서 장인들이 만든 제품에 대해 소비자들이 느끼는 매력이 뚜렷하게 부활하고 있다. 요즘에는 식품에서 의류, 자전거에서 가구에 이르기까지 지역에서 생산되는 것이라면 죄다 유행한다. 뉴욕에서 프로비던스, 포틀랜드, 미니애폴리스에 이르기까지, 장인들의 작업장이 점점 더 많이 생겨났으며 이 작업장들은 최신 유행 상품을 취급하는 양품점을 통해 상품을 팔고 있다.

샌프란시스코 레비 스트로스 공장이 있던 동네에는 이제 수공예 제품을 파는 작업장 수십 곳이 들어서 있다. 샌프란시스코에서 주문에 맞춰 바느질되고 염색되는 힙합의류(뉴욕 할렘가의 흑인 의상에서 유래된 패션—옮긴이)를 만드는 '컷 루스Cut Loose'의 작업장도 여기 있다. 옛 레비 공장 자리 바로 맞은편에 있는 '더 커먼The Common' 양품점은 '전통적 제조 기법을 사용해 손으로 만드는, 오래가며 유행을 타지 않는 주요 산물産物을 공급하고 생산하고 디자인하는 것'을 전문으로 한다. 이곳에서 만드는 파격적이고 멋진 기성복 셔츠들은 캘리포니아에서 디자인되고, 재단되고, 바느질된다. 길을 따라 몇 구역 더 내려가면, 과거 자동차 부품 가게였다가 최근 번듯한 초콜릿 공장으로 변신한 곳이 있다. 아름다운 붉은 벽돌 건물에 위치한 '단델리온 초콜릿'에서는 9달러짜리 막대 초콜릿을 판다. 이 초콜릿은, 유기농으로 재배한 최고 품질 마다가스카르 코코아의 비밀을 밝혀내겠다는 열정을 지닌, 말끔하게 면도한 진지한 표정의 두 명의 전문가가 즉석에서 만들어낸다. 여기서 동쪽으로 3킬로미터쯤 떨어진 곳에 있는 '도도케이스DODOCase'는 역사가 오래되고 거의 파산 지경에 놓인 책 제본소를 인수해 수제품 아이패드 케이스를 만들고 있다. 이 케이스에는 고객의 주문에 맞춘 모노그램(주로 이름의 첫 글자들을 합쳐 한 글자 모양으로 도안한 것—옮긴이)이 들어가며 환경친화적인 대나무 부품들이 사용된다. 브루클린에서는 현지 식품 생산이 호황을 맞고 있다. "마치 브루클린에 사는 스물여덟 살 남자 전부가 저마다 수제 피클을 만들고 있는 것처럼 보인다"라고 〈메트로폴리스〉가 보도했을 정도이다.[7] 브루클린의 네이비야드(미국 해군 공창工廠이 있던 지역—옮긴이)에서는 소규모 제조업 작업장 수십 곳이 분주하게 움직이고 있다. 입주하고 싶은 현지 생산업자들이 갈수록 많아짐에 따라 이곳에서는 공간 부족 현상이 발생하고 있다. 디트로이트와 플린트에 공장 수백 곳이 방치되어 있는 것과는 극히 대조적이다.

한 세기 전 브루클린은 미국의 도시 제조업 중심지 가운데 하나였다. 제2차 세계대전 기간 중 최고 전성기에 네이비야드는 7만 명을 고용했으며, 이들은 3교대로 하루 24시간 근무했다(네이비야드는 1966년까지 가동되었다—옮긴이). 현재 이곳에서 일어나는 모든 활동으로 미루어 판단하면, 대졸 젊은이들을 고용해 현지 시장을 노리는, 소규모 첨단기술 생산의 형태로 도시 제조업이 부활했다고 결론 내릴 수도 있다. 네이비야드에서 약 930제곱미터의 공간을 임차해 쓰고 있는 '페라 디자인Ferra Designs'은 건축 구조물을 전문적으로 다루는 금속 가게이다. 이곳의 공동대표 제프 칸은 최근 〈메트로폴리스〉와의 인터뷰에서 이 가게 종업원 15명 중 대부분은 인근 프랫대학교에서 학사학위를 받은 산업 디자이너라고 했다. "그들 대부분은 30세 미만이며,[8] 장인정신이 투철하다. 그들은 건물을 어떻게 짓는지 알고 싶어 한다. 일종의 르네상스라 할 수 있다." 그는 네이비야드의 성공이 미국 도시 제조업 부활의 가능성을 암시한다고 생각한다. 그는 "중국에서 사업하는 비용이 높아지고 있다"고 주장한다. "최첨단 기술과 관심 있는 신세대 젊은이들을 활용해 우리나라가 제조업 기반을 일부 회복할 기회를 맞고 있다."

미국 전역의 많은 도시 지역들에 이러한 구호가 퍼져간다. 그리고 손으로 작업하는 것에 관심 있는 수많은 젊은이들에 의해 수용되고 있다. 레비 공장 근처에서 가장 최근에 개업한 고급 수제 의류 공장을 방문했을 때, 필자는 역설적인 상황에 맞닥뜨리지 않을 수 없었다. 20년 전만 해도 라틴 아메리카 계통의 저학력 여자들이 레비의 의류제품을 재단하고 바느질하던 바로 그 장소에서, 이제는 학력이 차고 넘치는 백인 젊은이 수십 명이 비슷한 제품을 만들고 있었다.

문화적으로도 이러한 움직임은 흥미롭다. 고급 수제 제품들은 갈수록 더 많이 지역 신문에서 특집기사로 다뤄지고 있다. 그리고 그것들은 지원할 가치도 있다. 지역적 생산은 그냥 내버려두었더라면 국외로 흘러가버렸을지도 모를 부의 일부를 국내에 붙잡아두는 데 도움이 되며, 많은 경우 고급 수제 제품들은 생태 발자국(생활에 필요한 자원을 얻기 위해 필요한 토지 영역―옮긴이)을 현저히 적게 남긴다. 하지만 이러한 움직임이 미국의 일자리 부족에 대한 해법이 될 수 없음은 분명하다. 첫째, 고급 수제 제품들은 틈새 현상으로 남게끔 운명 지어져 있다. 한마디로 만들어지는 일자리 수가 너무 적어 대세에 영향을 미칠 수 없다. 좀 더 근본적으로 이 일자리들은 공동체에 일자리 성장의 동인으로 작용될 수 없다. 이 일자리들은 어쨌거나 다른 어떤 부문에서 창출되는 부의 결과물에 불과하다. 이 점이 중요한데도 흔히 잘못 이해되고 있다. 전통적 제조업에서 생산된 제품은 세계 어디서든 팔리는 경향이 있었다. 하지만 지역에서 생산된 상품은 그 지역이 가지고 있던 부를 어떻게 정의하느냐에 따라 소비가 좌우된다. 결국, 현지 경제에 속한 누군가가 40달러짜리 수제품 티셔츠와 9달러짜리 수제 막대 초콜릿에 대한 값을 지불해야 한다. 뉴욕과 샌프란시스코 같은 도시들의 경우, 금융 산업과 첨단기술 산업이 이들 현지 수공예 노력들을 지원하는 부를 만들어내는 부문들이다.

또한, 지역 제조업의 매력 가운데 중요한 부분 하나는 우리가 그것을 뭔가 특별하고 다른 무엇으로 인식한다는 사실이다. 바로 이러한 점 때문에, 소비자들이 '독특하다'고 알아주는 것의 좁은 한계를 넘어 이 부문이 규모를 키우기가 본질적으로 어려운 것이다. 예를 들어, 북미에서 가장 큰 의류 공장을 운영하는 '아메리칸 어패럴American Apparel'의 경우를 보자. 이 공장은 종업원이 5,000명이며, 고층건물들이 즐비한 금융 중심지에서 불과 몇 구역 떨어진 로스앤젤레스 도심의 고층건물 내에 자리 잡고 있다. 이 회사는 근로자들에게 상당한 임금(미싱사의 경우 시급 12달러)을 지급하며 건강보험을 제공한다는 사실을 소비자들에게 강조한다. 이 회사가 만든 티셔츠는 젊고 교육받은, 힙합 취향의 많은 도시 소비자들 사이에서 엄청난 인기를 얻었다. 주목할 만한 점은 원산지를 빼고는 이 티셔츠에 특별할 것이 아무것도 없다는 사실이다. 그것은, 미국 내 의류생산이 너무도 희귀한 일이 되어 버린 바람에 로스앤젤레스 도심에서 제조된다는 단순한 사실 하나가 그 제품을 돋보이게 만들며, 아메리칸 어패럴의 의류를 윌리엄스버그, 오스틴 그리고 워싱턴 D.C.의 힙합의류 애호가들에게 매력적이게 만드는, 시대의 징조이다. 사업모델로서 나쁘지 않다. 사람들은 그 상표를 쿨하다고 인식하며, 그래서 회사는 제품을 더 비싼 값에 판매할 수 있고, 그렇게 해서 상대적으로 높은 생산비를 감당할 수 있다. 하지만 미국 내 여타 섬유 산업 근로자들에게는 안타깝게도 이 모델이 널리 복제될 수 없다. 당연히, 아메리칸 어패럴 모델은 그 제품이 독특하다는 전제에 기초한다.

만약 모든 회사가 미국의 도시 지역에서 생산한다면, 이 회사는 자사의 유일한 경쟁우위점을 잃고 말 것이다.

중국과 월마트가 저소득층을 돕는 방법

미국인들은 자부심 낮아 고통을 받는 일은 없다. 유럽 정치인들과 달리 미국 정치인들은 정기적으로 미국을 '지구 상에서 가장 위대한 국가', 미국 근로자들을 '세계 최고'라고 치켜세운다. 물론 미국인이기 때문에 자부심을 느낄 이유는 많다. 하지만 다른 나라 근로자들과 마찬가지로, 미국 근로자들도 잘 만들 수 있는 것이 있는가 하면 잘 만들지 못하는 것도 있다. 이런 점이 문제가 될 수는 없다. 지구촌 경제에서 당신은 모든 일에 뛰어날 필요는 없다. 실은 그러려는 시도조차 할 필요도 없는 것이다. 당신이 그 대신 다른 무언가를 만들어내는 데 뛰어나다면, 다른 나라들이 당신에게 뭔가를 제공하도록 놔두는 편이 훨씬 낫다. 데이비드 베컴은 자신이 세계 최고의 축구선수가 되는 데에만 집중하고, 남들이 그의 집을 짓고 그의 머리를 깎고 그의 옷을 만들도록 내버려두어야 한다. 그래야 맞다.

경제학자들이란 거의 모든 것을 놓고 언쟁하는 사람들이지만 비교우위의 원칙에 대해서만큼은 모두 같은 생각이다. 이 원칙의 핵심적 원리는 각 나라가 자국의 생산성이 상대적으로 더 높은 산업에 집중하면 모두 승자가 된다는 것이다. 각국은 자국이 특히 잘 만드는 제품을 수출하고 그 대신 국외에서 상대적으로 더 효율적으로 생산되는 다른 제품들을 수입한다. 그 최종 결과, 모두가 좀 더 부유해진다는 것이다. 실제로 미국인들은 궁극적으로 많이 부유해졌다. 오늘날 미국의 국민소득은 국제무역을 하지 않을 경우보다는 훨씬 더 많다. 세계화가 우리에게 약속하는 것 가운데 이 부분은 너무도 잘 작동되어서 이제 사람들은 그것을 당연하게 여긴다. 오늘날 미국 소비자들은 대부분의 가전제품, 즉 컴퓨터, 대형 평면 TV, 오디오 등이 해가 갈수록 더 싸질 것이라고 예상한다. 중국산 수입이 가장 많이 늘어난 부문들에서 소비재 가격이 가장 많이 떨어졌다는 증거가 있다.

흥미롭게도, 이러한 추세는 부자보다 빈자에게 더 많은 이득을 안겨주었다. 시카고대학교의 경제학자 두 명이 최근 소득 수준이 다른 가계들의 소비 행태를 연구했다.[9] 두 사람의 연구에 조사 대상자로 참여한 사람들은 식료품점에서 장을 보고 돌아올 때마다 자신들이 구입한 모든 품목을 정밀 조사했다. 이렇게 해서 쌓인 매우 방대한 자료를 연구해 두 경제학자는 전형적인 저소득 소비자에 의해 구입된 상품의 가격이 전형적인 고소득 소비자에 의해 소비되는 상품의 가격보다 인상되는 경향이 훨씬 덜함을 알아냈다. 1994년 이래, 소득 하위 20퍼센트를 대상으로 한 물가지수는 소득 상위 20퍼센트를 대상으로 한 물가지수보다 그 상승 속도가 세 배 느렸다.

여기에는 두 가지 그럴듯한 원인이 있다. 중국과 월마트가 그 것이다. 저소득 소비자들은 중국이나 기타 저임금 국가에서 만든 상품, 이를테면 장난감, 저가 의류, 가격이 괜찮은 가전제품을 비교적 더 많이 사는 경향이 있다. 세계화 덕분에 이 상품들의 가격은 지난 15년 동안 다른 상품들보다 덜 올랐으며, 일부 가전제품처럼 실제로 떨어지기도 했다. 그에 반해 고소득 소비자들은 개인 서비스(이발, 집 청소, 외식, 의료 서비스 등등)를 비교적 더 많이 구매하는 경향이 있다. 개인 서비스는 외국과의 경쟁에 덜 노출되어 있기 때문에 고소득 소비자들은 결국 세계화의 이득을 덜 본다.

월마트 같은 대형 슈퍼가 확산되는 것 또한 일정한 역할을 했다. 저소득 소비자들은 고소득 소비자들보다 두 배 정도 자주 대형 슈퍼에서 장을 보기 때문에 부자보다는 빈자에게 영향을 더 미친 것이다. 설사 저소득 소비자들이 월마트에서 장을 보지 않는다고 하더라도 그들은 월마트가 부추기는 가격 경쟁으로 인해 이득을 보기도 한다. 왜냐하면 월마트의 점포들이 저소득층 지역에 많이 진출해 있기 때문이다. 경제학자 에멕 바스커는 월마트의 신규 출점出店이 해당 지역의 물가에 미치는 영향을 연구했다. 그 결과, 단지 월마트의 가격만 내려가는 것이 아니라 월마트의 신규 출점이 해당 지역의 다른 가게들로 하여금 물건 값을 6~12퍼센트 내리게 한다는 사실을 알아냈다.[10]

이 비교우위의 원칙은, 서로 다른 산업구조를 가진 나라들은 상호무역에서 이득을 최대로 올리는 반면 일자리 손실 면에서는

1
제조업의 흥망

최소 손실에 그친다는 것을 말해준다. 미국 경제와는 확연히 다른 경제 구조를 가진 중국, 브라질, 인도 같은 신흥국가들은, 미국의 일자리 성장이 혁신 부문에 집중된 상황에서, 무역에서 얻는 이득이 잠재적으로 크다. 당신이 상황을 일단 비교우위 관점에서 보기만 하면, 국제 경쟁에 관해 언론에서 많은 사람들이 떠드는 보편적 관점이 어리석어 보일 것이다. 만약 중국이나 한국 같은 미국의 교역 대상국들 가운데 한 곳에서 생산성이 높아지면, 그 나라가 미국의 일자리를 훔쳐가는 것을 의미하기 때문에 미국인들에게 끔찍한 소식이라는 게 일반적인 견해였다. 하지만 무역은 한쪽이 이기면 다른 쪽이 지는 축구 같은 제로섬 게임이 아니다. 교역 대상국들 가운데 한 곳의 생산성이 높아지면, 우리가 그 나라에서 사는 상품이 더 싸진다는 게 분명한 사실이다. 이것은 우리, 즉 소비자를 약간 더 부유하게 만든다.

일자리 손실에서 오는 피해가 저숙련 근로자들에게 대부분 몰리면서, 저임금 국가들에서부터의 수입 영향은 매우 불균등한 모습을 보여왔다. 이와 동시에, 그러한 수입은 비용이 덜 드는 대신에 소비자들의 주머니를 가볍게 해준다. 세계화의 역설 가운데 하나는, 일자리 면에서 가장 크게 타격을 입었던 바로 그 사람들이 소비자로서는 더 많은 이득을 누렸다는 점이다.

생산성의 역설

　세계화는 제조업 일자리가 감소하는 데 있어 단지 부분적 원인에 지나지 않는다. 온갖 문제가 있음에도 미국은 여전히 많은 물리적 제품들을 생산한다. 우리는 이 사실을 잊어버리는 경향이 있다. 왜냐하면 우리가 가게에서 집어 드는 거의 모든 것에 '중국산'이라는 글자가 적혀 있기 때문이다. 많은 소비재의 경우에는 그렇지만 항공기, 산업용 기계, 고급 의료장비 같은 비非소비재들은 다르다. 신문에서는 이런 사실을 좀체 보도하지 않는다. 하지만 미국 공장들에서는 중국과 동일한 산출産出, 일본 산출의 두 배 이상, 독일과 한국 산출의 여러 배를 생산한다. 미국 제조업은 그 하나만으로도 영국 전체 경제 규모보다 크며, 성장하고 있다. 1970년 이래, 미국 제조업은 산출을 두 배로 늘렸으며 시간이 흐르면서 제조업은 계속 확대되고 있다.

　도대체 여기서 무슨 일이 벌어지고 있는 걸까? 생산이 계속 늘고 있는데 제조업 일자리는 어째서 계속 사라지는가? 이 명백한 모순의 이유는, 기술 발전과 새롭고 더 복잡한 기계에 투자함으로써 미국 공장들이 과거보다 훨씬 더 효율적으로 굴러간다는 사실이다. 그래서 같은 수량의 제품을 생산하는 데 필요한 근로자의 수가 갈수록 적어진다는 것이다. 오늘날 미국의 평균적인 공장 근로자는 매년 18만 달러 상당의 제품을 만든다. 이는 1978년 생산했던 것의 세 배가 넘는다. 높아진 생산성은 경제 전체에는 참으로 좋은 일이지만, 블루칼라 일자리에 미치는 영향은 극도로 심각하다. 예를 들어 제너럴 모터스GM를 보자. 디트로이트의 영광된 시절이었던 1950년대에, GM 종업원 한 명은 평균적으로 연간 자동차 일곱 대를 만들었다. 그러던 것이 1990년대가 되자 연간 약 13대로 늘었고, 현재는 연간 28대를 만든다. 일자리 손실의 수학數學은 매우 간단하다. 1950년과 비교해, 현재 GM에는 자동차 한 대당 과거에 비해 근로자 4분의 1만이 필요하다. 현재 제조업에 일자리를 가지고 있는 근로자들은 과거보다 생산성이 높으며, 따라서 과거보다 임금을 더 받는다. 하지만 근로자 수 자체는 과거보다 훨씬 적어진 것이다.

이것이 바로 아주 흥미로운, 경제성장의 또 다른 역설이다. 생산성 향상은 소비자 가격을 낮추고 임금을 올리는 반면 궁극적으로는 일자리를 없애는 결과를 가져온다. 비판자들은 일자리 손실을 강조하지만, 노동 생산성 향상은 사회를 더 발전시키고 사람들의 생활 수준을 높이는 주된 방식이다. 이러한 현상이 그닥 새로운 것은 아니다. 미국 경제는 농업 위주에서 공업화로 이동하는 과정에서 비슷한 변모를 겪었다. 150년 전, 미국 근로자의 절반은 들판에서 일했다. 오늘날 근로자의 단 1퍼센트만이 농업에 종사하며, 대부분은 평생을 살면서도 농민을 단 한 명도 만나지 못할 수도 있다. 그럼에도 트랙터, 비료, 개량된 종자 같은 기술 발전 덕분에 오늘날 농작물은 양적으로 훨씬 더 많이 그리고 훨씬 더 싸게 생산된다. 20세기에 농업 생산성이 크게 높아짐에 따라 농촌 소득은 늘었지만 농업 근로자에 대한 필요성은 줄었다. 그래서 농민들은 대거 도시의 공장으로 이동했다. 제조업 생산성이 제조업 일자리를 파괴하지만 평균적으로 우리를 더 부유하게 만들고 있는 가운데, 같은 변화가 다시 발생하고 있는 것이다.

신종 산업이라고 해서 예외는 아니다. 컴퓨터 제조업과 반도체 제조업의 미국 일자리 변화 추이를 그림 2에서 보자.[11] 지난 25년에 걸쳐 세계 차원에서 컴퓨터와 반도체의 판매는 폭발적으로 늘어왔지만, 이 두 부문의 고용은 크게 줄어왔다. 오늘날 컴퓨터 제조 산업의 생산직 일자리는 개인용 컴퓨터가 도입되기 전이었던 1975년보다 적다. 실제, 고용이 최고조에 달했던 연도는 1988년이었다. 그해 애플은 매킨토시 IIX를 출시했고 코모도어는 필자를 포함해 열광적인 팬들에게 C64를 150만 대 판매했다. 랩톱은 귀했고, 연산력은 형편없이 낮았으며, 태블릿은 나오기도 전이었다. 반도체 산업도 비슷한 상황이다. 주나 시에서는 반도체 공장을 유치하려고 무진 애를 쓰지만, 그 산업의 생산직 일자리는 10년 연속 줄어들고 있다.

이것이 필자가 가장 주목할 만하다고 여기는, 미국 제조업 종말이 될지도 모르는 측면이다. 심지어 복잡한 첨단 전자제품들조차 제품 생산 부문의 일반적 문제를 피해가지 못했다. 필자가 이 그래프들을 세계적 반도체 회사 인텔의 수석 경제전문가 폴 토머스에게 보여주자 그는 딱히 놀라지도 않았다. 자동화로 인해 PC와 반도체의 생산은 훨씬 덜 노동 집약적으로 변모했다.

그림 2 연도별 컴퓨터·반도체 제조업 일자리 수

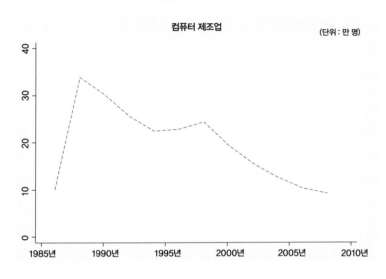

컴퓨터 제조업

(단위 : 만 명)

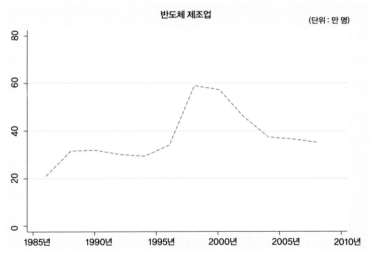

반도체 제조업

(단위 : 만 명)

자동차 산업과의 유사점은 특히 두드러진다. 거기에 더해, 아이폰 사례에서 보았듯이, 많은 부품들의 조립과 제조가 국외로 이전되었다. 애플 I 컴퓨터 1차 생산분 200대는 1976년 로스앨터스에 있는 스티브 잡스의 유명한 차고에서 스티브 잡스와 스티브 워즈니악에 의해 조립되었다. 이후 몇 년 동안 제 위치를 멀리 벗어나지 않고 생산되었다. 1980년대 애플은 자사의 매킨토시 컴퓨터를 대부분 캘리포니아 주 프리몬트의 공장에서 제조했다. 하지만 1992년 애플은 그 공장을 폐쇄하고 처음에는 더 싼 캘리포니아 주와 콜로라도 주의 다른 곳들로 생산지를 옮겼다가, 이어 아일랜드와 싱가포르로 옮겼다. 다른 모든 미국 기업들도 그 모델을 따랐다. 제임스 팰로스(미국 언론인—옮긴이)는 언젠가 이렇게 말했다. "미국의 모든 사람이 델, 소니, 컴팩, HP, 레노버-IBM 싱크패드, 애플, NEC, 게이트웨이, 도시바라는 이름을 들어보았겠지만 콴타, 컴팔, 인벤텍, 위스트론, 아수스텍이라는 이름을 들어본 사람은 거의 없을 것이다. 그런데 유명 브랜드로 판매되는 랩톱과 노트북의 90퍼센트는 중국 본토에 있는 이들 다섯 개 회사의 공장에서 만들어진다."[12]

폴 크루그먼은 언젠가 이런 농담을 했다. "불황, 고삐 풀린 인플레이션, 또는 내전은 한 국가를 가난하게 만들 수 있지만, 오직 생산성 향상만이 그 국가를 부유하게 만든다." 그의 말은 옳았다. 지난 200년에 걸쳐 미국인의 1인당 국민소득은 노동 생산성 성장을 바싹 뒤쫓았다. 이는 세계 어느 나라에서건 진실이며 역사의 대부분 기간에 걸쳐서도 그래 왔다. 이치에 맞는 이야기이다. 따지고 보면, 높아진 노동 생산성이란, 근로자가 시간당 더 많은 제품을 만들어낼 수 있음을 단적으로 의미한다. 이러한 생산성 향상은 어디에서 오는가? 인류 역사를 통틀어, 혁신과 기술 발전은 언제나 사람들의 생활 수준을 끌어올리는 두드러진 동인이었다. 혁신은 산업혁명이 시작된 이래 서구 경제가 줄곧 전례 없는 속도로 성장할 수 있도록 해준 엔진이었다. 본질적으로, 우리의 물질적 복지는 새 아이디어, 새 기술 그리고 새 제품을 끊임없이 창조하는 데 전적으로 달려 있다.

노동시장의 공동화

세계화와 기술 변화가 노동시장에 미친 영향은 대단히 불균등했다. 제조업의 블루칼라 근로자 수는 1978년 이래 급속도로 줄어든 반면, 제조업의 기술자 수는 두 배로 늘어났다. 전반적으로, 미국 노동시장 전체의 취업 기회는 고숙련 고임금 일자리들(전문직, 기술직, 경영직)과 저숙련 저임금 일자리들(식품 서비스, 돌봄 서비스, 경비직)에 집중되었다. 중↔임금 중↔숙련 화이트칼라·블루칼라 근로자들을 위한 일자리는 급격히 감소했다. 매사추세츠 공과대학교MIT의 노동경제학자 데이비드 오토가 지적한 대로, 노동시장은 그 중간을 상실해가고 있다. 공동화空洞化되고 있는 것

이다.[13]

신기술은 고도로 숙련된 근로자들을 선호하고, 중간 정도의 숙련도가 요구되는 많은 직업들에 대한 필요성을 낮추며, 숙련도 스펙트럼에서 밑바닥에 위치한 직업들에 거의 영향을 미치지 않는다. 신뢰성을 인정받은 2003년 논문에서, 오토와 두 명의 동료는, 컴퓨터와 로봇이 정례적定例的 과업들(반복적 대對고객 서비스, 기록 관리, 다른 많은 중中소득 사무직 일자리들처럼 분명한 규칙을 따름으로써 완수되는 과업들)을 수행하는 데 특히 효율적임을 보여주었다. 하지만 비정례적 과업들에서는 컴퓨터와 로봇이 비효율적인 것으로 나타났다.[14] 예를 들어, 과거 은행 창구직원들에 의해 수행되었던 많은 과업들이 지금은 현금자동입출금기ATM나 인터넷 프로그램에 의해 수행된다. 하지만 머리를 쓰는 일이든 손을 쓰는 일이든 비정례적 과업들은 상당히 다른 모습을 보였다. 비정례적 육체노동 과업들로 정의되는 목수, 트럭 운전사, 주택 청소부, 경비원 그리고 다른 많은 직종들은 컴퓨터 때문에 특별히 피해를 입지는 않았다. '비정례적 문제해결 및 복잡한 의사소통 과업들'(과학, 기술, 마케팅, 다른 분야의 기타 과업들)은 실제로 컴퓨터로 인해 생산성이 높아졌다. 예컨대 언론인, 건축가, 또는 과학자는 업무에 컴퓨터와 인터넷을 사용할 수 있기 때문에 생산성이 훨씬 높아졌다.

노동 인구의 공동화와 중산층의 증발은 스쳐 지나가는 추세가 아니며 미국에만 있는 현상도 아니다. 선진국들에 공통적으로 해당하는 현상이다. 오토는 유럽연합EU과 아시아의 주요 16개 국가를 대상으로 1993년 이래의 저임금, 중임금, 고임금 등 3개 직군의 고용 변화를 관찰했다.[15] 미국에서와 마찬가지로, 중임금 일자리 수는 한국과 일본을 포함해 모든 국가들에서 감소한 반면, 저임금과 고임금 일자리 수는 증가했다.

역사의 물결

우리는 인생의 가장 좋은 부분을 일터에서 보낸다. 아침마다 우리는 사랑하는 사람들에게 작별인사를 건네고 서둘러 사무실로, 소형 칸막이 사무실로, 카운터로, 공장으로, 실험실로 또는 우리가 '일터'라고 부르는 모든 장소로 간다. 하루 중 대부분의 시간 동안, 1년 중 대부분의 날들 동안, 인생의 대부분의 기간 동안, 우리는 최선의 에너지를 일자리에 바친다. 우리의 일자리가 너무도 중요해진 나머지 남들은 일자리를 보고 우리를 인식하며, 심지어 우리가 스스로를 인식하기도 한다. 일자리는 우리의 생활수준과 거주지를 결정한다. 우리 가운데 일부는 봉급과 근무시간대에 따라, 어떤 종류의 가정을 꾸릴지, 얼마나 많은 자녀를 부양할 수 있을지, 얼마나 오랜 시간을 자녀들과 함께 보낼지가 결정된다. 요컨대 우리가 가질 수 있는 개인적이고 집단적인 복지는 우리가 어떤 종류의 일자리들을 얻을 수 있는지, 그 일자리들이 어떤 보장을 제공할 수 있느냐에 달려 있다. 이러한 영역에 관해 들려오는 뉴스는 상당히 오랫동안 좋지 않았다.

필자는 지금 2008~2010년의 대불황Great Recession 이야기를 하는 것이 아니다. 불황과 경제 팽창은 언제나 일자리의 수와 종류에 영향을 미쳐왔으며, 2008년 이후 이러한 측면에서 특히 힘들었다. 하지만 불황과 팽창은 단기적 현상이다. 경제의 상승과 하강은 언제나 발생해왔으며 앞으로도 언제나 발생할 것이다. 전체 국면에서 작은 부분에 불과하다. 그보다 훨씬 더 중요한(그리고 흥미로운) 것은 우리의 생활 수준을 궁극적으로 결정하는 장기적 추세이다.

최근 우리는 제조업 고용의 오랜 감소세가 둔화되고 있을지 모른다는 일부 조짐을 목격했다. 중국에서 임금이 살금살금 오르고 있는데, 이는 국가의 번성에 따른 예견 가능한 결과이다. 자국 화폐인 위안화를 재평가하는 중국의 조처는 인건비 추가 상승으로 이어졌다. 제너럴 일렉트릭은 오랜 국외 생산 끝에 켄터키 주의 가전제품 공장을 재가동했다. 카보나이트는 인도에 설치했던 콜센터를 보스턴으로 불러들였다. 멕시코에서 12년을 보낸 오티스 엘리베이터는 노갈레스에서 사우스캐롤라이나 주로 도로 생산을 옮기고 있다. 심지어 외주의 반대인 '내주insourcing' 조짐도 있다. 내주는 외국 기업들이 미국 내 생산설비에 투자하는 것을 말한다. 윈청運城이라는 한 중국 회사는 사우스캐롤라이나 주 스파턴버그에 공장을 열었다. 그곳이 상하이보다 더 싸다고 본 것이다. 이런 모든 조짐으로 인해 전문가들과 논평가들 사이에서, 미국 제조업 부문이 막 새 장을 열어 부흥을 맞으려 한다는 인식이 갈수록 커지고 있다. 하지만 이 모든 사례들은 언론의 좋은 기삿감은 될지 몰라도 전형적 사례는 아니다. 우리의 관심을 끄는 것은 바로 추세를 거스르는 예외적 사례들이기 때문이다.〔원청의 경우, 사우스캐롤라이나로 이전하기로 한 결정의 중요한 요인은 해당 주정부의 관대한 지불 급여세(급료, 임금 등에 매기는 세금으로 종업원에 대한 과세와 고용주에 대한 과세로 구성된다—옮긴이) 세액 공제였던 것으로 드러났다.〕

전망하자면, 우리가 그림 1에서 본 장기 하강 궤적이 고소득 국가 어디에서건 영구적 방식으로 바뀔 조짐은 거의 없다.

고통스러운 일자리 상실에 직면하면 많은 사람들은, 모든 외부와 내부의 위협에서부터 제조업 부문을 보호함으로써 시계를 거꾸로 돌릴 수 있으며 그래야 한다고 주장한다. 이 '제조업 운동가들'은 역사와 싸우자고 제안한다. 그들의 주장은, 제조업의 쇠퇴를 가져온 힘을 제지하기란 매우 어렵다는 단순한 사실을 무시하는 것이다. 자기가 육지로 밀려오는 바닷물을 되돌릴 수 있다고 믿었다가 물에 빠져 죽을 뻔했던 영국 왕 크누트와 마찬가지로, 그 운동가들도 역사의 힘을 거스를 수는 없다.

ENRICO MORETTI

2

스마트 노동

: 마이크로칩, 영화, 승수효과

THE NEW GEOGRAPHY OF JOBS

자신의 역할에서 특출한 사람은
꽤 잘하는 어떤 사람보다
단지 약간 나은 것이 아니다.
100배 낫다.

도미니크 글린은 수학자이다. 하루 종일 수학을 하느라 얼마나 따분하겠냐고 생각한다면, 다시 생각해봐야 한다. 글린은 색채학자이며, '픽사 만화영화 스튜디오'의 수석 기술자로서 만화영화로 된 존재에 생명을 불어넣으며 하루하루를 보낸다. 캘리포니아주 에머리빌의 밝고 붉은 벽돌 건물에 들어 있는 그의 사무실에는, 픽사 구내에서 흔히 볼 수 있듯 장난감들이 잔뜩 널려 있다. 그는 〈카〉, 〈라타투이〉, 〈월-E〉, 〈토이스토리 3〉를 비롯해 많은 영화들을 작업했다. 만약 관객들이 그 영화들의 색채가 마음에 들어 한다면 글린과 그의 팀은 고마워할 것이다. 30대의 글린은 바로크 바이올린을 연주하며 세 살 먹은 예쁜 딸이 있다. 필자가 그를 만났을 때 그는 〈카 2〉를 마무리하느라 바빴다. 그는 필자에게 그가 사용하는 수학은 단순하다고 말했다. 하지만 필자로서는 왠지 그 말이 의심스러웠다. 기술적으로, 그가 하는 일은 화상원판畵像原版 공학이라고 불린다. 본질적으로 인간 색각色覺의 수학적 모델 창조로 구성된 것인데, 색채학, 컴퓨터 공학, 수학이 혼합된 형태이다. 그는 방정식으로 일을 시작해, 픽사를 업계 선두로 만든, 굉장히 다채로운 스토리로 일을 마무리한다.

픽사의 창의적 유전자는 유래가 깊다. 이 회사는 우상 대접을 받는 〈스타워즈〉 감독 조지 루카스에 의해 설립되었으며 이후 애플의 스티브 잡스에게 인수되었다가 다시 디즈니로 넘어갔다. 설립 이래 이 회사는 예술과 기술 사이의 열정적 대화라는 정체성을 지켜왔다. 처음에는 기술적 측면이 우세했다. 설립 초기 픽사는 주로 컴퓨터 하드웨어가 중심인 기업이었다. 이 회사가 출시한 '픽사 이미지 컴퓨터'는 병원과 의학 연구시설들을 위해 그래픽 디자인을 수행하도록 설계되었다. 하지만 기계 값이 13만 5,000달러로 너무 비싸 시장에서 성공하지 못했다. 그런데 혁신적 타가수정他家受精(생물의 수정 중 다른 계통과의 수정으로서 자가수정自家受精에 대응되는 말―옮긴이)의 주목할 만한 사례로, 존 라세터라는 한 종업원이 컴퓨터를 사용해 애니메이션 단편들을 제작하기 시작했다. 이는 픽사가 보유한 기술의 시력視力을 과시하기 위해서였다. 1984년 라세터는 어느 산업 박람회에서 〈앙드레와 왈리 B의 모험〉이라는 단편영화를 상영했다. 그 영화는 선풍적 인기를 끌었고, 모두가 즉각 컴퓨터 만화영화 산업의 일대 도약을 이룬 작품이라는 점을 인식했다.

픽사로서는 본업을 발견한 셈이었다. 픽사는 하드웨어 사업 부문을 잘라내고 영화제작을 껴안았다. 오늘날 제약회사 연구소들과 생명공학 신생 기업들 사이에 끼어 있는 픽사 사옥은 상상력의 공장이자 테마파크이다. 이 회사는 영화 산업에서 지금까지 일해왔던 사람들 가운데 상업적으로 가장 성공한 혁신가들, 예술가들 그리고 괴짜들의 혼합체임을 자랑한다. 존 라세터는 이제 이 회사의 창작 담당 최고 책임자이며, 픽사의 최고 흥행 작품들을 다수 연출했다. 그의 예술적 천재성과 그가 입고 다니는 알록달록한 하와이 셔츠로 인해, 언론은 그를 더욱 좋아하게 되었다. 그는 정장이 어울리는 사람은 분명 아니다.

픽사가 더는 컴퓨터 하드웨어를 만들지 않지만, 예술과 기술 사이의 창의적 긴장은 지속되고 있으며 그것이 아마 기업 성공의 뿌리인 듯하다. 각 영화의 제작은 해당 프로젝트의 예술적 측면과 기술적 측면 사이를 끊임없이 오가며 심사숙고하는 과정이다. 글린 같은 기술 쪽 사람들은 스토리, 등장인물들, 시각 자료들이 꽃피울 수 있는 기법들을 개발함으로써 예술적 측면을 보호하는 일을 한다. 이것이 가장 바람직한 상태에 도달한 혁신, 즉 새롭고 가치 있는 뭔가를 만들어내는 기술적 창의성과 예술적 표현의 융합이다. 기술적이며 예술적인 발전을 통해 픽사는 만화영화 예술에 일대 혁신을 일으켰다. 그 과정에서 픽사는 각 가정의 안방에 알려졌으며, 전례 없는 상업적 성공을 거두었고, 전 세계의 거의 모든 영화평론가들에게서 찬사를 받았다. 픽사가 받은 아카데미 상은 26개로, 픽사 영화 한 편당 두 개가 넘는다.

픽사의 성공은 글린 같은 사람들의 재능, 창의성과 관련이 있다. 우리가 소비하는 것 가운데 많은 부분이 아시아에서 생산되는 시대에, 꿈의 제조는 여전히 캘리포니아에서 이루어지는 것이

2
스마트 노동

다. 디즈니랜드를 닮은 회사 분위기, 거대한 〈토이스토리〉 인형들이 압도하는 회사 정원, 만화영화 제작자들의 소굴에서 풍겨나올 법한 무질서한 분위기를 지닌 픽사는 철저히 미국적이다. 이런 회사의 본사를 중국 선전으로 옮긴다는 것은 상상하기 어렵다.

혁신적 일자리란 무엇인가

지난 50년에 걸쳐 미국 경제는 전통적 제조업으로부터 지식, 아이디어, 혁신의 창조 쪽으로 점차 이동했다. 전통적 제조업 일자리가 계속 사라지는 가운데 혁신 부문은 계속 성장하고 있다. 이 부문은 곧 1950년대와 1960년대에 제조업이 맡았던 역할, 즉 미국 번영의 원동력이 될 것이다.

1980년대와 1990년대 초기, 세계 전체의 특허 수는 한 해 약 40만 건으로 세계 차원의 혁신은 대체로 안정적이었다. 하지만 1991년 이래 연구와 개발에 대한 세계 차원의 투자가 확대되어왔다. 세계 전체의 특허 발급 건수는 2010년 80만 건을 넘어섰으며, 해마다 기록을 경신하고 있다.[1] 2010년 미국의 경우 IBM(5,866건), 마이크로소프트(3,086건), 인텔(1,652건), 휴렛패커드(1,480건) 순으로 특허를 취득했다.[2] 특허 가운데 가장 많은 분야는 제약製藥이 차지했으며(이는 생명과학 산업이 미국의 혁신에서 갖는 중요성을 보여준다), 이어 정보기술, 화학·재료과학, 과학기기, 통신 그리고 훨씬 순위가 낮은 나노기술과 같은 신생 산업들이 있다. 전통적 제조업과 관련된 범주는 순위표 밑으로 쭉 내려가 37위와 38위에 있다. 바로 육상陸上 차량과 금속 가공이다. 2010년 순위와 비교하면 1992년 순위는 선사시대의 것처럼 보인다. IBM은 1992년에 이미 정상 근처에 있었지만, IT와 생명과학이 두각을 나타내진 않은 상태였다. 반면 전통적 제조업 제품과 사진 장비를 만드는 기업들이 혁신 챔피언 속에 끼어 있었다. 캐논, 후지, 코닥은 모두 그해의 10대 특허 취득 기업에 속했다.

혁신 부문의 일자리를 정의하기란 쉽지 않다. 왜냐하면 혁신은 많은 형태로 나타나기 때문이다. 물론 여기에는 첨단기술 부문이 포함된다. 정보기술, 생명과학, 클린테크(환경문제를 해결하는 데 도움이 되거나 오염물질 발생 자체를 줄이는 친환경 기술을 가리키는 신조어─옮긴이), 신물질, 로봇공학, 나노기술이 등이 있다. 하지만 혁신 일자리는 과학과 기술 바깥의 노동시장 중 일부도 포함한다. 도미니크와 픽사의 사례에서 보듯, 혁신 일자리는 흔히 예상하지 못했던 장소들에서 발견되고, 인적 자원과 인간의 독창성을 집중적으로 사용한다는 공통점을 가지고 있다.

회의론자들은, 혁신 부문의 일자리 증가가 제조업에서의 손실을 감당할 만큼 충분하지 않다고 주장하며, 혁신이 미국 경제에 대해 갖는 중요성에 대해 의문을 제기해왔다. 인텔의 전 최고경영자 앤디 그로브가 "신생 기업들이 일자리를 만들어내는 능력에 대한 미국의 잘못된 믿음"을 비판한 것은 유명하다.[3] 타일러 코웬은 영향력 있는 그의 책 《대大침체》에서 페이스북이나 트위터 같은 기업들은 종업원을 많이 두지 않는다고 지적했다. 이런 기업들은 콘텐츠의 대부분을 사용자들에게 의존하며, 한마디로 기업 규모가 너무 작아 포드나 제너럴 모터스 같은 과거의 거대 기업들을 대체할 수 없기 때문이라는 것이다.

하지만 다음과 같이 자료를 분석해 그래프로 그려보면 문제는 그와 같이 단순하지 않다. 인터넷 부문의 고용을 보자. 수치들을 살펴보기도 전부터 필자는 인터넷 일자리가 틀림없이 성장하고 있다고 짐작했다. 누가 뭐래도 인터넷은, 뉴스를 접하고, 물건을 사고, 정보를 검색하고, 서로를 연결하고, 파트너를 찾는, 우리가 가장 선호하는 공간이 되었다. 그런데 필자는 인터넷이 고용 성장에 그토록 극적으로 기여하는지는 미처 알지 못했다. 인구조사국이 미국의 모든 업종들로부터 수집한 종합적 자료를 사용해 필자가 추정해 보니, 지난 10년 사이 인터넷 부문의 일자리 수는 634퍼센트 늘었는데, 이는 같은 기간 경제 여타 부문 전체의 전반적 일자리 수 증가율의 200배가 넘었다.(온라인 구매 물품의 배달 같은, 첨단기술 부문 바깥의 인터넷 관련 일자리는 심지어 이 계산에 포함시키지도 않았다.) 그림 3에서 볼 수 있듯이, 이러한 일자리 성장률은 폭발적이며 게다가 지난 5년에 걸쳐 가속화하고 있다.[4] 만약 나머지 노동시장이 인터넷 부문처럼 성장했더라면, 실업이 없을 뿐만 아니라 아기와 노인을 포함해 시민 한 명당 새 일자리가 두 개씩 돌아갈 것이다. 이 부문에서의 전체 임금 성장은 더더

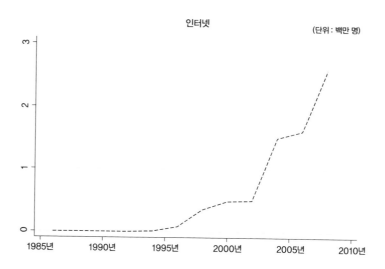

그림 3 **연도별 인터넷·소프트웨어·과학 연구개발·제약 분야 일자리 수 변화**

인터넷

(단위 : 백만 명)

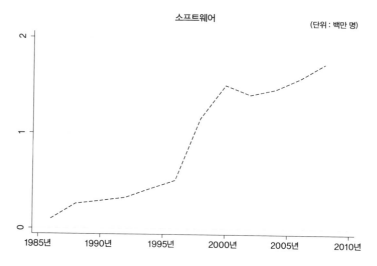

소프트웨어

(단위 : 백만 명)

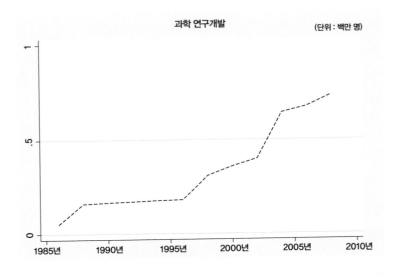

과학 연구개발   (단위 : 백만 명)

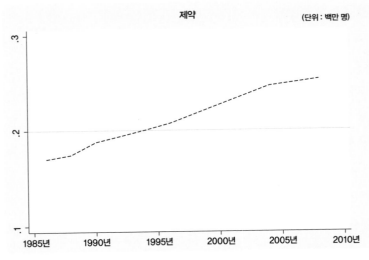

제약   (단위 : 백만 명)

욱 극적이었다. 현재 화폐로 따져 10년 동안 712퍼센트나 성장했다.

페이스북이 팔로알토의 본사에 고작 1,500명, 미국 여기저기에 1,000명을 직접 고용하고 있을 뿐이라는 회의론자들의 지적에도 일리는 있다. 이 수치가 급속도로 늘고 있기는 하지만, 제너럴 일렉트릭과 제너럴 모터스는 각각 14만 명과 7만 9,000명의 종업원을 미국에 두고 있다. 하지만 페이스북은 플랫폼일 뿐이며, 페이스북을 매력적이게 만드는 앱 대부분은 다른 기업들에 의해 만들어진다. 게임회사 징가와 같은 일부 기업들은 페이스북보다 종업원이 많다. 최근 연구에 따르면, 페이스북 앱을 생산하는 소프트웨어 기업들은 최소한 5만 3,000개의 새 일자리를 직접적으로 창출했으며, 관련된 사업 서비스에서 최소한 13만 개의 추가 일자리를 간접적으로 창출했다.[5] 이는 결코 하찮은 수치가 아니다. 이 수치들이 합쳐져서 페이스북과 관련된 인력의 봉급과 수당 총액을 120억 달러 이상으로 만든다.

경제학자 미셸 알렉소폴로스는 다양한 분야의 기술 교범技術敎範을 사용해 제2차 세계대전 이후의 기술 혁신에 관한 일련의 자료를 공들여 모았다.[6] 그래서 그가 알아낸 것은, 정보기술의 발달이 지난 50년에 걸친 고용, 생산성, 투자 성장의 가장 중요한 원천들 가운데 하나라는 사실이다. 이와 비슷하게, 세계적 경영 컨설팅 회사 매킨지는 2004년부터 2008년까지의 미국 경제 성장에서 인터넷이 단독으로 약 5분의 1의 몫을 담당했다고 추정했다.[7]

소프트웨어 부문의 성장 또한 인상적이다. 일반인들은 실감하지 못할 것이다. 왜냐하면 대부분의 언론이 소프트웨어 일감을 벵갈루루 같은 곳에 외주한다고 부각해 보도하기 때문이다. 하지만 자료를 살펴보면 미국 소프트웨어 일자리는 지난 20년에 걸쳐 실제로 562퍼센트 성장한 것으로 나타난다. 인터넷 부문만큼 폭발적이지는 않지만 여타 노동시장보다 33배 더 높다.(이 부문에서의 중요한 예외는 프로그래밍이다. 대체로 소프트웨어 기술자나 컴퓨터 과학자보다 숙련도가 낮은 프로그래머는 '국외 업무 위탁offshoring'과 자동화에 더 많이 노출되어왔다.)

지난 20년 사이 300퍼센트라는 인상적 고용성장을 보인 생명과학 연구는 혁신 부문의 또 다른 기둥이다.[8] 이 수치는 민간 부문의 연구개발(예컨대 생명공학)만을 포함할 뿐 대학이나 정부 연구소에서 일하는 연구원들은 감안하지 않은 것이다. 노동통계국은 향후 10년 안에 가장 많이 성장할 것으로 예상되는 직종 20개를 뽑아 만든 명단의 맨 위에 생체의학 기술자를 올려놓았다. 이 직종의 예상 성장률은 72퍼센트이다.[9] 의학자, 생화학자, 생물물리학자가 꼭대기 근처에 자리한다.

선진 제조업(로봇공학과 제약에서 고급 의료장비에 이르기까지) 또한 혁신 부문의 또 다른 축이다. 애플, IBM, 시스코 같은 기업들은 결국 제조업체이며, 미국의 전체 민간 R&D 가운데 큰 부분이 선진 제조업에서 나온다. 최근 연구에 따르면, 선진 제조기업들은 제조기업 전체 가운데 작은 부분만을 차지하지만 부가가치를 가장 많이 창출하고 생산성이 가장 높은 기업들이다.[10] 이들 기업은 혁신 부문에서 비교적 짧은 역사를 지닌 데 비해 일자리 성장 속도는 더 느리지만 훨씬 안정적이다. 예컨대 그림 3의 네 번째 항목은 제약 부문에서 지난 30년 사이에 달성한 꾸준한 성장을 보여준다. 이 부문의 모든 부분들에서 일자리를 만들어내고 있는 것은 아니지만(컴퓨터와 반도체의 경우에서 보았듯이), 선진 제조업은 전통적 제조업보다 더 잘하고 있다. 결정적인 것은, 블루칼라 근로자들을 위한 일자리가 줄고 기술자, 디자이너, 마케팅 담당자를 위한 일자리가 늘어나는 가운데, 일자리의 혼합이 급속히 바뀌고 있다는 사실이다. 이를테면 미국 기업들에 의해 설계되고 미국 기술을 사용해 개발되는 제품들이 물리적으로 국외에서 생산되는, 아이폰 스타일 공급사슬의 전파를 반영하고 있다.

그러나 혁신 부문은 과학과 공학기술 너머까지 아우른다. 오락, 산업 디자인, 마케팅, 심지어 금융처럼 다양한 산업의 부분들을 포함한다. 지난 3년 동안에만 모험자본venture capital은 신생 금융 서비스 기업 200곳에 약 20억 달러를 투자했다. 업계 선두들 가운데 하나인 빌플로트BillFloat(소비자가 신용카드 대금 등을 제때 결제하도록 돈을 빌려주는 미국의 금융 서비스 회사—옮긴이)의 최고경영자에 따르면, 그것은 "일자리 수만 개가 창출되는 것"과 마찬가지이다.[11] '프로스퍼Prosper'의 경우를 보자. 피어투피어peer-to-peer 방식(네트워크상에 대등한 기능을 갖는 복수의 컴퓨터를 연계시키는 방식—옮긴이)을 사용하는 대출 신생 기업인 이 회사는 개인 차입자들과 개인 대출자들을 연결한다. 그렇게 함으로써 대형 은행들보다 더 유리한 조건으로 대출을 일으키게 한다. 그리 오래 되지 않은 어느 하루를 무작위로 잡아 프로스퍼의 고객 명단을 살펴보자. 복학하기 위해 5,000달러를 구하는 캘리포니아 주의 어느 엄마, 전시회장까지 그림들을 싣고 갈 트럭을 빌리려고 5,000달러를 구하는 애리조나 주의 어느 화가, 2011년 수확물을 담을 새 오크통을 장만하려고 4,000달러를 구하는 나파 밸리(미국 샌프란시스코 북부의 대표적 와인 생산지—옮긴이)의 어느 포도주 양조업자, 자신이 맡은 리얼리티 쇼를 개선할 자금을 구하는 미시건 주의 어느 TV 프로듀서가 명단에 들어 있다. 기술적 관점에서 보면 프로스퍼의 혁신은 특별히 복잡한 것도 아니다. 돈이 필요한 사람들이 돈을 가진 사람들을 만나는 웹사이트에 불과하다. 하지만 사회적 관점에서 보면 소상공인들과 일반 가정들이 대출을 받을 수 있는 방법을 일대 혁신한 것이다. 그 과정에서 프로스퍼는 프로스퍼 자신과 프로스퍼가 지원하는 사업체 양쪽에서 일자리를 창출하고 있다.

2010년, 가장 중요한 범주들 가운데 하나인 금융 또는 사업 관행 혁신 분야에서 미국 내 특허는 3,649건이 등록되었다. 2008~2010년의 대불황 촉발 당시 파생상품들이 맡았던 역할 때문에 현재 미국 대중은 금융 '혁신'에 대해 다소 부정적인 인식을 갖고 있다. 하지만 이는 아마도 과잉반응일 것이다. 중요한 예외들이 있기는 하지만 대체로 금융 혁신은 미국 경제의 성장을 떠받치는 데 기여했다. 따지고 보면, 비행기가 사람들을 적당한 가격에 한 곳에서 다른 곳으로 태워다 주고 있다는 사실은, 항공기술의 발전 못지않게 높은 연료비에 대한 혁신적 헤지(가격변동이나 환위험을 피하기 위해 행하는 위험회피 또는 위험분산 거래—옮긴이)와도 관계가 있다.

혁신 부문에서 빠르게 성장하는 또 다른 부분은 디지털 오락 분야이다. 픽사에는 도미니크 글린과 함께 일하는 사람이 800명이 넘는다. 모든 사람이 세계 최첨단 영화사에서 일할 수 있는 것은 아니지만, 디지털 오락 산업 전체는 지난 20년에 걸쳐 양질의 일자리 수천 개를 만들어냈다. 1976년 〈스타워즈〉를 찍었을 때 특수효과는 플라스틱 모형 우주선에 손수 그린 은하수 배경이 고작이었다. 1990년대를 시작으로 특수효과는 디지털 영역으로 급속하게 이동했다. 오늘날에는 영화, TV 쇼, 광고 등의 영역에서 디지털 요소가 광범위하게 이용된다. 디지털 음악 사업 역시 빠르게 성장하고 있으며, '판도라' 같은 기존 기업들뿐만 아니라 수많은 신생 기업들도 이 분야에 속한다. 이 신생 기업들은, 사회관계망에 기초한 곡목표曲目表 시스템에서 혁신적 파일공유 시스템에 이르기까지, 이동식 가라오케에서 록스타를 흉내 내게 해주는 가정용 신종 장치에 이르기까지, 우리가 음악을 경험하는 방식을 개조하고 있다. 그리고 그다음으로는 비디오 게임이 있다. 필자가 어렸을 때, 비디오 게임은 흑색 바탕에 녹색을 띄운 조잡한 그래픽과 귀에 거슬리는 반복적 잡음이 특징이었으나 지금은 시각적으로 빼어난 현실의 복제화複製畵가 이뤄지고 있다. 한 해 매출이 200억 달러(영화 산업과 음악 산업을 합친 것보다 많다)가 넘는 게임은 대규모 사업이며 수만 개의 일자리를 책임진다.

결국 근로자들이 더 효율적인 전기 자동차용 리튬전지 같은 물리적인 뭔가를 만들든, 아니면 더 나은 검색엔진 같은 비물질적인 뭔가를 만들든 그것은 중요하지 않다. 진짜 중요한 것은 근로자들이 혁신적이고 독창적이며 쉽게 복제되지 않는 상품과 서비스를 생산한다는 점이다. 이것이 전 세계적인 열띤 경쟁 속에서도 보수가 좋은 일자리를 만들어내는 유일한 길이다.

혁신이 당신에게 중요한 이유

필자는 혁신이 미국 번영의 새 엔진이 되었다고 주장하고 있다. 하지만 그것이 진정 의미하는 바는 무엇인가? 정확하게 무엇이 '경제의 엔진'인가? 경제의 엔진이 반드시 경제의 최대 부문은 아님을 명확하게 하는 것이 중요하다. 혁신 일자리가 전부 몇 개냐 하는 것은 혁신이 얼마나 정확하게 정의되느냐에 따라 달라진다. 미국의 경우로 보자면 전체 일자리의 약 10퍼센트가 혁신 부문에 속한다고 보는 것이 합리적인 추정이다. 그 수가 늘고 있지만, 혁신 부문이 전체 고용 가운데 다수가 되는 일은 결코 없을 것이다. 간단히 말해, 평범한 미국 근로자가 인터넷 신생 기업이

나 픽사에는 채용되지 않을 것이다. 전성기의 제조업조차 미국 노동 인구의 30퍼센트밖에 고용하지 못했다.

그 이유는 단순하다. 현대 사회에서 방대한 수의 일자리가 지역적 서비스에 포진돼 있다. 웨이터, 배관공, 간호사, 교사, 부동산 중개인, 미용사, 개인 트레이너로 일하는 사람들은 지역적으로 생산되고 소비되는 서비스를 제공한다. 이 부문은 특정 지역 주민들의 욕구를 해결하는 데서만 존재하며, 대체로 전국적·국제적 경쟁에서 격리되어 있다. 경제학자들은 이것을 비교역적 부문non-traded sector이라고 부른다. 그와 같은 일들은 '교역 불가능不可能'하다. 왜냐하면 그 일들은 그것들이 생산되는 지역 바깥으로 수출될 수 없기 때문이다. 그 일들을 생산하는 곳에서 그것들을 소비할 필요가 있다.(여기서 필자는 비교역적 부문을 지역적 관점에서 정의하고 있다. 경제학자들에 의해 더 흔하게 사용되는 비교역적 부문의 정의는 전국적인 것이다. 도시 수준에서 교역되는 일자리가 전국 수준에서도 전부 교역되는 것은 아니다. 예컨대 MSNBC, 폭스뉴스, 미국공영방송NPR 같은 전국 뉴스 제공자들은 대체로 한 도시의 관점에서 교역되지만 전국의 관점에서는 교역되지 않는 서비스를 제공한다. 정의가 언제나 완벽한 것은 아니다. 대부분의 식당 일자리는 교역 불가능 부문에 속한다. 왜냐하면 그 일자리는 현지 주민들에게 음식을 공급하기 때문이다. 하지만 라스베이거스 같은 관광지에서는 식당 일자리가 교역되는 부문에 속한다. 그 일자리는 주로 외부인들에게 봉사하기 때문이다.)

요가를 보자. 오늘날 요가 분야는 대규모 사업으로서 성장하고 있다. 제니퍼 애니스턴은 최근 〈피플〉에서 "요가는 내 삶을 완전히 바꿔놓았다"고 선언했다. 그런데 그녀만 그런 것이 아니다. 마돈나와 스팅을 포함한 많은 스타들이 진정으로 요가를 신봉하며, 이밖에도 약 1,580만 명이 요가를 정기적으로 수련한다. 10년 전만 해도 그 수는 400만 명에 불과했다. 요가 산업은 단체교습, 수행, 개인교습, 심지어 요가 유람선 여행을 통해 연간 매출 약 60억 달러를 발생시키고 있다.[12] 작가 메어리 빌라드 말마따나, "선禪은 비싸다." 요가 순수주의자 입장에서 이 말은 죄받을 소리로 들릴지 모르지만 일자리 창출이라는 관점에서 보면 요가는 황금과도 같다. 현재 미국에서는 수만 명이 요가 강사로 일한다. 이들은 '신체단련 근로자'로 간주되는 미국인 26만 1,000명 가운데 일부다.[13] 미국인들이 요가 교습소, 헬스클럽, 체력 단련 시설을 점점 더 많이 이용함에 따라 이 수는 가까운 장래에 급증하리라 예상된다.

요가 강사는 교역 불가능 일자리라는 방대한 망網의 작은 부분이다. 미국의 경우 모든 일자리의 3분의 2가 이 부문에 있다. 지난 20년 동안 창출된 일자리 2,700만 개 가운데 대부분이 교역 불가능 부문에서 나왔다. 그중에서 의료 서비스의 성장 속도가 가장 빨랐다. 실리콘밸리에서조차 주민들이 첨단기술 회사보다는 가게에서 일할 가능성이 더 크다.

반면 혁신 산업의 대부분 일자리는 전통적 제조업, 일부 서비스(금융, 광고, 출판의 일부), 농업 그리고 석유, 가스, 목재 같은 채굴업의 일자리와 더불어 교역적 부문에 속한다. 전체 일자리의 약 3분의 1을 차지하는 이들 일자리는 매우 다르다. 왜냐하면 그 일자리들은, 지역 바깥에서 대부분 판매되며, 따라서 전국, 세계 시장에서 경쟁력이 필요한 상품이나 서비스를 생산하기 때문이다. 예를 들어 마이크로소프트와 보잉은 제품 대부분을 시애틀에 거주하지 않는 고객들에게 수출한다. 구글 역시 본사가 있는 캘리포니아 주 마운틴뷰 바깥에서 주로 사용되는 서비스(웹 검색)를 제공한다.

역설적이게도, 일자리의 많은 양을 비교역적 부문이 담당함에도 불구하고 국가 번영을 주도하는 것은 교역 부문이다. 여기에는 두 가지 이유가 있다. 첫 번째는 두 부문의 생산성 성장이 다르다는 것이다. 앞서 언급했듯이, 비교역적 부문의 많은 부분들에서 노동 생산성은 그리 크게 성장하지 않는다. 오늘 한 학급을 지도하는 데 필요한 요가 강사의 수는 50년 전과 같으며 앞으로도 아마 변하지 않을 것이다. 오늘날 상담치료에 걸리는 시간은 프로이트가 살았던 시대의 치료 시간과 같다. 집 한 채를 페인트 칠하고 새는 배관 하나를 고치며 아이 한 명을 돌보거나 부동산을 판매하는 데 필요한 노동의 양은 늘 그래 왔듯이 거의 같다. 비록 비교역적 부문 가운데 일부에서는 생산성 향상을 경험하지만(예컨대 의학기술의 발달로 의사와 간호사의 생산성이 높아졌다), 전형적으로 이러한 생산성 향상에는 한계가 있다. 반면 교역적 부문의 생산성은 기술 진보 덕분에 시간이 갈수록 향상되고 있다. 앞서 보았듯이, 오늘날 근로자가 자동차 한 대를 만드는 데 들이는 시간은 1950년과 비교해 불과 25퍼센트에 지나지 않는다. 끊임없이 이어지는 혁신 덕분에 첨단기술 부문의 노동 생산성은 더더욱 빠르게 성장한다.

일자리에 관한 토론들에서는 흔히 이러한 요점을 놓친다. 교역적 부문과 비교역적 부문 사이의 이러한 생산성 차이는 중요하다. 왜냐하면 우리가 살펴보았듯이 근로자들의 생활 수준을 높일 유일한 길은 그들의 생산성을 높이는 것이기 때문이다. 흥미롭게도 교역적 부문에서 근로자들의 생산성이 높아지면 단지 그 부문 근로자들뿐만 아니라 다른 부문 근로자들, 특히 숙련도가 비슷한 근로자들의 급여 또한 더 많아졌다. 역사적으로 제조업 임금이 조금씩 올랐을 때, 다른 부문들은 경쟁력을 유지하기 위해 적응하느라 임금을 같이 올렸다. 예를 들어 건설업의 생산성이 답보 상태라고 할지라도, 목수, 지붕 기술자, 배관공이 봉급이 더 많은 제조업 일자리로 빠져나가는 것을 막기 위해 건축업자는 그들의 임금을 인상할 필요가 있었던 것이다. 따라서 비록 제조업 부문이 근로자 수에서는 노동 인구 전체에서 소수만 차지했지만, 수십 년간 서비스 업종에서 일하는 사람들을 포함해 많은 미국 근로자의 봉급을 끌어올리는 강력한 엔진이었다. 이러한 관점에서 보면 제조업의 사망이 왜 그토록 무서운지가 명백해진다. 또한 왜 혁신의 증진이 그토록 중요한지도 분명해진다. 비단 특정 부문의 일자리만이 아니라 전체 경제의 성패가 달려 있는 것이다.

혁신의 활성화가 우리 모두에게 중요하고 밀접한 관련이 있는 또 다른 이유는 다음과 같다. 첫 번째 이유로 전국적인 범위에서 영향력을 미치는 힘을 설명했다면, 두 번째로 이제는 그에 못지않게 중요한, 지역적인 면에서의 영향력을 살펴보려 한다. 한 기업이 혁신 부문에서 일자리를 만들어낼 때마다 그 기업은 또한 같은 도시의 비교역적 부문에서 추가 일자리를 간접적으로 창출한다. 과학자, 소프트웨어 기술자 또는 수학자를 한 도시에 새로이 유치하는 것은 지역적 서비스에 대한 수요를 늘린다. 이것은 결국 택시 운전사, 가정부, 목수, 유모, 미용사, 의사, 변호사, 개를 산책시키는 사람 그리고 치료사 등의 사람들에게 일자리가 더 많이 생기는 것을 의미한다. 이러한 지역적 서비스 근로자들은 첨단기술 근로자 주변에 무리를 이루어 그들의 개인적 욕구를 뒷받침한다. 본질적으로, 한 도시의 관점에서 혁신 일자리 하나는 일자리 하나 이상이다.

이 승수효과가 실제로 어떻게 작동하는지 보기 위해 팀 제임스라는 소기업 주인을 소개하겠다. 제임스는 샌프란시스코의 제본업자이다. 그의 고객은 대부분 현지 주민과 현지 기업이다. 그러므로 그는 분명히 비교역적 부문에서 일한다고 볼 수 있다. 그가 고용한 근로자 여덟 명은 책을 제본하고 주문 인쇄를 한다. 그가 거느리는 종업원들은 손재주가 좋으며 학력이 낮은 경향이 있다. 네온전구가 켜진 휑뎅그렁한 그의 가게에서 가장 먼저 눈에 들어오는 것은, 작업 현장을 차지하고 있는 여러 대의 멋진 구식 절단

기계와 제본기계이다. 종이가 지천인데, 어떤 종이는 곧바로 사용할 수 있도록 깔끔하게 정돈된 무더기 상태로 차곡차곡 쌓여 있고, 다른 종이들은 잘게 잘려 흩어져 있다. 기계와 작업 현장에는 먼지가 잔뜩 쌓여 있다. 제본은 매우 노동 집약적인 일처럼 보인다. 제임스의 가게에서 사용되는 기술은 지난 30년간 그다지 변하지 않았다.

제임스의 가게에서 사용하는 기술은 분명 저급에 속하지만, 오랜 세월에 걸쳐 그의 사업성과는 나스닥의 부침을 바짝 추적한다. 샌프란시스코 소재 첨단기술 기업들의 성과를 바짝 추적한다는 말이다. 제임스의 사업은 1990년대 하반기, 즉 닷컴 호황 기간 동안 높이 날아올랐다. 그 기간 동안 현찰이 두둑한 첨단기술 근로자들이 현지 식당과 술집을 가득 채웠고, 새 집을 지었으며, 헬스클럽에 모였다. 이렇게 해서 제본업자를 포함한 현지 서비스 근로자들의 소득을 엄청나게 높여주었다. 자신의 제품에 대한 커지는 수요에 발맞추기 위해 제임스는 세 명의 종업원을 새로 고용했고 모든 종업원의 급료를 인상했다. 곧이어 찾아든 닷컴 불황기 동안 제임스의 제품에 대한 수요는(그리고 이에 따라 그의 종업원 수는) 줄어들었으며, 최근에야 현지 첨단기술 부문의 팽창에 힘입어 점차 회복되었다.

제임스의 경험은 독특한 것이 아니다. 혁신 일자리와 지역적 서비스 사이의 강한 연계를 전형적으로 보여주는 사례일 뿐이다. 일자리들 가운데 단지 일부를 차지할 뿐인 혁신 부문이 그 비중에 어울리지 않는 수의 지역 일자리를 추가로 발생시키고, 그렇게 해서 지역 경제와 깊은 연계를 형성한다.[14] 건실한 교역적 부문은 봉급이 후한 일자리를 발생시키면서 지역 경제에 직접적으로, 비교역적 부문에 추가적인 일자리를 창출하면서 간접적으로 이득을 안겨준다. 우리가 진짜 눈여겨볼 대목은 지역 경제에 미치는 이 간접적 영향이 직접적 영향보다 훨씬 크다는 사실이다. 대도시 지역 320곳의 미국 근로자 110만 명에 대한 분석에 기초한 필자의 연구 결과, 대도시 지역 한 곳에서 첨단기술 일자리가 한 개 늘어날 때마다 장기적으로 다섯 개의 추가적인 일자리가 첨단기술 바깥에서 창출되는 것으로 나타났다.[15]

앞에서도 잠깐 말했지만, 이 부분은 들여다볼수록 더더욱 흥미로워진다. 이 다섯 개의 일자리는 다양한 근로자 조합에 이득을 준다. 승수효과에 의해 창출된 일자리들 가운데 두 개는 전문직(의사와 변호사)인 데 반해 나머지 세 개는 비전문직(웨이터와 점원)이다. 예를 들어 애플을 보자. 이 회사는 쿠퍼티노에서 근로자 3만 3,000명을 고용하고 있다. 하지만 승수효과를 통해 이 회사는 그 대도시 지역에서 17만 1,000개 이상의 추가적인 서비스 일자리를 창출하는데, 이 가운데 10만 2,000개는 미숙련 일자리이며 6만 9,000개는 숙련 일자리이다. 믿기 어렵겠지만, 이것은, 애플이 그 지역의 고용에 미치는 주된 영향이 첨단기술 바깥의 일자리에 대한 것임을 의미한다.(우연인지는 몰라도, 애플은 팀 제임스의 고객 회사들 중 하나였다. 스티브 잡스가 죽었을 때 제임스는 잡스

집안의 조문록 제작을 의뢰받았다.) 실리콘밸리에서는 본질적으로 첨단기술 일자리가 지역 번영의 원동력이며, 결국 의사, 변호사, 지붕 기술자, 요가 강사 같은 일자리가 나타난다. 무척 단순한 결과이다. 하루 일과가 끝나면 누군가는 요가 수업을 가서 돈을 지불하는 것이다.

　교역적 부문은 모두 승수효과가 있지만, 혁신에서의 승수효과가 가장 크다. 필자의 분석 결과에 따르면, 전통적 제조업에 일자리 한 개를 유치하면 추가적인 지역 서비스 일자리 1.6개가 생긴다(이는 같은 경우 첨단기술에서 생기는 일자리 수의 3분의 1에 못 미친다).[16] 오바마 대통령의 제조업 정책 담당 보좌관을 지낸 론 블룸은 종종 이런 말을 했다. "당신이 자동차 조립 공장을 유치하면 월마트가 따라온다. 하지만 당신이 월마트를 유치한다고 자동차 조립 공장이 따라오지는 않는다."[17] 이 말이 맞다. 제조업 부문도 분명 지역적 서비스를 발생시키며, 이것은 공동체에 주요한 이득이 된다. 하지만 그는, 만약 어떤 공동체가 비슷한 규모의 인터넷 또는 생명공학 기업을 유치한다면 그것이 서비스 산업 부문의 일자리 창출에 미치는 영향이 더더욱 크리라는 사실을 보지 못하고 있다. 그것은 일자리를 세 배 더 창출할 뿐만 아니라 그 일자리들은 월마트 일자리들보다 보수가 더 후할 것이다. 시애틀 같은 도시를 보자. 비록 보잉과 같은 제조 기업이 마이크로소프트보다 두 배 많은 일자리를 갖고 있지만, 결국 그 제조 기업은 지역의 일자리를 덜 창출하고 있다.

첨단기술의 승수효과가 여타 산업들보다 어떻게 그토록 더 클수 있단 말인가? 첨단기술의 무엇이 그토록 특별한가? 먼저 첨단기술 근로자들은 보수가 매우 후하다. 봉급과 수당이 대체로 평균을 상당히 웃돈다. 다시 말해, 그들이 다른 근로자들보다 지역적 서비스를 더 많이 소비하며 따라서 지역의 일자리를 더 많이 창출하고 있다는 의미이다. 가처분 소득이 더 많은 이 근무자들은 더 자주 식당에 가고 미용실을 찾으며 치료사를 만난다. 기업 보고서에 따르면, 마이크로소프트 근무자의 연간 평균 보수는 17만 달러이다.[18] 비서들과 청소부들을 포함한 회사의 모든 직원을 계산에 넣어 산출된 액수가 이 정도라면 이것은 참으로 놀라운 수치이다. 여기에서 근무자 한 사람이 비지역적 상품, 주택, 세금, 저축에 지출하는 돈을 빼고 나면 그 사람은 약 8만 달러를 지역적 서비스에 지출할 수 있다는 계산이 나온다. 이 돈만으로도 일반 직종별 임금 수준에 맞춰 두 개의 비전문직 일자리를 너끈히 지탱할 수 있다. 종업원들의 개인적 소비 말고도, 첨단기술 기업들의 활동에는 많은 지역적 사업 서비스가 요구되는데, 이는 더 많은 그래픽 디자이너, 마케팅 담당자, 기업 컨설턴트 그리고 경비원을 의미한다.

첨단기술의 승수효과가 지대한 마지막 이유는, 첨단기술 기업들은 서로 가까이 자리 잡는 경향이 있기 때문이다. 첨단기술 기업 하나를 한 도시에 불러들이는 것은 결국 더 많은 첨단기술 기업들을 그곳에 자리 잡게 한다. 첨단기술 단지는 밀집할수록 첨단기술 기업을 더 혁신적이고 성공적이게 만들기 때문이다. 이러한 밀집효과는 제조업에도 존재하지만 곧 살펴볼 이유들 때문에 첨단기술 분야에서 특히 강력하다. 그 결과 더 많은 지역적 서비스 일자리와 더더욱 큰 승수효과가 궁극적으로 창출된다.

정책 당국자들과 업계 지도자들은 중소기업이 일자리 창출의 대부분을 떠맡고 있다고 변함없이 들먹이며 중소기업의 미덕을 쉽게 칭송하곤 한다. 그 지적이 맞기는 하지만, 중소기업의 대부분은 소매 그리고 기타 비교역적 서비스를 영위한다. 결국 그들의 존재는 대기업이 지배하는 교역적 부문의 활력에 의존한다. 교역적 부문에서 발생하는 소득이 없다면 한 도시에 소매업 일자리가 많지 않을 것이다.

승수효과는 노동시장의 주목할 만한 특징이다. 요즘 미국 경제에 관해 벌이는 토론을 보면 한 집단의 이익과 다른 집단의 이익, 즉 부자와 빈자, 가진 자와 갖지 못한 자라는 두 개의 미국 사이에 내재하는 긴장緊張이라는 고정된 관점의 틀에 갇혀 있는 듯 보인다. 이러한 긴장은 재정 정책의 경우에는(예를 들어 고소득자들에게 세금을 얼마나 많이 부과할지 결정할 때) 정당할지 모르지만, 대부분의 다른 경우들에는 잘못 도입되는 병치倂置이다. 일자리 창출에 관한 한, 고소득 근로자의 이익과 저소득 근로자의 이익 사이에는 어떤 내재적 상충도 없다. 사실대로 말하자면, 승수효과의 핵심적 교훈은, 경제는 철저하게 상호 연결된 시스템이며, 한 집단에 좋은 것은 대체로 다른 집단에도 좋다는 것이다. 이것은 정말이지 밀물이 모든 배들(적어도 같은 도시 안에 있는 배들)을 들어 올리는 경우이다.

새 일자리, 옛 일자리, 재순환되는 일자리

혁신 부문이(제조업과 달리) 그토록 많은 일자리를 창출하는 핵심적 이유 하나는, 심지어 오늘날에도 혁신 부문은 놀라울 정도로 노동 집약적이기 때문이다. 과학적 연구의 주된 생산투입生產投入은 인적 자본, 다른 말로 사람과 그들의 아이디어이다. 소프트웨어를 만드는 데에는 여전히 오랜 시간에 걸쳐 키보드를 두드리는 작업이 필요하다. 어떤 생산투입이 진정 중요한지 알아보려면 작업장을 방문하기만 하면 된다. 공장에서 작업 현장을 지배하는 요소는 명백히 기계이다. 그리고 그 밖의 모든 것은, 기계를 운전하는 사람들의 위치와 활동을 포함해, 기계를 중심으로 돌아간다. 연구소나 소프트웨어 기업에서 중요한 것은 명백히 사람이며, 모든 것은 사람을 중심으로 돌아간다. 역설적이게도, 가장 혁신적인 기술이 창조되는 작업장들은 여전히 인간의 노동에 크게 의존하는 반면, 전통적 제품이 만들어지는 작업장들은 대체로 로봇에 의해 가동된다.

예를 들어 디지털 오락을 보자. 영화에 디지털 효과를 입히는 데에는 오랜 시간에 걸친 창의적 노동이 필요하다. 필자는 켄트

마티슨이라는 이름을 가진 프로그래머와 함께 〈아바타〉를 보러 갔을 때 그 과정이 얼마나 노동 집약적인지 실감했다. 마티슨은 조지 루카스의 특수효과 회사인 '인더스트리얼 라이트 앤드 매직'에서 그 영화와 관련된 작업을 했던 사람이다. 마티슨은 두 시간 반짜리 영화에서 화면에 단지 몇 초만 등장하는 우주선 하나를 디자인하느라 몇 주간이나 작업했다. 필자의 좋은 친구 벤 폰자스트로는 픽사에서 북쪽으로 몇 킬로미터 떨어진 곳에 있는, '티펫 스튜디오'라는 자그마한 독립 영화사에서 일한다. 그가 하는 일은 영화에 등장하는 작은 모피 동물들을 컴퓨터로 만들어내는 것이다. 엄밀히 말하면 그는 조명 예술가이다. 물론 물리적 전등이나 세트는 전혀 없다. 벤은 소프트웨어를 사용해 만화영화로 된 동물들에 빛을 비춘다. 그는 다른 디지털 예술가들로 이루어진 팀과 함께 작업한다. 그 예술가들은 만화영화 제작자, 모형 제작자, 질감質感 화가, 식자공植字工, 인형 연출자 같은, 뭔가를 떠올리게 하는 이름을 갖고 있지만, 그들 모두는 키보드를 두드려 이미지를 창조한다. 벤과 그의 팀이 영화 〈트와일라이트: 뉴 문〉에 나오는 작은 늑대처럼 간단한 뭔가를 창조하는 데만 꼬박 석 달이 걸렸다.

키보드를 사용해 이미지를 창조하는 일이 여전히 매우 많은 시간과 노력을 필요로 한다는 사실은, 이 부문 근로자들에게 나쁜 것이 아니다. 그와는 반대로, 그것은 매우 좋은 일이다. 왜냐하면 그들에게 적어도 당분간은 더 많은 일자리를 의미하기 때문이다.

어떤 새 소프트웨어가 등장해 디지털 예술가들이 우주선과 모피 동물을 몇 달이 아니라 몇 주 만에, 그러다 며칠 만에 그리고 마침내 몇 시간 또는 몇 분 만에 창조하게 해줄 그런 날은 물론 올 것이다. 그렇게 되면 일을 훨씬 더 쉽고 빨리 할 수 있기 때문에 처음에는 디지털 예술가들은 정말 신날 테지만 결국 그것은 일자리가 줄어듦을 의미한다. 트랙터와 콤바인이 농장 근로자들을 대체하고 로봇이 공장 근로자들을 대체한 것과 같은 방식으로, 언젠가는 강력한 컴퓨터와 개선된 소프트웨어가 디지털 예술가들의 일을 대신할 것이다.

오늘날 노동보다 예술에 더 가까워 보이는 일들은 결국 상품화되고 표준화되고 기계화될 것이다. 그런 일들은 광채를 잃을 것이며, 그 수는 줄어들 것이다. 기술 진보로 인해 인간 노동의 필요성이 줄어들면서, 비단 디지털 오락뿐만 아니라 혁신의 다른 대부분의 부분들에서 이런 일이 발생할 개연성이 있다. 이런 일이 발생하면 유망한 새 아이디어와 제품이 출현하고 옛 일자리와 새 일자리의 순환이 처음부터 다시 시작되기를 우리는 희망해야 할 것이다.

흔히 우리가 착오를 일으키는 것 하나, 혁신 부문의 모든 일자리는 신기술과 관련되어 있기 때문에 '새 일자리'라고 생각하는 것이다. 하지만 새 일자리는 많은 경우 단지 기존 일자리를 대체하고 있을 뿐이며, 심지어 전반적으로 일자리의 감소를 초래할 수도 있다. 예를 들어 여행 웹사이트들은 분명 사회적 가치를 창출해왔다. 그 웹사이트들 덕분에 비행기와 호텔 예약이 더 싸고 더 편리해졌기 때문이다. 수천 개의 '새로운' 일자리가 '익스피디아'와 '트래블로시티' 같은 회사들의 웹사이트를 설계하고 관리하는 사람들을 위해 창출되었지만, 미국 전역에 걸쳐 수많은 여행사들이 어쩔 수 없이 문을 닫는 바람에 일자리 손실은 훨씬 더 컸다. 이와 마찬가지로, '넷플릭스' 덕분에 빌려 볼 수 있는 영화가 더 다양해졌지만, 이는 수많은 동네 비디오 대여점에 막대한 피해를 입히는 것으로 드러났다.

혁신은 늘 변하는 일자리 명단을 계속 쏟아내고 있다. 그럼에도 그 순純효과는 긍정적이다. 프랑스 인터넷 부문을 분석한 한 연구에 따르면, 웹의 등장 이래 인터넷은 일자리 120만 개를 창출하고(소프트웨어 기술자처럼 인터넷에 직접 연결된 일자리, 온라인 구매물품의 배달처럼 부문 바깥의 일자리를 합쳐) 50만 개를 파괴함으로써 70만 개의 순이익을 냈다.[19] 다른 선진국들의 경우, 가장 나은 추산으로는, 파괴되는 일자리 한 개당 2.6개의 일자리가 창출된다는 것이다. 여기에서 중요한 것은, 일자리 손실은 지리적으로 널리 퍼져 있지만 일자리 증가는 대체로 특정 지역에 집중되어 있다는 사실이다. 여행 웹사이트들과 넷플릭스의 경우, 시애틀, 뉴욕, 샌프란시스코 만안灣岸 지역에 고용 증가를 안겨줬다. 왜냐하면 이런 곳들에 그 웹사이트들이 소재하는 경향이 있기 때문이다. 반면 다른 도시들은 죄다 소매 일자리의 손실을 겪었다.

혁신 부문 일자리가 계속 늘어나는 이유

샘 레신이라는 스물일곱 살의 기업가는 사람들에게 실시간 파일 공유와 공동 작업을 쉽게 만들어줄 의도로 2007년 인터넷 신생 기업 '드롭닷아이오drop.io'를 공동창업했다. 그로부터 3년 뒤, 참으로 대단하게도 레신은 그의 신생 기업을 페이스북에 팔았다. 이 신생 기업에 수백만 달러를 지불하자마자 페이스북은 일반의 예상을 뛰어넘는 어떤 조처를 취했다. 드롭닷아이오를 폐쇄한 것이다. 뒤에 밝혀졌듯이, 페이스북은 처음부터 샘 레신을 원했다. 이것은 실리콘밸리에 등장한 새로운 현상의 일부이다. 확실하게 자리를 잡은 대기업이 획기적인 새 기술을 획득하기 위해서가 아니라, 무엇보다도 그 신생 기업을 생각해낸 사람을 획득하기 위해 신생 기업을 아예 통째로 사버리는 것이다.

이러한 현상은 후한 급여와 스톡옵션을 뜻하기 때문에 인수당하는 회사에서 일하는 사람들에게는 참으로 멋진 소식이다. 사람들이 친구들의 온라인 활동을 추적하도록 돕는 회사인 '프렌드피드'를 페이스북이 2009년에 사들였다고 〈뉴욕타임스〉는 최근 보도했다. "기술업계 사람들은 페이스북이 트위터와의 경쟁에 더 효과적으로 대응하려 한다고 생각했다. 하지만 실제로 페이스북은 그 회사 공동 창업자 브렛 테일러를 포함해 평판이 좋은 프렌드피드의 제품 관리자와 기술자 열두 명에게 눈독을 들이고 있었다."[20] 프렌드피드 인수가격은 4,700만 달러, 즉 직원 한 사람당

400만 달러인 것으로 추정된다. 페이스북 최고경영자 마크 주커버그는 당시에 "우리는 정말 테일러를 얻고 싶었다"고 말했다. 그는 이렇게 덧붙였다. "자신의 역할에서 특출한 사람은 꽤 잘하는 어떤 사람보다 단지 약간 나은 것이 아니다. 100배 낫다."

주커버그의 이 언급은 특히 흥미로운 사실을 드러낸다. 혁신 부문의 발전은 재능의 가치 상승과 관련된다. 경제적 가치가 전에 없이 재능에 달려 있다는 단순한 이유 때문이다. 20세기에 경쟁은 물리적 자본 축적에 관한 것이었지만 오늘날에는 최고의 인적 자본 유치에 관한 것으로 바뀌었다. 주커버그가 실질적으로 말한 바는, 새 아이디어의 경제적 수익이 전에 없이 높으며, 좋은 아이디어를 제시하는 사람들에 대한 보상 또한 높아졌다는 사실이다. "기술자들은 50만 달러에서 100만 달러를 받을 만한 가치가 있다." 본 스미스가 이렇게 말했다고 〈뉴욕타임스〉는 같은 기사에서 보도했다. 그는 뭔가를 알기 때문에 이렇게 말한 것임에 틀림없다. 페이스북의 업체개발 담당 이사인 스미스는 페이스북이 지난 4년 동안 '재능 있는 사람들'을 스무 명 넘게 영입한 작업의 지휘자였다.

새 아이디어의 경제적 수익이 왜 그토록 막대하게 증가했나? 심지어 30년 전이었더라도 새 아이디어의 보유는 엄청난 경제적 가치를 창출했으리라고 당신은 생각할 것이다. 그렇다면 무엇이 변했나? 이러한 증가에는 근본적으로 두 가지 이유가 있다. 바로 세계화와 기술 발전이다. 놀랍게도, 블루칼라 일자리의 종말을 초래한 바로 그 두 힘이 이제는 혁신 부문에서의 일자리 증대를 부채질하고 있는 것이다.

세계화의 심화는 혁신적 기업들에게 특히 좋은 소식이다. 일자리와 세계화에 관한 정치적 토론에서 흔히 무시되기는 하지만, 그 이유는 단순하다. 혁신적 산업들은 수익을 내는 방법이 여타 모든 산업들과 근본적으로 다르다. 소프트웨어를 보자. 새 소프트웨어를 위한 아이디어를 내고, 그것을 개발하고 시험하자면 돈이 많이 든다. 하지만 일단 만들어지면 그 소프트웨어는 사실상 추가 비용 투입 없이 수백만 번 복제될 수 있다. 윈도(마이크로소프트의 상업적 성공의 근간) 새 버전을 개발하는 과정에서 마이크로소프트가 부담하는 비용은 대부분 소프트웨어 코드를 작성하는 기술자들의 인건비로 들어간다. 이 비용은 윈도 복사본이 얼마나 많이 팔리는가에 따라 달라지지 않는다는 점에서 대체로 고정된다. 변동비용(윈도가 실제로 수록되는 물리적 CD-ROM 비용과 그것을 담는 종이상자 비용)은 하찮은 것이다. 첫 번째 복사본을 만드는 데 마이크로소프트는 수십억 달러의 비용을 부담하지만, 두 번째 복사본을 만드는 데에는 단지 몇 센트의 비용만을 부담함을 의미한다. 세계 차원의 시장은 이 회사가 생산비용의 증가 없이 방대하게 더 많은 복사본들을 판매하는 것을 가능하게 한다. 인터넷 서비스, 제약, 디지털 미디어 그리고 상당한 R&D 비용의 선행투자를 수반하는 대부분의 제품들도 사정은 마찬가지이다. 구글은 자사의 검색엔진을 개선하는 데 매월 수백만 달러를 쓴다. 이러한 투자비용은 구글 웹사이트를 10명이 사용하든 10억 명이 사용하든 달라지지 않는다. 유일하게 달라지는 것은 수익이다. 마찬가지로, 신약新藥 제조비의 대부분은 연구 관련 선행투자비이다. 알약 자체를 제조하는 데 드는 비용은 별로 많지 않다.

대부분의 혁신 산업들에서 주된 생산비용은 연구와 개발에 들어가는 고정비용이다. 생산의 변동비용은 대체로 낮다. 시장이 세계화되면서, 이처럼 비용을 거의 들이지 않고도 판매를 증진시킬 수 있는 것이 오히려 새 아이디어로 창출되는 수익을 극적으로 증폭시켰다. 그러므로 혁신적 활동에 투입되는 자원이 전례 없는 수준에 도달했다는 것은 놀랄 일도 아니다. 이것은 혁신적 기업들의 수익을 위해서뿐만 아니라 일자리 창출을 위해서도 중요하다. 혁신적 기업들의 이러한 특징은, 고정비용이 클 수 있지만 변동비용 역시 상당히 큰 전통적 제조업과 대조를 이룬다. 예를 들어 자동차나 의류를 만들 때에는 추가로 투입하는 각 물품 단위 때문에 전체 비용이 무시할 수 없을 정도로 상당히 늘어난다. 이에 따라 시장 확대에서 생기는 이득은 혁신 부문에서보다 전통적 제조업에서 확실히 덜하다.

세계화의 효과는 지구촌 중산층의 팽창으로 인해 강화된다. 중국, 브라질, 인도 같은 나라들이 번영함에 따라 이들 나라 사람들은 고급 제품을 더 많이 원하게 되었다. 이러한 추세는 혁신적 산업들을 선호하는 경향을 반영하는 것이다. 미국의 대중對中 수출은 거의 500퍼센트 늘었다. 이는 세계 여타 지역에 대한 미국의 수출보다 그 증가 속도가 10배 이상 빠른 것이다.[21] 대중 수출을 주도하는 지역은 캘리포니아 주, 워싱턴 주, 텍사스 주이며, 주도하는 품목은 소프트웨어, 과학기기, 의료기계, 항공우주 제품 같은 첨단 제품들이다.

그럼에도 미국인들은, 수치들은 별도로 하고, 세계화에 대해 광범위하게 불안감을 가지고 있다. 여러 조사에서 일관되게 드러난 바에 따르면, 혁신 부문에서 일하는 사람들을 포함해 미국인 다수는 세계화가 미국 경제에 문제를 일으키는 주요 원인들 가운데 하나라고 믿고 있다. 에릭 스콧이 좋은 보기이다. 그는 경력을 쌓은 하드웨어 기술자로서 첨단기술 분야에서 주로 일해왔다. 2년 전 그는 돌비연구소에서 좋은 직책을 얻었다. 샌프란시스코에 있는 이 첨단기술 회사는 영화용 디지털 음향시스템, DVD용 오디오 응용 프로그램 그리고 이와 비슷한 것들을 만든다. 스콧에게는 아내와 세 살 난 딸이 있으며, 돌비 R&D 센터에서 그리 멀지 않은 곳에 새 주택 담보 대출을 얻어 장만한 집이 있다. 그런데 그는, 돌비 사가 지난 몇 년 동안 혁신 과정의 일부를 비용이 더 저렴한 아시아 지역에 외주하는 실험을 진행해오고 있다는 사실을 알게 되었다. 아직까지는 그가 다니는 회사에서 이러한 외주 과정이 실제로 시작된 것으로는 보이지 않는다. 하지만 장차 그 자신의 직무를 포함해 대부분의 혁신적 직무가 외주되리라는 것을 그는 쉽게 짐작할 수 있었다. 이것이 우리가 나아가고 있는 방향일까?

최근까지 대부분의 개발도상국들은 주로 가격으로 경쟁하는 노동 집약적 저기술 제조업 부문에 집중해왔다. 하지만 어느 시점에 가면 그 나라들은 '캘리포니아에서 설계된' 상품의 단순한 생산자 노릇에 싫증을 낼지 모른다. 중국은 이미 독일과 프랑스보다 특허를 더 많이 생산한다. 다른 특허들에 의해 인용된 횟수로 측정한 이들 특허의 품질이 서구 국가들에 비해 여전히 낮은 것은 분명하다.(그 이유 가운데 하나는 중국 정부가 품질에 상관없이 특허를 출원하도록 금전적 인센티브를 준다는 것이다. 〈이코노미스트〉 보도에 따르면, 학자들을 상대로 정년보장 심사를 할 때 과거 몇 년간 특허를 얼마나 출원했는가를 따지며, 특허청 직원들은 특허를 많이 승인하면 보너스를 받는다. 특허를 많이 출원하는 기업들은 법인세를 감면받으며 정부 계약을 따낼 가능성이 높아진다. 세계에서 특허를 가장 많이 출원하는 기업이 중국 회사 화웨이華爲라는 사실은 아마도 그리 놀랍지 않을 것이다.) 하지만 중국과 인도에서도 혁신이 꾸준히 증대되고 있는 것은 틀림없다.

외주는 대부분의 전통적 제조업에서 일자리 손실을 가져오지만, 혁신 부문에서는 그 반대 현상이 벌어진다. 어떻게 이런 일이 가능한가? 최근의 연구에 따르면, 중국 내 조립 일자리의 증가와 인도 내 고객 지원 일자리의 증가는, 궁극적으로 미국 내 R&D 일자리의 증가뿐만 아니라 첨단기술 기업들 주변에 몰리는 전문직 일자리(광고업자, 디자이너, 분석가, 회계사)의 증가를 의미한다. 기업용 하드웨어와 소프트웨어를 만들어내는 거대기업 오라클을 살펴보자.[22] 2000년 오라클은 미국에 2만 2,008명, 국외에 2만 919명의 종업원을 두고 있었다. 오늘날 오라클은 미국에 4만 명, 국외에 6만 6,000명을 두고 있다. 미국 종업원의 비중이 줄었지만 일자리는 늘었다. 결정적으로 중요한 것은, 가장 급여가 높은 일자리, 즉 R&D 일자리는 여전히 미국 내에 있으며 그 수도 상당히 늘었다는 사실이다. 제임스 팰로스는 언젠가 이렇게 말했다. "1년에 1,000달러를 버는 인도와 중국의 근로자들은, 일주일에 1,000달러(그리고 그 이상)를 버는 미국 디자이너들, 마케팅 담당자들, 기술자들, 소매업자들이 더더욱 많이 벌어들이게끔 돕고 있는 셈이다. 그뿐만 아니라 그들은 미국에 기반을 둔 기업들의 주주들도 협조하고 있다."[23]

어떻게 그럴 수 있는지 생명과학 연구의 사례를 통해 살펴보자. 지난 10년에 걸쳐 많은 미국 생명공학과 제약 회사들이 R&D 활동의 일부를 국외로 이전했다. 비니타 샤르마 박사는 인도 과학기술부 산하기관인 '국가 우수실험실관리기준 감독청'의 책임자이다. 미국으로 치자면 연방식품의약국FDA에 해당하는 기관이다. 그녀는 연구와 정책 분야 경험이 대단히 많으며 열정적이고 세계를 내 집처럼 여기는 여성이다. 그녀에게는 인도산産 주문형 R&D 서비스 제공이라는 꿈이 있다. 필자가 만났을 때 그녀는 한껏 들떠 있었다. 인도가 의약품, 공업약품, 농약을 대상으로 사전임상실험실preclinical test lab을 운영함을 증명하는 인증서를 경제협력개발기구OECD에서부터 받기로 되어 있었기 때문이다.[24] 그

인증서는, 이제 인도가 유럽과 미국의 생명과학 회사들에 엄청나게 많이 실험실 시험을 제공할 수 있게 됐음을 의미했다. 그녀는 "미국, 독일 또는 중국에서 아이디어를 가지고 오면 우리가 뛰어난 R&D를 제공할 것이다", "우리는 지식을 부로 전환하고 싶다"고 말했다.

이러한 현상이 미국 근로자들의 일자리에 어떤 영향을 미치게 될까? 외국 R&D 근로자 채용의 증가가 미국 기업들의 미국 내 채용 증가로 이어지느냐 아니면 채용 감소로 이어지느냐에 따라 그 영향은 긍정적일 수도 부정적일 수도 있다. 경제학 전문용어를 써서 말하자면, 외국 근로자들이 미국 근로자들에 대해 보완재complements냐 대체재substitutes냐에 달려 있다는 것이다. 다트머스대학교의 경제학자 매튜 슬로터의 일련의 연구에 따르면, 외주는 이기고 지는 문제가 아니다. 국외 근로자들은 대체로 미국 근로자들에 대해 대체재라기보다 보완재이기 때문이다. 미국의 다국적기업이 일자리 하나를 외주할 때마다 거의 두 개의 새 일자리가 미국 내에서 창출된다.[25] 미국 근로자 입장에서 볼 때 좋은 거래임이 분명하다. 새 일자리들은 연구개발, 마케팅, 공학기술, 디자인 그리고 과학 일자리인 경향이 있다. 그 일자리들은 봉급이 후한 데다 경력을 쌓는 데 좋은 발판이 된다. 미국공학한림원National Academy of Engineers에서 작성한 기술 분야 국외 업무 위탁에 관한 가장 종합적인 보고서들 중 하나도 이렇게 동의한다. "국외 업무 위탁은, 다양한 산업들에 있어, 미국에 기반을 둔 기업들의 경쟁우위에 기여한 것으로 보인다."[26] 물론 혁신 부문에서 일자리와 봉급이 느는 게 세계화 때문만은 아니다. 한 기업이 혁신을 성공적으로 시장으로 가져가면(아이패드에서 신약에 이르기까지 어떤 것이든), 그 기업은 흔히 생산비보다 월등하게 높은 가격을 매길 수 있다. 경제학자들은 이것을 가리켜 경제적 지대라고 부른다. 이러한 점에서 혁신적 제품은 베르사체 가방과 같다. 최신 패션에서 지대는 상표의 매력에서 나온다. 첨단기술에서 지대는, 혁신가에게 독점권을 주는 특허의 형태에서 비롯된다.

혁신에 의해 창조된 경제적 가치로부터 결국 이득을 보는 이는 누구인가? 소비자들은 새롭거나 더 싼 제품이라는 형태로 이득을 보고, 기업들은 더 높은 수익이라는 형태로 이득을 본다. 나머지 이득은 제품 개발에 참여한 근로자들에게 돌아간다. 이것은 더 많은 일자리와 일부 경우 더 많은 봉급을 의미한다. 경제학자 나타라잔 발라수브라마니안과 자가디쉬 시바다산은 인구조사국에서 편찬한 고급 기밀자료를 사용해 4만 8,000개 미국 기업의 20년에 걸친 내부 활동을 추적했다.[27] 이 조사에서 다음과 같은 사실이 드러났다. 한 기업이 자사의 첫 번째 혁신을 성공적으로 특허로 연결한 해에 그 기업의 고용과 노동 생산성이 둘 다 크게 성장했으며, 이러한 긍정적 효과는 그 이후로도 오래 지속되었다. 런던정치경제대학교 교수 존 반 리넨은 영국 내 혁신적 기업 600곳을 대상으로 봉급과 혁신 사이의 관계를 조사했다.[28] 기술적으로 중요하며 동시에 상업적으로 성공한 혁신 사례에 초점을 맞춰 조사한 끝에, 그는 이런 사실을 발견했다. 한 회사의 평균 봉급은 혁신이 일어난 다음 그 결과 대폭 올랐으며, 신제품을 도입한 지 약 3년 뒤 정점에 달했다.

이렇듯 혁신에 의해 창출된 경제적 지대는 결국 최고경영자들과 주주들뿐만 아니라 근로자들에게도 이득을 안겨준다.[29] 급여 증가는 상당하다. 존 반 리넨이 추산한 바에 따르면, 대체로 근로자들은 혁신에 의해 추가적으로 창출된 경제적 가치 가운데 약 20~30퍼센트를 급여 인상이라는 형태로 가져간다. 이것이 일자리 창출의 엔진으로서 혁신이 그토록 중요한 이유들 가운데 하나이다. 아이폰의 경우에서 보았듯이, 세계 어디서든 생산할 수 있는 표준적 제품을 만드는 것에는 가치가 거의 없다. 하지만 한 국가의 교역적 부문이 혁신적이고도 독특한 제품들을 만들어내면 더 많고 더 좋은 일자리들을 창출할 수 있다.

신흥국가들에서 점점 더 많은 젊은이들이 대학과 대학원 교육을 받음에 따라, 세계적으로 혁신하는 능력을 갖춘 숙련되고 창의적인 근로자들의 공급이 늘고 있다. 이에 비해 숙련되고 창의적인 근로자들을 원하는 수요는 더더욱 빠르게 늘고 있다. 최근의 불황 때문에 이러한 수요 증가세가 일시적으로 둔화되었지만, 장기적으로 세계화와 기술 발전은 새 아이디어와 신제품을 생산하는 창의적 근로자들에게 '더 많은 일자리, 더 많은 보상'을 의미한다. 이것은 사회 전체에는 좋은 소식이지만, 이런 변화의 효과는 지리적으로 불균등하게 타나난다. 새 일자리의 창출은 국가 전체에 걸쳐 균등하게 퍼져 있지 않다. 일부 도시들과 지역들을 선호하는 반면 다른 곳들은 무시되는 경향이 있는 것이다. 그만큼 지리는 갈수록 더 중요해지고 있다. 다음 장에서는 새로운 혁신 경제에서 누가 이기고 누가 지는지, 그것이 사회 구조를 어떻게 개조하고 있는지 살펴보겠다.

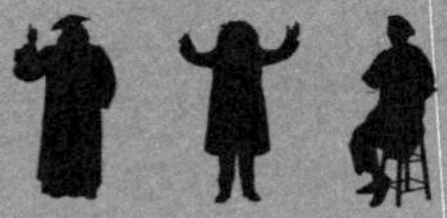

ENRICO MORETTI

3

거대한 분리의 물결

THE NEW GEOGRAPHY OF JOBS

The Great Divergence

두뇌 중심지는 무엇이 그리도 특별한가?
중심지들과 나머지 지역의 격차는
왜 해가 갈수록 커지는가?

시애틀은 30년 전과 같은 도시가 아니다. 방치되었던 창고 건물들이 재건되어 작은 신생 기업 수십 곳의 보금자리로 변했고, 멋진 건물들이 신축되어 더 큰 기업들의 사무용 공간으로 탈바꿈했다. 한때 곳곳이 허물어졌던 부두와 녹슨 선창에도 인터넷과 소프트웨어 회사들이 입주해 있다. 옛 철도역 자리는 개조되어 지금은 제약회사 암젠의 실험실들이 들어서 있다. 도심 북쪽 가장자리의 지저분했던 주택가와 상업 지역은 설계가 잘된 사무실들과 아파트가 매년 들어서고 있으며, 이 멋진 도시의 새 주소지로 자리 잡았다.

캐피톨힐 구區 15번가에 있는 '빅트롤라 커피'와 '아트 카페' 앞에서 두 시간가량 앉아 있다 보면, 시애틀의 가식 없는 에너지와 신중한 낙관주의를 감지할 수 있다. 서른 몇 명의 전문직 종사자들, 동성애자 커플들, 고학하는 대학생들 그리고 더 부유하고 더 단단히 자리 잡은 가구家口들이 다양하게 뒤섞인 이곳은 이 도시에서 번성하고 있는 많은 동네들 중 하나이다. 사람들은 활기차게 거리를 거닌다. 거리 곳곳에는 다양한 분야의 책을 파는 책방들과 공예품을 전문적으로 취급하는 잡화점들이 있다. 도시 곳곳에서 고급 식당들과 새 문화 명소들이 버려진 구조물들과 지상 주차장들을 접수했다.

'개척자 광장'은 얼마 전까지만 해도 최신 유행의 신생 기업들보다는 메타돈 진료소들로 더 많이 알려졌던 곳이다. 그런데 징가, 디스커버리 베이, 블루 나일 같은 첨단기술 기업들이 이곳의 아름답고 고풍스러운 벽돌 건물들에 속속 입주하자 이 광장조차 일종의 르네상스를 경험하고 있다. 이 광장의 인기가 너무도 높아지고 있다 보니 심지어 금융 기관들도 이곳에 끌리고 있다. 하워드 슐츠 스타벅스 회장의 모험자본 기업 마베론은 보수작업이 끝난 1번가의 공간 한 곳을 막 넘겨받았다.

시애틀은 한없이 번져가는 기업적 에너지가 강렬하게 느껴지며 그에 더해 과소평가된 국제적 분위기가 섞여 있다. 무엇보다 이 도시는 미래에 대한 차분한 자신감, 한 가지 단순한 사실에 뿌리를 둔 자신감을 물씬 풍긴다. 그 단순한 사실은 무엇인가. 쇠퇴해가던 구舊경제의 워싱턴 주 거대 도시에서 세계에서 손꼽히는 혁신 중심지들 가운데 하나로 시애틀이 스스로를 완전히 탈바꿈시켰다는 것이다. 그 과정에서 시애틀 주민들은 미국에서 가장 창의적이고 가장 급여 수준이 높은 사람들이 되었다.

언제나 이랬던 것은 아니다. 오늘날에는 상상하기 어렵겠지만, 30년 전 시애틀 거리를 걸었던 방문객이라면 이 도시에 대해 전혀 다른 인상을 받았을 것이다. 1970년대 후반 시애틀은 미래에 대한 불안에 휩싸이고, 범죄로 얼룩지고, 일자리 손실로 크게 상처를 입은 채 퇴보하고 있었다. 하지만 1979년 1월 초 어느 비 오는 날 아침, 이 도시의 역사를 바꾼 어떤 일이 발생했다.

두 도시 이야기

사람들은 이제 마이크로소프트라고 하면 곧바로 시애틀을 떠올린다. 하지만 초창기 마이크로소프트는 딴 세상만큼이나 멀리 자리 잡고 있었다. 실제로 그 회사는 1975년 뉴멕시코 주 앨버커키에서 창립되었다. 그해 마이크로소프트에는 제품이 하나였으며 고객도 하나였고 종업원은 세 명이었다. 유일한 고객은 MITS였는데, 이 회사는 앨버커키에 자리 잡고 알테어 8800이라는 가정용 컴퓨터를 생산하는 하드웨어 기업이었다. 그 컴퓨터에 운영체계로 베이직BASIC 소프트웨어가 사용되었다. 그로부터 몇 달이 지나고 몇 년이 지나자 마이크로소프트는 뉴멕시코 주에서 번창해 갔다. 이 회사의 장래가 어찌나 유망해 보였는가 하면, 1975년 말 창업자 두 사람 가운데 열정이 넘치고 비싼 사립학교 출신처럼 보이는 스무 살의 빌 게이츠가 하버드대학을 휴학하고 이미 앨버커키에 가 있던 또 다른 창업자 폴 알렌과 합류할 정도였다. 사업은 상승세를 탔고 게이츠는 영영 복학하지 않았다. 대학 졸업장이 필요치 않아서 그랬던 것이 아니다. 판매가 기하급수적으로 늘어난 것이다. 1978년이 되자 매출이 100만 달러를 넘어섰고 종업원은 13명으로 늘어났기 때문이었다.

창업자들은 갈수록 더 바빠졌고, 마침내 두 사람은 회사를 다른 곳으로 옮기기로 결정했다. 이것은 사업상 내린 결정이 아니었다. 게이츠와 알렌은 둘 다 시애틀 출신이었는데, 두 사람 모두 그들이 자랐던 곳으로 돌아가고 싶어 했다. 1979년 1월 1일 그들은 짐을 꾸려 시애틀과 워싱턴 호수를 사이에 둔 한적한 벨뷰로 이사했다.

그 당시 시애틀은 누가 보더라도 소프트웨어 회사가 자리 잡을 만한 곳이 아니었다. 실제로 시애틀은 끔찍한 곳처럼 보였고, 오늘날의 잘나가는 중심지와는 영 딴판으로 살아남으려 몸부림치는 도시였다. 태평양 연안 북서부 지방의 다른 많은 도시들과 마찬가지로, 시애틀에서도 매년 일자리가 사라지고 있었다. 실업률이 높았고 미래 성장에 관한 어떤 뚜렷한 전망도 보이지 않았다. 그때의 시애틀은 오늘날의 실리콘밸리보다 디트로이트에 더 가까웠다.

디트로이트와 마찬가지로 시애틀의 문제도 단순했다. 도시의 경제가 구닥다리 제조업과 목재업이라는, 결정적으로 매력적이지 못한 산업의 혼합에 크게 의존했고, 제조업 일자리의 약 절반이 수송 부문에 있었다. 당연히 고용주들은 힘든 나날을 보냈으며 사업 규모를 줄여나갔다. 사람들도 수천 명 단위로 이 도시를 떠나고 있었다. 역사적으로 시애틀은 보잉과 몇몇 하청 기업들이 둥지를 튼 항공우주 산업의 강력한 근거지였다. 하지만 1970년대와 1980년대 초반 보잉은 여러 차례 불황을 겪었다. 대형 트럭 제조업체로서 보잉과 더불어 주요한 현지 고용주였던 파카 또한 문제를 겪고 있었다. 노스트롬(미국의 고급 백화점―옮긴이) 본점과 항구 같이 일부 잘 돌아가는 영역들도 있었지만, 그들의 존재만으로 지역 경제를 끌어올리기에는 역부족이었다. 보잉과 워싱턴대학교에 고용된 사람들은 예외였지만, 시애틀 주민들은 딱히 숙련도를 갖춘 사람들이 아니었다.

그 결과, 삶의 질은 끝없이 하락했다. 오늘날 대부분의 사람들은 시애틀을 날씨만 빼고는 가장 쾌적한 도시 가운데 하나로 꼽는다. 하지만 1970년대 후반 마이크로소프트가 그곳으로 이전할 때에는 범죄율이 앨버커키보다 훨씬 높았으며 강도 사건도 인구 1만 명당 50퍼센트나 더 많았다. 시애틀 학교들의 질 또한 뒤죽박죽이었고, 박물관들은 황폐했으며, 대단히 재미있고 다양한 모습인 현재와는 달리 식당들도 그저 그랬다. 당시 점포 세 곳을 가진 작은 현지 기업에 불과했던 스타벅스는 여전히 물을 탄 아메리칸 커피를 팔고 있었으며 이 회사가 에스프레소 혁명에 불을 당긴 것은 훨씬 뒷날의 일이었다.

그로부터 불과 몇 년 전 〈이코노미스트〉는 시애틀을 '절망의 도시'라고 표현했다.[1] 현지 경제의 심각한 하락을 다룬 기사에서 이 잡지는 이렇게 보도했다. "중고차, 중고 텔레비전, 중고 주택을 미국에서 가장 싸게 살 수 있는 곳은 워싱턴 주 시애틀이다.

식료품을 사고 집세를 낼 돈을 마련하기 위해 집집마다 생활에 꼭 필요하지 않은 것이라면 무엇이든 내다 파는 이 도시는 거대한 전당포가 되었다." 앞날에 대한 기대가 너무 낮다 보니 이런 문구를 담은 거대한 옥외 광고판마저 등장했다. "시애틀을 떠나는 마지막 사람은 전등을 꺼주시기 바랍니다." 오늘날에도 여전히 사람들의 입에 종종 오르내리는 이 광고판은 쇠퇴하는 이 도시의 분위기를 더할 나위 없이 잘 포착한 것이었다.

비록 당시에는 마이크로소프트가 앨버커키에서 시애틀로 이전한 것이 대수롭지 않아 보였지만, 시애틀을 미국에서 가장 성공적인 혁신 중심지 가운데 하나로 변모시키는 데 도움을 주었다. 여기에서 주목할 만한 점은 회사 이전이 얼마나 뜻밖에 이루어졌나 하는 것이다. 빌 게이츠와 폴 알렌은 많은 다른 기술 기업들이 이미 자리를 잡고 있었던 실리콘밸리로 회사를 옮길 수도 있었고, 아니면 앨버커키에 그대로 남아 있을 수도 있었다. 건조한 날씨, 느슨한 분위기, 샌디아 국립 연구소, 뉴멕시코대학교가 있는 앨버커키는 현지에 첨단기술 단지를 개발할 운명을 타고난 것처럼 보였으며, 만약 마이크로소프트가 그곳에 남았더라면 아마 그렇게 됐을 것이다. 마이크로소프트 입장에서도 앨버커키에 남는 것이 당시로서는 어리석은 짓이 아니었다. 회사를 옮기겠다는 구상은 처음에는 저항에 부딪혔다. 회사원 가운데 몇몇은 뉴멕시코주를 좋아했으며, 회사를 이주하는 복잡한 과정을 원하지 않았기 때문이다. 하지만 게이츠와 알렌의 결심은 단호했다.

혁신 부문은 공동체의 문화, 도시 형태, 현지의 생활 편의시설, 현지의 정치적 입장뿐만 아니라 공동체 전체의 경제적 운명을 개조하는 힘이 어떤 다른 분야보다도 힘이 세다. 우리는 이에 대해서는 알지만, 이 모든 힘의 정확한 상호작용을 가늠하고 원인과 결과를 구별하기는 어렵다. 실리콘밸리 같은 복잡한 지역에서는 특히 그렇다. 그와 반대로, 시애틀의 첨단기술 역사는 하나의 구체적이고도 우연한 사건으로 그 기원을 거슬러 올라갈 수 있다. 이러한 사실 때문에 마이크로소프트의 이전은 통찰력 있는 하나의 자연적 실험이 되었다.

회사 이전이 있기 전 시애틀과 앨버커키의 노동시장은 상당히 비슷해 보였다.[2] 예를 들어 1970년 인구 대비 시애틀의 대졸 근로자 비율은 앨버커키보다 고작 5퍼센트 포인트 더 높은 정도였다. 봉급도 시애틀이 약간 높았는데, 그것은 보잉사의 모든 기술자들, 워싱턴대학교에 관련된 병원과 진료소가 많아서였다. 하지만 그 차이는 작았으며 노동시장의 추세 또한 두 도시가 비슷했다. 마이크로소프트가 옮겨온 이후 이 두 도시의 행로는 돌이킬 수 없는 방식으로 갈라졌다. 1990년이 되자 대졸 근로자 비율의 두 도시 간 격차는 14퍼센트 포인트로 커졌으며, 2000년에는 첨단기술 부문의 폭발적 성장과 더불어 35퍼센트 포인트까지 확대되었다. 현재 두 도시 간 격차는 45퍼센트 포인트에 이르렀다. 이것은 엄청난 격차로서, 미국과 그리스 사이에 존재하는 격차와 비슷하다. 중요한 것은 특히 숙련 근로자들의 급여 수준 역시 격차를 보여왔다는 점이다. 1980년 시애틀의 대졸자들은 앨버커키의 대졸자들보다 고작 4,200달러를 더 받고 있었을 뿐이다. 그런데 지금 그들은 1만 4,000달러를 더 받는다.

앨버커키가 마이크로소프트를 잃어버린 이래 그곳의 경제는 내내 절뚝거렸다. 이곳 노동 인력의 학력은 시원찮은 수준으로 개선되는 데 그쳐 현지 혁신 부문의 성장에 방해가 되었다. 인텔과 하니웰은 그곳에 대규모 생산시설을, 뱅크오브아메리카와 웰스파고뱅크는 대형 지원 사무실들을 두고 있기는 해도 부가가치가 낮은 서비스 분야의 값싼 일자리들이 보편적이었다. 대체로 앨버커키의 혁신 단지는 진정 경쟁력 있는 첨단기술 생태계를 지탱하는 데 필요한 임계질량臨界質量에 결코 도달하지 못했다. 그에 반해 시애틀은 세계에서 소프트웨어 기술자의 집중도가 가장 높은 곳 가운데 하나이다. 이 집합체가 너무도 크다 보니 북미 소프트웨어 기술자들에게 지급되는 급여의 4분의 1 이상이 시애틀에서 나간다. 미국 4위의 무선통신 사업자인 T 모바일은 시애틀과 앨버커키 두 곳에 모두 진출해 있다. 하지만 시애틀에 이 회사의 본사(그 모든 고액 봉급 일자리와 그것이 갖는 큰 승수효과와 함께)가 있는 반면 앨버커키에는 다수의 값싼 일자리에 승수효과가 작은 고객 서비스 센터가 있을 뿐이다.

두 도시의 경제적 운명이 계속 갈라지자 일상생활의 모든 여타 측면(거주 적합성에서 문화생활 편의시설까지, 학교의 질에서 식품의 질까지) 또한 그 격차가 커지고 있다. 1979년에는 앨버커키가 시애틀보다 더 안전한 곳이었지만, 이제 그곳의 범죄율은 시애틀보다 높으며 살인사건 발생률은 시애틀의 두 배가 넘는다.

이 두 도시에서 일어난 일들은 지난 30년에 걸쳐 많은 미국 도시들이 경험한, 분기하는 경제 행로들을 단적으로 보여준다. 경제성장의 자급자족적 속성 때문에, 처음에는 비슷한 수준이었던 도시들이, 작은 차이들이 증폭되는 가운데 시간이 흐를수록 매우 달라질 수 있다. 혁신적 기업들과 혁신적 근로자들이 그곳에 계속 모여들어 승자는 갈수록 더 강해지는 반면, 패자는 더 불리해지는 경향이 있다. 경제학에는 이를 전문용어로 다중평형多重平衡이라고 한다.

정확히 어떻게 이런 일이 일어날 수 있단 말인가. 이것이 이 사태의 가장 중요한 부분이다. 마이크로소프트는 시애틀 지역에서 4만 311명을 고용하고 있는데, 이 가운데 2만 8,000명은 R&D에 종사하는 기술자들이다. 이런 사실이 인상적으로 보일 수는 있다. 그래서 도대체 4만 311개 일자리가 어떻게 2백만 명이 사는 대도시 지역의 운명을 바꿀 수 있다는 말인가? 이에 대해 이렇게 답할 수 있다. 마이크로소프트가 지역 경제에 미치는 최종적 영향은 그 회사가 고용한 사람의 수보다 훨씬 크다고. 그 이유는 첫째, 마이크로소프트가 시애틀로 이전하자 여타 첨단기술 기업들이 보기에 이 도시의 매력이 커졌다. 마이크로소프트는 실질적으로 현지 첨단기술 부문의 정신적 지주이자 다른 소프트웨어 기업들을 끌어들이는 자석으로서 기여한다. 이러한 면에서 아마존의 역사는 재미있다. 아마존 창립자 제프 베조스는 1994년 뉴욕에 살면서 월스트리트의 어느 잘나가는 대형 회사에서 이사로 일하고 있었다. 비록 일반인은 꿈도 못 꿀 만큼 많은 봉급을 받는 자리에 있음에도, 그는 그가 성취할 수 있는 뭔가가 더 있다고 생각했다. 당시는 인터넷 시대가 막 시작되는 중이었다. 그는 돈벌이가 되는 그 일에서 한몫하기를 원했다. 베조스는 마침내 하던 일을 그만두고 인터넷 서점을 차렸다. 그는 세계에서 가장 긴 강의 이름을 따서 서점 이름을 아마존이라고 짓고 서점 소재지를 시애틀에 두기로 결정했다.

왜 시애틀인가? 빌 게이츠가 선택을 내렸을 때, 시애틀은 첨단기술 기업을 시작하기에 매력적이지 않은 곳이었지만 게이츠에게는 그곳에 있을 개인적 이유가 있었다. 이에 반해 제프 베조스에게는 시애틀에 둥지를 틀 아무런 개인적 이유가 없었다. 그는 그곳에서 태어나지 않았다.(실제로 그는 앨버커키에서 태어났다.) 하지만 게이츠가 회사를 이전한 지 15년 뒤 베조스가 회사를 시작했을 때 시애틀은 첨단기술 활동을 유치하는 자석이 되어 있었다. 마이크로소프트가 그 도시에 있었기 때문에 소프트웨어 기술자들과 프로그래머들이 그곳에 대규모로 집결해 있었고, 모험자본 회사들이 그곳에 사무실을 열어두고 있었다. 상업적으로 좋은 웹사이트를 만드는 방법을 아는 사람들이 아직 드물었던 때에 베조스는 시애틀에서 진짜 재능 있는 사람들을 발견했다. 그는 또 자금조달 방안도 발견했다. 가족이 아니면서 아마존에 돈을 댄

최초의 투자자는 시애틀에 기반을 둔 모험자본가 닉 하나우어였다. 그가 내놓은 자금 4만 달러는, 아마존이 존폐를 견뎌야 하는 초기 단계를 무사히 넘기고 살아남는 데 결정적 역할을 했다. 얼마 뒤 시애틀에 기반을 둔 또 다른 모험자본가가 1만 달러를 제공해 그 신생 웹사이트를 사용자 더 친화적으로 개선하도록 도왔다. 이 작업을 통해 초기 단계의 아마존은 핵심적 경쟁 우위를 확보할 수 있었다.〔시애틀은 세금 혜택 또한 제공했다. 인터넷 소매상은 회사가 소재한 주 바깥의 소비자들에게는 판매세를 부과하지 않아도 되었는데, 이 때문에 소비자가 많은 대형 주(이를테면 캘리포니아 주) 바로 바깥에 회사 소재지를 두는 것이 특히 유리했다. 그렇지만 이 혜택이 결정적 요인은 아니었다. 시애틀보다 캘리포니아 주에 더 가까운 여러 도시들(라스베이거스, 피닉스, 보이시, 포틀랜드, 유진)도 같은 세금 이득을 베풀었지만 인터넷 부문을 결코 크게 발전시키지는 못했기 때문이다.〕

제프 베조스가 사업을 시작하는 데 마이크로소프트가 직접적 도움을 준 것은 아니지만, 마이크로소프트의 존재는 시애틀 지역에서 하나의 온전한 첨단기술 단지가 생기는 것을 촉진했다. 이것은 성공이 더 큰 성공을 발생시키는, 첨단기술 세계의 놀라운 특징을 잘 보여주는 사례이다. 또한 많은 도시들의 미래에 엄청난 영향을 미치는 특징이며 이 장과 다음 장의 주제이기도 하다. 베조스가 맨해튼을 떠나 서쪽으로 향한 순간, 궁극적으로 좋은 일자리 수천 개를 시애틀에 가져다줄 일련의 사건들이 시작되었다. 베조스가 그의 집 차고에 차렸던 작은 회사는 오늘날 종업원

5만 1,000명을 거느린 세계적 상표가 되었으며, 전체 종업원 가운데 3분의 1이 시애틀에 있다.

마이크로소프트가 지역 경제를 개조한 두 번째 방법은, 백만장자가 된 종업원들이 퇴사해 독자적 사업체를 설립해서 시애틀 지역에 많은 다른 회사들을 탄생시킨 것이었다. 어느 추정치에 따르면, 마이크로소프트 전직 사원들이 설립한 신생 사업체만 4,000개이며 이들 중 다수가 퓨젓사운드 지역에 몰려 있다.[3] 마이크로소프트가 모태가 된 현지 기업의 한 사례로 익스피디아가 있다. 또 다른 사례로 리얼네트웍스도 있다. 마이크로소프트 직원 출신의 롭 글레이저가 1995년 창립한 이 회사는 현재 종업원 1,500명을 거느리고 있으며 시애틀에서 가장 큰 민간 고용주 가운데 하나이다. 그리고 제프 베조스가 설립한 인간 우주여행 회사 블루 오리진이라는 회사도 있다. 시애틀 외곽에서 단 20분 거리에 위치한 이 회사는 우주선을 만들어 우주로 비행시키는 민간 기업으로서 마치 영화 속의 뭔가를 연상시킨다.

하지만 만약 당신이 로켓 과학자나 소프트웨어 기술자나 컴퓨터 과학자가 아니라면 어떻게 될까? 시애틀의 평범한 근로자에게 이 모든 것이 무엇을 의미하는가? 승수효과로 인해, 마이크로소프트가 시애틀 노동시장에 미치는 영향 가운데 가장 우리가 주목해봐야 하는 것은 첨단기술 부문 바깥에 고용된 근로자들에 대한 것이다. 필자의 추산에 따르면, 마이크로소프트는 그리 높지 않은 학력을 가진 서비스 근로자들(청소부, 택시 운전사, 부동산 중

개인, 목수, 소규모 자영업자 등)의 일자리를 무려 12만 개 만들었고, 대학 또는 그 이상 학력을 가진 근로자들(교사, 간호사, 의사, 건축사)에게 제공되는 일자리로는 약 8만 개를 만들었다.[4] 마이크로소프트의 급여는 계속 오르고 있으며 지역적 서비스에 대한 이 회사의 수요가 계속 커지고 있기 때문에 이들 수치는 시간이 흐를수록 높아질 것이다.

혁신은 신약, 의사소통과 정보공유 방식의 개선 그리고 더 깨끗한 환경이라는 형태로 엄청난 사회적 편익을 창출한다. 세계 전역의 소비자들이 향유할 수 있다는 의미에서 이들 편익은 확산된다. 하지만 혁신은 새롭고 더 나은 일자리라는 형태로도 편익을 창출한다. 이러한 편익은 지리적으로 소수의 장소에 극도로 집중된다. 물론 이 모든 변화가 바람직한 것만은 아니다. 이와 관련해서는 주택비용과 주택 고급화 문제를 다루며 면밀하게 살펴볼 것이다. 하지만 먼저 미국 내 혁신 일자리의 지형도에 관해 더 분명한 그림을 보고 넘어가자. 시애틀이 미국의 유일한 혁신 중심지는 아니다. 미래의 일자리가 어디 있는지 이해하기 위해서는 현재 혁신이 이루어지고 있는 곳들을 파악해야 한다.

중심지는 어디인가?

100년 전 사람들의 시선을 끌어모았던 신기술은 자동차, 즉 세계를 변하게 할 기적의 새 기계였다. 초기에는 수많은 소규모 생산자들이 미국 곳곳에 분포되어 있었다. 몇십 년이 지나자 그 수는 세 개의 거대 기업으로 압축되었으며 대부분의 생산은 디트로이트 인근으로 집중되었다. 오늘날 자동차 공장들은 다시금 브라질에서 폴란드에 이르는 전 세계로 분산되었다. 개인용 컴퓨터가 1970년대에 처음 등장했을 때에는 많은 수의 독립적 소규모 생산자들이 미국 전역에 흩어져 있었다. 스티브 잡스와 스티브 워즈니악은 우편주문을 통해 부품들을 사들인 뒤 차고에서 조립해 1976년 최초의 애플 컴퓨터를 만들었다. 후일 개인용 컴퓨터의 생산은 고도로 집중화되어 이 분야에는 단지 몇몇 핵심 기업들만 남게 되었으며 대부분이 실리콘밸리에 근거지를 두었다. 현재 개인용 컴퓨터 산업은 성숙해졌으며 생산은 저비용 장소 수백 곳으로 분산되어 있다. 주철, 제분, 담배 생산 등 다양한 산업들에서 같은 패턴이 기록되어왔다. 사람과 마찬가지로 산업에도 생애주기가 있다. 유아기 때의 산업은 지도 전체에 걸친 수많은 작은 생산자들 사이로 분산되는 경향이 있고, 젊은 데다 혁신 잠재력이 정점에 달하는 인격 형성기의 산업은 단지團地의 힘을 활용하기 위해 집중하는 경향이 있다. 세월이 흐르고 제품이 성숙해지면 산업은 다시 분산되어 비용이 저렴한 곳을 찾아갈 가능성이 높아진다. 그러므로 혁신 부문(현재 성격 형성기를 거치고 있다)이 몇 안되는 도시들에 집중되어 있는 것은 당연하다.

오늘날 이루어지는 혁신을 지도에 표시하는 하나의 방법은 발명가들을 찾아 나서는 것이다. 발명가는 새 특허를 출원할 때마다 그의 거주지를 신고해야 한다. 일반에게도 공개되는 특허에 관한 이 자료는 몇 가지 흥미로운 통계를 제공한다. 물론 새 아이디어라고 모두 특허로 등록되는 것은 아니며 특허라고 모두 위대한 혁신은 아니다. 하지만 경제학자들은 새 제품과 새 아이디어 창조의 대용물로서 특허의 집중을 오래 사용해왔다.(특허는 두 가지 이유에서 불완전한 대용물이다. 첫째, 많은 혁신 사례들, 특히 과학과 공학기술 분야 바깥의 사례들은 결코 특허로 등록되지 않는다. 둘째, 상업적으로 가치 있는 혁신으로 절대 전환되지 않는 특허들이 많다. 후자를 해명할 목적에서, 영향력 있는 특허들에 가중치를 더 주기 위해 경제학자들은 이따금 특허 피인용 횟수를 사용한다. 특정한 특허가 다른 여러 특허에 의해 인용되면, 그 특허는 아무도 인용하지 않는 특허보다 더 중요할 개연성이 있다는 게 이 방식의 기본 구상이다. 가중치 사용이 여기서 정보를 대단히 크게 바꾸지는 않지만, 우리가 앞서 중국에 대해 살펴보았을 때처럼 이 방법이 국제적 비교를 현저하게 바꾸는 것은 분명하다.) 지도 1은 1인당 특허출원의 수를 측정한 것으로, 지역의 규모에 비해 가장 많은 혁신을 발생시키고 있는 대도시 지역들을 보여준다.[5]

지도에서 가장 먼저 알아차릴 수 있는 것은 지역들 사이의 큰 차이이다. 지도를 보면 혁신적 활동의 정도가 매우 강한 단지들(검은색 지역들)은 혁신적 활동이 거의 없는 넓은 지역(밝은 회색과 흰색 지역)에 둘러싸여 있다. 특허가 가장 많이 발생하는 주는 캘

지도 11 **인당 특허출원 건수**

■ 매우 높음
■ 높음
■ 보통
■ 낮음
□ 매우 낮음
□ 아예 없음

리포니아, 뉴욕, 텍사스, 워싱턴이다. 이 가운데 캘리포니아의 몫이 가장 크며 크게 격차를 둔 채 뉴욕이 두 번째를 차지하고 있다.[6] 이 네 개 주에서만 미국 전체 특허의 거의 절반이 발생한다. 1980년에는 그 비중이 3분의 1이었다.

인구 1백만 명 이상의 미국 대도시 지역들 가운데 현재까지 가장 혁신적인 곳은 샌프란시스코와 실리콘밸리를 품고 있는 새너제이이다. 2위인 텍사스 주 오스틴에 대한 이 지역의 우위는 엄청나다.[7] 샌프란시스코와 새너제이 주민은 오스틴 주민보다 평균적으로 특허를 두 배 많이 생산하며, 인구 대비 특허 수가 미국에서 제일 적은 대도시인 텍사스 주 매캘런 주민보다는 약 300배나 많다. 혁신성이 가장 높은 대도시 지역과 가장 낮은 대도시 지역

간의 이러한 차이는 참으로 충격적이다. 뉴올리언스는 이 순위표의 바닥 근처에 위치하는데 노퍽-버지니아비치-뉴포트뉴스 지역, 마이애미, 라스베이거스, 내슈빌도 마찬가지다. 이러한 차이는 특허에 국한되는 것이 아니라 모험자본과 일자리를 포함한 혁신성의 다른 측정치들에서도 나타난다. 샌프란시스코-새너제이 지역에는 첨단기술 일자리가 오스틴보다 네 배 많다. 순위표의 반대쪽에 위치한 도시들과 비교하면 첨단기술 분야 고용 격차는 어마어마하다.

2001~2003년 닷컴 불황의 여파로 미국 첨단기술 단지들에는 미래에 대한 비관론이 팽배했다. 관측통들은 실리콘밸리의 세계적 우위에 종말이 올 것이라고 전망했다. 하지만 그 비관론자들은 대체로 틀렸다. 실리콘밸리는 세계의 혁신 수도 자리를 지켰으며, 혁신적 활동의 폭과 범위에서 모든 다른 지역을 계속 선도하고 있다. 실리콘밸리는 전체 모험자본 투자의 3분의 1 이상을 차지하는데, 이는 20년 전에 비해 눈에 띄게 늘어난 것이다.[8] 해마다 똑똑하고 의욕이 넘치는 혁신가 수백 명이 그들의 신생 기업을 유럽, 이스라엘, 아시아에서 실리콘밸리로 옮긴다. 실리콘밸리가 세계 제일의 혁신 중심지로 자리를 지키는 것은 그곳에서 출생한 사람들이 다른 사람들보다 더 똑똑해서가 아니라, 다른 곳들에서 대단한 아이디어와 대단한 재능을 끌어오는 실리콘밸리의 능력이 견줄 수 없이 뛰어나서이다.

실리콘밸리 다음으로 두드러진 곳은 오스틴이다. 이 도시는 지각생이지만, 컴퓨터와 전자제품에 의해 힘을 받아 지난 20년간의 성장률이 대단했다. 델Dell은 이 도시의 핵심 고용주 가운데 하나이며, IBM, 3M, 어플라이드 머티리얼즈Applied Materials, 어드밴스드 마이크로 디바이스Advanced Micro Devices, 프리스케일 반도체Freescale Semiconductors를 포함한 세계적 첨단기술 기업들이 이 지역에 사무실을 두고 있다. 오스틴은 실리콘밸리와는 경쟁보다 상호보완 관계에 있는 것으로 보인다. 두 곳은 두 지역 사이를 오가는 대졸 첨단기술 전문직들의 끊임없는 흐름에 의해 연결되어 있다. 두 곳은 지리적으로 그다지 가깝지 않지만, 샌프란시스코-새너제이는 오스틴의 대졸자 주민들에게 가장 인기 있는 이전 대상지이다.[9]

그다음으로 실적이 가장 뛰어난 다른 두 지역은 롤리-더햄과 보스턴-케임브리지이다. 연구 수준이 탁월한 대학들과 세계 수준의 의료시설에 기반을 둔 이들 지역은 과학적 R&D 서비스와 생명과학 혁신 활동이 인상적으로 집중돼 시선을 끈다. 두 지역의 성공은, 보스턴 지역의 하버드대학교, MIT대학교, 터프츠대학교 그리고 롤리-더햄-채플 힐 지역의 듀크대학교와 노스캐롤라이나대학교에서 수행되는 학술적인 생명과학 연구를 상업적 사업으로 전환해내는 현지 기업가들의 능력에 의해 만들어진다. 이와 함께 보스턴은 정밀기기 설계에서 강고한 위상을 유지해왔으며 소프트웨어 단지를 개발했다. 마이크로소프트가 2008년 케임브리지에 자사의 동해안 지역 연구소를 처음 개설했을 때, 그 주된 이유를 이렇게 설명했다. "뉴잉글랜드(메인, 뉴햄프셔, 버몬트, 매사추세츠, 로드아일랜드, 코네티컷의 6개 주를 포함하는 미국 북동부 지역—옮긴이)에 대규모 과학자 공동체, 특히 인근 최고의 학문적 기관들에 교수들과 학생들이 있기 때문이다."

샌디에이고의 사례 또한 재미있다. 이 도시는 지난 30여 년에 걸쳐 은퇴자들과 파도타기 하는 사람들이 살던 작은 공동체에서 세계에서 가장 지리적으로 밀집한 생명공학 단지가 들어서는 도시로 발달해왔다. 이곳의 생명공학 단지는 스크립스연구소, 솔크연구소, 캘리포니아대학교 샌디에이고 분교를 중심으로 돌아간다. 이 단지는 유망한 신약들을 보유한 중간 규모의 생명공학 기업 수십 개와 더불어 아밀린제약과 같은 생명공학 거대 기업들도 품고 있다. 이 단지는 또 통신용 전자제품 분야에서 수많은 일자리를 제공한다. 뉴저지 주의 미들섹스—서머싯—헌터든 지역도 생명과학 분야에서 특허를 많이 생산한다. 하지만 이 지역은 샌디에이고와는 전혀 다른 느낌을 준다. 브리스톨—마이어스 스퀴브와 존슨 앤드 존슨을 포함해 쟁쟁한 제약회사들이 타의 추종을 불허할 정도로 이곳에 집중되어 있지만, 전도유망한 신생 기업들보다는 기존 기업들이 이곳의 기업 풍경을 지배하고 있다.

이러한 점에서 뉴욕 시와 워싱턴 D.C.는 이례적이다. 뉴욕의 여느 부동산 사정과 마찬가지로 실험실 공간은 모자라며, 이것은 이 도시에서 과학적 R&D를 수행하는 데 제약 요인으로 작용한다. 그래서 뉴욕은 인구 대비 특허 건수가 많은 대도시에 속하지 않는다. 하지만 기술직 일자리 약 30만 개를 보유한 뉴욕은 여전히 핵심적인 세계 최상급 혁신 중심지 가운데 하나이며, 시간이 갈수록 더 강력해지고 있다. 지난 20년 동안 뉴욕의 실리콘앨리 Silicon Alley는 창의적 기업가들과 교육 수준이 높은 젊은 근로자들을 끌어당기는 자석이 되어왔다. 뉴욕은 현재 인터넷 포털과 정보 서비스 업체들에게 최고의 장소이며, 로스앤젤레스와 더불어 다수의 디지털 오락 일자리를 제공한다. 2011년 구글은 자사의 뉴욕 사무실을 대폭 확장했는데, 그 과정에서 정육精肉 지구 근처 대형 건물을 사느라 20억 달러를 썼다. 뉴욕 지역은 또 금융 혁신 분야에서 모두가 인정하는 세계 지도급 도시로 남아 있다.

역사적으로 워싱턴 D.C. 지역은 상당한 크기의 방위 산업 단지를 제외하면 첨단기술 일자리를 많이 보유해본 적이 없다. 하지만 지난 20년간 이 지역은 다수의 혁신적 기업들을 첨단기술이 몰려 있는 덜레스 회랑回廊과 도심 지역에 유치하는 데 상당한 성공을 거두어왔다. 워싱턴은 특허 획득 10대 도시 명단에 들지 않는다. 이 도시의 산업 혼합이 IT에 집중되어 있으며 다른 지역에 비해 상대적으로 특허가 덜 발생되고 있다. 하지만 워싱턴에는 첨단기술 근로자가 약 30만 명이나 있다. 이는 미국의 평균적 집중도보다 두 배 높은 수준이다. 국립보건원같이 주요한 공공기관에 가깝다는 이유로 생명과학 기업들이 갈수록 점점 더 많이 이 지역으로 몰려들고 있다.

아는 사람이 많지는 않지만, 댈러스는 첨단기술 순위가 상승해온 도시이다. 이곳에 통신 분야 일자리가 집중된 데다, 텍사스 인스트루먼트 사에 기반을 둔 탄탄한 반도체 사업이 존재하고, 정보처리 단지가 성장하고 있기 때문이다. 작지만 최근 생겨나고 있는 첨단기술 단지들은 미니애폴리스, 덴버, 애틀랜타, 보이시에서도 찾아볼 수 있다. 여러 영역의 첨단기술을 보유하고 있는 지역은 드문 반면, 한 가지 또는 두 가지 기술을 전문으로 하는 단지들이 미국 곳곳에 존재한다. 예를 들어 코닥과 제록스의 본거지인 뉴욕 주 로체스터가 광학기술에 집중한다면, 메이요병원이 있는 미네소타 주 로체스터는 의학 연구에 집중한다. 오하이오 주 데이튼은 무선식별(무선인식이라고도 하며, 반도체 칩이 내장된 태그, 라벨, 카드 등의 저장된 데이터를 무선주파수를 이용해 비접촉으로 읽어내는 인식시스템—옮긴이)의 중심지가 되었다. 솔트레이크시티, 블루밍턴 그리고 오렌지 카운티는 의료장비를 전문으로 하며, 올버니는 나노기술, 포틀랜드는 반도체와 웨이퍼, 리치먼드, 캔자스시티, 프로보는 정보기술을 각각 전문으로 한다.

미국의 혁신 중심지들은 매우 다양한 집단이다. 얼핏 봐서는 그 중심지들 사이의 공통점이 무엇인지 곧바로 손에 잡히지 않는다. 샌디에이고의 생활방식은 뉴욕이나 보스턴과 상당히 다르다. 솔트레이크시티와 샌프란시스코는 문화가 서로 크게 다르며 정치적 가치관은 서로 정반대이다. 시애틀과 댈러스는 생활 편의시설 면에서 거의 공통점이라곤 없다. 하지만 좀 더 깊숙이 들여다보면 이 모든 도시 사이에 한 가지 공통점이 있다. 바로 이들 도시가 고도로 숙련된 노동 인구를 갖고 있으며 따라서 놀라울 정도로 생산적인 교역적 부문을 보유하고 있다는 사실이다. 곧바로 살펴보겠지만, 이것은 그곳에 사는 모든 사람에게 급여를 더 후하게 주는 일자리가 더 많아짐을 의미한다.

급여는 이력서보다 거주지에 의해 더 많이 좌우된다

여기 질문 하나를 던진다. 대도시들 가운데 어느 곳이 컴퓨터 과학자들에게 봉급을 가장 많이 줄까? 그야 미국의 첨단기술 수도인 샌프란시스코와 새너제이의 컴퓨터 과학자들이 미국에서 (그리고 세계에서) 가장 봉급을 많이 받으리라고 독자들은 예상할 것이다. 샌프란시스코와 새너제이의 평범한 컴퓨터 과학자는 연간 13만 달러를 받는다. 보스턴이나 뉴욕이나 워싱턴 D.C.에서는 같은 사람이 25~40퍼센트 덜 받는다.

또 다른 질문 하나 더. 어느 도시가 변호사에게 가장 많이 지불할까? 필자가 이것을 잘못 짚었음을 고백해야겠다. 자료를 보기 전 필자는 뉴욕이나 워싱턴의 변호사들이 미국에서 가장 수입이 많으리라고 생각했다. 5,000달러짜리 맞춤 양복을 입고 금융과 권력의 중심지에서 수십억 달러짜리 거래를 중개하는, 영향력이 큰 변호사들을 필자는 상상했다. 그런데 미국 도시들 가운데 뉴욕과 워싱턴에 변호사가 가장 많은 것은 분명하지만, 이들 도시의 변호사들이 가장 돈을 많이 버는 것은 아니었다. 인구조사국에서 수집한 자료를 사용해 조사해보니 새너제이 변호사들이 가장 많이 벌며(연간 평균 소득 20만 달러 이상) 샌프란시스코 변호사들이 그보다 약간 덜 버는 것으로 나타났다.[10] 소득 순위표의 반대편에 있는 변호사들(올버니, 버펄로, 새크라멘토)은 새너제이 변호사들에 비해 절반도 못 버는 것으로 나타났다.

웨이터들이 있어야 할 곳은 라스베이거스이다. 이 도시의 가장 호화로운 식당들에서 일하는 웨이터는 여섯 자리 소득을 올릴 수 있다. 평범한 시설에서 일하는 웨이터들조차 이 도시에서는 돈을 잘 번다. 평범한 웨이터는 팁을 포함해 평균 시간당 18.2달러를 번다. 이 액수는 어떤 대도시에서도 찾아볼 수 없는 최고 수준의 평균 시급이다. 아마도 그리 놀라운 일이 아닐 것이다. 세계 유수의 성인 오락 도시인 라스베이거스의 웨이터들은, 도박과 기타 부도덕한 행위와 관련된 관대한 팁에서 이득을 얻는다. 순위표에서 그 다음에 오는 도시들은 더 많은 것을 말해준다. 샌프란시스코, 시애틀, 보스턴, 워싱턴 D.C. 순이고, 샌디에이고는 7위이다. 웨이터 수입이 좋은 10대 도시 가운데 세 곳(라스베이거스, 올랜도, 웨스트팜비치)은 순전히 관광지이지만, 일곱 곳은 첨단기술이 강한 도시들이다.

놀랍게도, 교역적 부문과 비교역적 부문에서, 여타 일자리들에서도 같은 현상이 드러났다. 공업 생산 관리자들의 소득 순위표에서 윗자리를 차지하는 도시는 새너제이, 오스틴, 포틀랜드, 샌프란시스코, 롤리-더햄 그리고 시애틀이다. 모두가 혁신 중심지들이다. 이발사와 미용사의 경우 샌프란시스코, 보스턴, 워싱턴 D.C.가 상위 5대 도시에 들어 있다. 이곳 근로자들은 리버사이드와 디트로이트의 같은 직종 사람들보다 평균 40퍼센트를 더 번다. 요리사의 경우 보스턴의 보수가 평균 연봉 3만 1,782달러로 가장 많으며, 꼴찌인 휴스턴과 샌안토니오는 약 2만 달러이다. 건축가의 경우 샌프란시스코가 으뜸이다. 여기서 어떤 패턴을 발견했다면 당신은 옳게 본 것이다. 원론적으로만 보면, 보스턴과 샌프란시스코의 변호사, 미용사, 관리자가 휴스턴, 리버사이드, 디트로이트의 같은 직종 종사자들보다 단지 일을 더 잘하는 것일 수 있다. 아마 그들이 더 노련하고, 더 똑똑하거나, 동기가 더 강한지도 모른다. 하지만 근무 경력, 교육 수준, 또는 심지어 지능지수를 감안하더라도 봉급 차이가 그 정도로 많이 날 수는 없다. 근로자 본인들은 그 정도까지 다르지 않다. 정작 다른 것은 바로 그들을 둘러싼 지역 경제, 특히 숙련된 근로자의 수이다.

40년 전 미국은 물리적 자본이 풍부한 제조업 본거지들이 있는 곳이 부유했다. 클리블랜드, 플린트, 디트로이트는 롤리, 오스틴보다 평균 소득이 월등히 높았다. 오늘날 인적 자본은 개인에게든 공동체에게든 봉급을 예측하는 데 있어 최상의 변수이다. 롤리-더햄과 오스틴의 평균 소득은 클리블랜드, 플린트, 디트로이트보다 훨씬 높다. 대졸 주민의 수효가 많을수록 지역 경제는 엄청나게 변화되며, 결국 주민들이 얻을 수 있는 일자리의 종류

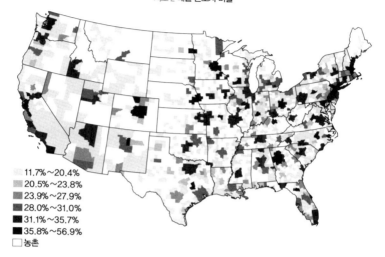

지도 2 대졸 근로자 비율

- 11.7%~20.4%
- 20.5%~23.8%
- 23.9%~27.9%
- 28.0%~31.0%
- 31.1%~35.7%
- 35.8%~56.9%
- □ 농촌

와 전체 근로자의 생산성에까지 영향을 미친다. 결국 이것은 숙련된 근로자뿐만 아니라 저숙련 근로자들에게도 임금 인상을 가져다준다. 이러한 점이 가장 놀라운 지점이기 때문에 좀 더 자세히 살펴볼 가치가 있다.

미국 노동 인구는 공동체별로 숙련도 수준이 엄청나게 다르다. 지도 2는 숙련도 수준이 얼마나 다른지 한눈에 보여준다.[11] 지도에 표시된 부분은 각 대도시의 대졸 이상 근로자 비율을 나타낸다. 대도시 지역들 사이의 차이를 정확히 측정하기 위해 필자는 인구조사국이 해마다 수집해 작성하는 〈미국 공동체 조사 보고서〉에서 대도시 지역 360곳을 선정해 그곳에 사는 25~60세 근로자 1,540만 명에 관한 자료를 사용했다. 인구조사에서 정의하는 대

도시 지역은 한 도시의 행정구역만을 포함하는 것이 아니라, 출퇴근 행태로 미루어 같은 현지 노동시장에 포함된다고 간주되는 이웃 공동체들도 아울렀다. 따라서 대도시 지역은 사람들이 살고 일하는 경향이 있는 장소들을 포함하는, 경제적으로 통합된 지역을 말한다. 예를 들어 뉴욕 대도시권은 뉴욕 시에 롱아일랜드와 코네티컷 주 뉴저지의 뉴욕 교외 지역을 합치고 여기에 웨스트체스터 카운티를 합친 것을 말한다.(이 책을 통틀어 필자는 도시라는 용어와 대도시 지역이라는 용어를 번갈아 사용한다.)

이 지도는 정규교육 수준의 두드러진 지역별 차이를 보여준다. 예를 들어, 북동부와 해안 쪽 캘리포니아 주는 남부와 중서부 도시들보다 대졸자가 훨씬 많은 경향을 보인다. 하지만 더더욱 재미있는 것은, 각 지역 내부에서 그리고 심지어 각 주 내부에서도 도시들 간 차이가 엄청나다는 사실이다. 남부와 중서부에는 애틀랜타와 덴버처럼 대졸자가 많이 몰려 있는 도시들이 있는데, 이들 도시는 대졸자가 극히 드문 지역들에 둘러싸여 있다. 대학 졸업장을 가진 현지 근로자의 비율로 따져 미국 도시들의 순위를 매긴다고 해보자. 표 1은 그런 명단, 즉 미국의 두뇌 중심지 순위 표에서 맨 위를 차지하는 대도시 지역들을 보여준다.[12] 이 표를 지배하는 것은, 매디슨, 아이오와시티, 앤아버, 포트콜린스-러브랜드, 링컨처럼 대형 대학을 갖춘 작은 도시들 외에 몇몇 주요 혁신 중심지들(워싱턴 D.C., 보스턴, 새너제이, 롤리, 샌프란시스코, 시애틀, 오스틴, 미니애폴리스 같은 도시들)이다. 이들 도시의 경우 노동 인구의 거의 절반이 대졸자들이며, 그중 상당수는 대학원 이상의 학력 소지자들이다. 포틀랜드, 뉴욕, 덴버도 최상위 집단에 속해 있다. 표 2는 순위표의 바닥에 위치한 대도시 지역들을 보여준다.[13] 이 집단에는 뉴저지 주 바인랜드-밀빌-브리지타운, 애리조나 주 유마, 미시건 주 플린트가 속한다. 이들 도시에서는 근로자 열 명 가운데 고작 한 명만이 대학 졸업장을 갖고 있으며 첨단기술 부문은 사실상 전무하다.

미국 공동체들이 보이는 이와 같은 차이의 크기는 가히 충격적이다. 미국에서 대졸 근로자 비율이 가장 높은 도시인 코네티컷 주 스탬퍼드는 순위표의 맨 밑바닥에 있는 캘리포니아 주 머세드보다 인구 대비 대졸자 비율이 다섯 배 높다. 이러한 차이는 그 자체로 엄청나며 유럽 국가들에서 통상적으로 보이는 차이보다 훨씬 더 크다. 미국과 많은 개발도상국들 간의 정규교육 수준 차이, 즉 페루(3배), 남아프리카공화국(4배), 인도(3배)보다 훨씬 더 큰 것이다. 이러한 교육 격차를 만들어내고 있는 것은 단지 미국 태생의 주민들만이 아니다. 첫 번째 집단에 자리 잡은 이민자들의 다수는 고등교육을 받은 전문직 종사자의 경향을 띠는 반면, 두 번째 집단 이민자들의 다수는 정규교육 수준이 낮다.

이는 단순히 저녁식사 자리에서 나누고 마는 얘깃거리에 머무는 정도일 수 없다. 교육 수준 차이는 엄청난 봉급 차이와 곧바로 관련된다. 표에 따르면 두뇌 중심지들에서 대졸자들은 연간 7만~8만 달러를 받는다. 이는 밑바닥 집단의 대졸자들보다 약 50퍼

표 1 대졸자 비율 최상위 대도시

	순위	대졸자 비율	대졸자 연봉(달러)	고졸자 연봉(달러)
코네티컷 주 스탬퍼드	1	56%	133,479	107,301
워싱턴 D.C.(메릴랜드 주, 버지니아 주)	2	49%	80,872	67,140
보스턴(메인, 뉴햄프셔 주)	3	47%	75,173	62,423
위스콘신 주 매디슨	4	47%	61,888	52,542
캘리포니아 주 새너제이	5	47%	87,033	68,009
미시건 주 앤아버	6	46%	65,452	55,456
노스캐롤라이나 주 롤리-더햄	7	44%	63,745	50,853
캘리포니아 주 샌프란시스코-오클랜드	8	44%	77,381	60,546
콜로라도 주 포트콜린스-러브랜드	9	44%	57,391	47,007
워싱턴 주 시애틀-에버렛	10	42%	68,025	55,001
뉴저지 주 트렌튼	11	42%	81,914	64,299
켄터키 주 렉싱턴-파예트	12	41%	55,238	44,915
텍사스 주 오스틴	13	41%	62,289	48,809
메인 주 포틀랜드	14	40%	57,366	48,080
뉴멕시코 주 미니애폴리스-세인트폴	15	40%	69,955	57,187
콜로라도 주 덴버-볼더	16	39%	64,488	50,097
뉴저지 주 뉴욕-노스이스턴	17	38%	79,757	59,797
네브라스카 주 링컨	18	38%	50,401	41,837
캘리포니아 주 산타크루스	19	38%	64,801	48,186
플로리다 주 탤러해시	20	38%	59,380	46,715
매사추세츠 주 우스터	21	37%	60,723	48,465

자료 : 미국 공동체 조사, 2008년

표 2 대졸자 비율 최하위 대도시

	순위	대졸자 비율	대졸자 연봉(달러)	고졸자 연봉(달러)
오하이오 주 맨스필드	286	17%	53,047	35,815
텍사스 주 뷰몬크-포트아서-오렌지	287	17%	58,234	38,352
노스캐롤라이나 주 로키마운트	288	16%	52,330	34,329
캘리포니아 주 스톡턴	289	16%	59,651	37,928
포트스미스(아칸소 주, 오클라호마 주)	290	16%	50,937	33,187
플로리다 주 오칼라	291	16%	47,361	32,725
캘리포니아 주 유바시티	292	16%	56,403	34,999
캘리포니아 주 모데스토	293	15%	60,563	36,126
코네티컷 주 워터베리	294	15%	54,651	37,280
텍사스 주 브라운스빌-할링겐-산베니토	295	15%	43,800	22,450
텍사스 주 매캘런-에딘버르-파르미션	296	15%	44,605	22,845
앨라배마 주 애니스턴	297	15%	48,928	33,031
워싱턴 주 야키마	298	15%	50,160	29,084
캘리포니아 주 베이커스필드	299	14%	65,775	34,807
버지니아 주 댄빌	300	14%	42,665	28,868
루이지애나 주 허우마-티보도	301	14%	56,044	37,395
뉴저지 주 바인랜드-밀빌-브리지타운	302	13%	57,668	35,375
미시건 주 플린트	303	12%	43,866	28,797
캘리포니아 주 비살리아-툴라레-포터빌	304	12%	55,848	29,335
애리조나 주 유마	305	11%	52,800	28,049
캘리포니아 주 머세드	306	11%	62,411	29,451

자료 : 미국 공동체 조사, 2008년

센트 많다. 위에서 다섯 번째인 새너제이와 맨 밑바닥의 머세드를 비교해보자. 두 도시 모두 캘리포니아 주에 속하며 서로 160킬로 미터도 떨어지지 않았지만, 두 곳의 노동시장은 전혀 다른 세상에 속한다. 실리콘밸리의 중심에 있는 새너제이는 머세드보다 인구 대비 네 배 이상 많은 대졸자를 보유하고 있으며, 대졸자의 경우 머세드보다 봉급이 40퍼센트 높고 고졸자의 경우 무려 130퍼센트나 높다.

이번에는 위에서 세 번째인 보스턴과 밑에서 네 번째인 플린트를 비교해보자. 두 곳 모두 자랑스러운 공업도시라는 과거를 갖고 있지만 두 곳의 경제는 극과 극에 위치해 있다. 대졸자가 네 배 많은 보스턴은 혁신과 금융에 크게 의존한다. 전국에서 인적 자본의 집중도가 가장 낮은 축에 속하는 플린트는 여전히 자동차가 주종을 이루는 전통적 제조업에 집중하고 있다. 보스턴의 대졸자는 평균적으로 7만 5,173달러를 받는데, 이는 플린트의 비슷한 근로자 봉급보다 75퍼센트 많다. 물론 혁신과 봉급 간의 관계가 완벽히 맞아떨어진다는 건 아니다. 스탬퍼드의 부는 대부분 금융 서비스에서 나오는 반면, 세계 최고 혁신 중심지들 가운데 하나인 롤리의 봉급은 상대적으로 낮다. 그렇지만 대학교육을 받은 주민이 많이 사는 도시들은 혁신 수준이 매우 높은 경제를 운영하며 봉급이 높은 경향이 뚜렷하다.

이 표들이 나타내는 사실 가운데 가장 놀라운 것 하나는 아마 어느 지역에서는 최상부 집단의 고졸자들이 다른 지역에 거주하는 최하부 집단의 대졸자들보다 더 많이 번다는 사실일 것이다. 보스턴에 사는 보통의 고졸 근로자는 6만 2,423달러를 버는데, 이는 플린트의 대졸자보다 44퍼센트 많다. 새너제이의 고졸자는 6만 8,009달러를 버는데, 이는 머세드, 유마, 댄빌 그리고 최하부 집단 내 모든 다른 도시들의 대졸 근로자들보다 수천 달러 더 많다. 다시 말해, 도시들 간의 격차가 너무 커서 그것이 교육 수준의 격차를 압도하는 것이다. 이것은 미국의 임금 격차가 사회적 계급 못지않게 지리와도 관계가 있다는 사실을 말해준다.

오늘날 미국의 경제지도는 한 개가 아닌 세 개의 미국을 보여준다. 스펙트럼의 한쪽 끝에는, 숙련된 근로자와 미숙련 근로자가 모두 높은 봉급을 받는, 표 1에 있는 두뇌 중심지들brain hubs이 있다. 그 반대편 끝에는, 숙련 수준이 낮고 노동시장이 감소하고 있는, 표 2에 있는 공동체들이 있다. 중간에 위치한 많은 도시들은, 그 미래에 어떤 방향으로든 향할 수 있는 가운데, 어느 방향을 택할지 결정 못한 상태인 것으로 보인다. 대학교육을 받은 주민이 많고 이들 주민이 봉급을 많이 받기 때문에 단지 두뇌 중심지들의 평균 급여 수준이 높은 게 아니라는 데 주목하자. 여기에는 뭔가 더한 것이 작동한다. 두뇌 중심지들은 미숙련 근로자들에게도 마찬가지로 평균적으로 급여를 많이 지급한다. 그러므로 한 근로자의 교육은 그 자신의 봉급뿐만 아니라 그를 둘러싼 공동체 전반에 영향을 미친다.

이런 일이 어떻게 가능한가? 이를 설명하는 해답 하나로, 새너제이, 롤리-더햄, 오스틴 같은 도시들은 생활비가 플린트나 머세드보다 많이 들며, 고졸자들은 그곳에 사는 비용을 충당받을 필요가 있다는 사실을 들 수 있다. 이것은 진실(생활하는 데 더 돈이 많이 드니까 이러한 차이는 결과적으로 좀 줄어든다 볼 수 있다)이지만 전부를 설명해주진 않는다. 이 사실은 플린트와 머세드에 아직도 사람들이 있는 이유 그리고 모든 사람이 죄다 새너제이, 롤리-더햄, 오스틴으로 이사 가지 않는 이유를 해명해준다. 그렇다면 새너제이, 롤리-더햄, 오스틴에 아직도 고용주들이 있는 이유는 무엇인가. 무엇 때문에 고용주들, 특히 국내에서 경쟁하는 고용주들이 이들 지역에 있기 위해 그토록 높은 인건비를 감당하고 있는 걸까? 생활비라는 문제 그리고 그것이 사람들의 생활 수준에 의미하는 바는 뒤에 다시 다룰 것이다. 하지만 먼저 한 도시의 교육 수준과 그 도시의 경제 전망 사이의 관계를 좀 더 깊이 들여다볼 필요가 있다. 그것이 설명하는 바는 무엇인가. 그리고 공동체에는 어떤 의미를 띠는 걸까.

이웃의 학력이 당신 급여에 미치는 영향

지역의 인적 자원과 급여 사이의 관련성은 매우 크다. 그리고 그것은 미국 도시들 대부분에 딱 들어맞는다. 그림 4는 각 도시 고졸자의 평균 연봉과 그 도시 대졸 근로자 비중 사이의 관계를 나타낸다.[14] 그래프는 대졸자들이 많으면 많을수록 고졸자들의 봉급이 그만큼 더 높다는, 뚜렷한 양陽의 상관성을 보여주고 있다.〔그래프 오른쪽 윗부분의 가외치加外値(관찰 데이터의 나머지 부분들과 계수적計數的으로 동떨어진 데이터를 가리키는 통계학 용어로서 영어 'outlier'의 번역어이다—옮긴이)는 스탬퍼드이다. 그래프에는 스탬퍼드 말고도 305개의 다른 도시들이 있기 때문에, 상관성이 이 가외치에 의해 휘둘리지는 않는다.〕 그 경제적 효과는 상당히 크다. 특정한 도시에서 대졸 근로자의 비중이 10퍼센트 포인트 증가하면 그 도시 고졸 근로자의 수입이 약 7퍼센트 늘어난다. 예를 들어 인구 가운데 30퍼센트가 대졸자인 마이애미, 산타바바라, 솔트레이크시티 같은 도시에 살던 고졸 근로자가 주민 가운데 40퍼센트가

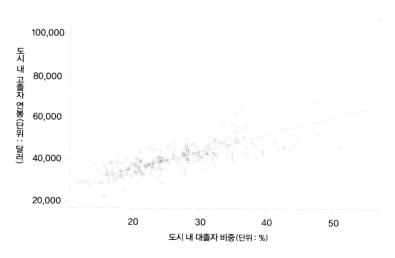

그림 4 대졸자 추이에 따른 고졸자 연봉 변화

대졸자인 덴버나 링컨 같은 도시로 이사하면, 그 고졸자는 단지 이사했다는 이유만으로도 8,250달러의 봉급 인상을 기대할 수 있다.

이 그래프를 처음 보았을 때 필자는 서로 아무런 상관관계도 없는 이종異種비교를 하고 있지 않나 하는 우려가 들었다. 보스턴처럼 대졸자가 많은 도시를 선택하는 고졸자는 플린트처럼 대졸자가 적은 도시를 선택하는 고졸자와 근본적으로 다를 수 있다는 생각이 들었기 때문이다. 만약 보스턴이 플린트에 있는 고졸자들보다 더 똑똑하거나 더 의욕적인 고졸자들을 끌어들인다면 보스턴 고졸자들이 더 많이 번다는 사실을 발견하더라도 우리는 놀라서는 안 된다. 이러한 가능성을 설명하기 위해 필자는 〈전국 젊은이에 관한 종적縱的 조사 보고서〉에서 얻은 14년치 자료를 또다시 살펴보고 이를 분석했다. 이 보고서는 개인 1만 2,000명의 생활사를 1979년부터 추적해 작성한 것이다. 이렇게 해서 얻은 자료는 꽤 유용했다. 왜냐하면 이 자료를 토대로 특정한 개인의 봉급이 시간이 흐름에 따라 그가 속한 도시의 대졸자 수가 변함에 따라 어떻게 변했는지 추적함으로써, 확실하게 동종同種비교를 할 수 있었기 때문이다. 비교해본 결과, 대졸자 수가 증가하는 도시에 사는 근로자들은 대졸자 수가 제자리걸음하는 도시에 사는 근로자들보다 급여 인상을 더 빠르게 경험한다는 사실이 드러났다. 따라서 같은 개인이라고 하더라도 그를 둘러싼 숙련된 근로자들이 얼마나 많으냐에 따라 급여가 매우 달라질 수 있다. 이 상관관

계는 모든 부문에 들어맞지만, 첨단기술 일자리에서 일하는 근로자들에게는 특히 딱 들어맞는다.[15]

이러한 상관관계는 참으로 주목할 만한 결론이자, 다양한 도시들의 경제적 성공과 관련한 엄청난 차이들을 설명하는 데 도움을 준다. 한 도시의 숙련 근로자 수와 그 도시의 미숙련 근로자 임금 사이에 주된 연관성은 세 가지가 있다. 첫째, 숙련 근로자와 미숙련 근로자는 서로를 보완한다. 전자의 증가는 후자의 생산성을 높인다. 더 좋은 기계로 작업하는 것이 근로자의 생산성을 높이는 것과 같은 방식으로, 교육을 더 많이 받은 동료들과 함께 일하는 것은 미숙련 근로자의 생산성을 높인다. 둘째, 교육을 더 많이 받은 노동 인구는 지역 고용주들이 더 새롭고 더 개선된 기술을 채택하도록 촉진한다. 셋째, 한 도시 인적 자본의 전반적 수준 향상은, 경제학자들이 인적 자본 외부효과externalities라고 부르는 것을 발생시킨다.

이 개념은 한 국가의 경제적 성공을 결정짓는 것이 무엇인가를 연구하는 현대 경제성장 이론의 핵심이다. 연구자들은 공식적·비공식적 상호작용을 통한 지식과 기술의 공유가 상당한 지식 전파를 발생시킴을 보여주는 복잡한 수학적 모델들을 구축했다. 이러한 지식 전파가 도시와 국가 들에 주된 경제성장 동력인 것 같다. 1988년 논문에서 노벨상 수상자 로버트 루카스는, 부국富國들과 빈국貧國들 사이의 장기적 차이를 설명하는 데 지식 전파의 역할이 매우 지대하다고 주장했다.[16] 상호작용할 때 사람들은 서로에게 배우는데, 이 과정으로 인해 자기보다 교육 수준이 높은 동료들과 상호작용하는 사람들은 결국 더 생산적이고 더 창의적으로 변한다는 것이 루카스의 설명이다. 교육 수준이 높은 사람들을 가까이에 많이 두고 있으면 단지 그것만으로도 금전적으로 이득을 얻게 되는 것으로 인적 자본의 외부효과가 나타난다.

이러한 세 가지 효과(상보성相補性, 더 나은 기술 그리고 외부효과)의 합계가 그림 4의 양陽의 상관성을 궁극적으로 만들어내는 동력이다. 특히, 이 상관성은 숙련이 덜 된 개인들에게 가장 강하게 영향을 미친다. 2004년 출간된 한 연구에 의해,[17] 만약 대졸자의 경우, 자기가 사는 도시에 같은 대졸자가 증가한다 해도 그 대졸자의 봉급이 분명 오르기는 하지만 특별하게 많이 오르지는 않는다는 사실을 필자는 발견했다. 고졸자에게 있어 봉급 인상효과는 대졸자의 네 배이고, 고등학교 중퇴자에게 있어 그 효과는 대졸자의 다섯 배로 나타났다. 따라서 숙련 수준이 낮으면 낮을수록 다른 사람들의 학력에서부터 얻는 봉급 관련 이득은 그만큼 더 크게 나타났다.

한 도시에 고등교육을 받은 근로자가 많다는 사실은 창의성의 증대, 일하는 데 있어 새로운 방법을 찾아내는 능력의 증대와도 관련된다. 제인 제이콥스가 '새 일new work'이라고 명명한 것을 봄으로써 이를 알아볼 수 있다. 여기서 언급하는 '새 일'은 이전에는 존재하지 않았던 신기한 직업들이다. 경제학자 제프리 린은, 10년 전에는 존재하지 않았던 일자리들을 누가 얼마나 많이 만들었는가, 즉 '새 일'을 누가 가장 많이 창출하느냐를 따진다는 의미에서, 어느 도시가 미국에서 가장 창의적인지를 연구했다.[18] 2000년의 새 일 표본에는 웹 행정가Web administrator, 채팅방 주인chat-room host, 정보시스템 보안관information systems security officer, IT관리자IT manager, 생의학 기술자biomedical engineer, 선량線量기사dosimetrist(묻지 마라. 필자도 선량기사가 무슨 일을 하는 사람인지 모른다)가 포함되었다. 근로자들 가운데 5~8퍼센트가 어느 때에든 새 일에 종사하고 있지만, 대졸자 밀집도가 높고(표 1에 있는 도시들) 다양한 산업을 보유한 도시들에서는 이 수치가 훨씬 높다. 린은 그러한 창의성이 성과를 낸다는 사실도 알아냈다. 새로운 종류의 일자리가 창출되고 나서 처음 몇 년 동안, 그 일자리에 종사하는 근로자들은 오래된 일자리에서 근무하는 동일한 근로자들보다 임금을 훨씬 더 많이 받고 있었다.

인적 자원 외부효과는 고학력자가 많이 사는 도시의 저학력 근로자들에게 좋은 소식이다. 왜냐하면 그런 환경에 처하지 않았을 경우보다는 결국 더 많은 돈을 벌 것임을 의미하기 때문이다. 하지만 그와 동시에, 고학력 개인들이, 그들의 학력이 발생시키는 사회적 이득을 온전하게 보상받지는 않는다는 것을 의미하기도 한다. 이것은 시장 실패의 중요한 사례이다. 본질적으로 교육에는, 그것을 획득하는 개인에게 더 높은 수입이 돌아간다는 형태의 사익私益이 있으며, 같은 도시에 사는 다른 모든 사람들에게도 추가 이득이 돌아간다. 사실, 사회가 교육에서 얻는 전체 수익(때로 사회적 수익이라 불린다)은 교육의 사적 수익보다 크다. 대졸자들이 그들 주변의 모든 사람들에게 부여하는 이득을 정작 그들은 보상받지 않기 때문에, 사회로서는 우리가 이상적으로 바라는 것보다 대졸자가 적은 것이다. 달리 말해, 만약 대졸자의 임금이 대졸자의 사회적 가치를 전부 반영한다면 더 많은 사람들이 대학에 가려 할 것이다. 이러한 시장 실패를 바로잡는 한 가지 방법은 대학교육에 공적 보조금을 투입하는 것이다. 사실, 이것이 바로 주정부들과 지방정부들이 주민교육에 드는 비용 가운데 많은 부분을 부담하는 이유이다. 고등교육에 대한 공공 투자를 정당화하는 다른 이유들(정치적이고 윤리적인)도 분명 있지만, 필자로서는 이것보다 더 강력한 이유를 알지 못한다. 다른 사람들의 교육에 보조금을 주는 것은 우리 자신의 이익을 위한 일이다. 결국 간접적으로 우리에게도 이득을 안겨주는 것이다.

대분기와 불평등의 새 지형도

세 개의 미국 사이의 사회경제적 차이와 관련해 필자가 가장 충격을 받은 점은, 그 차이가 사라지지 않으리라는 것이었다. 그러기는커녕 미국 공동체들 사이의 분기는 깊어지고 있으며 속도를 더해가고 있다. 강하게 움직이기 시작한 도시들과 주들은 상대적으로 더 강해지는 경향이 있으며, 약하게 움직이기 시작한 도시들과 주들은 더 약해지는 경향이 있다. 지도 3은 1980년 이래 미국 각 대도시 지역의 대졸 근로자들의 비율 변화를 보여준다.[19] 보스턴은 1980년에 이미 교육 수준이 높았다. 그때 이래 이 도시의 대졸 근로자 비율은 23퍼센트 포인트 증가했는데, 이는 1980년 수준에 비해 3분의 2 이상 크게 뛴 것이다. 스탬퍼드는 모든 다른 도시들을 제치고 대졸 근로자 비율을 두 배 늘렸다. 이와는 대조적으로, 1980년 이래 비세일리아와 머세드는 대졸 근로자 비율에 고작 1퍼센트 포인트만을 추가했을 뿐이다. 믿기 어렵지만, 플린트에서는 30년 동안 대졸 근로자가 전혀 증가하지 않았다. 미국의 나머지 지역들에서 교육 수준이 높아져가는 동안

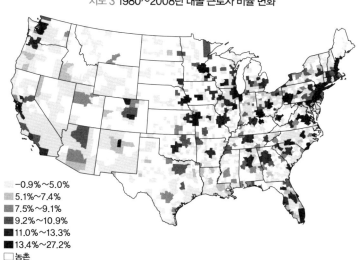

지도 3 1980~2008년 대졸 근로자 비율 변화

- −0.9%~5.0%
- 5.1%~7.4%
- 7.5%~9.1%
- 9.2%~10.9%
- 11.0%~13.3%
- 13.4%~27.2%
- 농촌

비세일리아, 머세드, 플린트는 제자리걸음을 해왔으며 간신히 살아남았다.

이러한 대분기大分岐는 최근의 미국 경제사에서 전개되는 사태 중 단연 두드러지는 사건이다. 공동체들이 따로 성장하는 과정에서 미국 인구는 한 도시 내의 동네에 따라서가 아니라 도시별, 지역별로 점점 더 분리되고 있다. 해가 갈수록 대졸자들은 다른 대졸자들이 이미 많이 살고 있는 도시들에 더 많이 정착하고 있으며, 고졸자들은 다른 고졸자들이 이미 많이 살고 있는 도시들에 더 많이 정착하고 있다. '대분기'를 시각적으로 가늠하는 좋은 방법 하나가 그림 5이다. 이 그림은 교육 수준이 가장 높은 10대 도

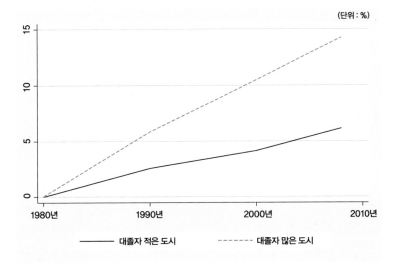

그림 5 1980년 이후 대졸자 비중 증가 추이

(단위 : %)

대졸자 적은 도시   ------ 대졸자 많은 도시

시와 교육 수준이 가장 낮은 10대 도시에서 1980년 이래 발생한 대졸자 비율의 변화를 연도별로 보여준다.[20] 지난 30년에 걸쳐 최상부 집단은 큰 증가를 경험한 반면, 최하부 집단은 훨씬 덜 성장하는 데 그쳤다.

미국 도시들은 지난 세기의 그 어느 때보다 인종적으로 통합되어 있는데, 이 추세는 지난 20년에 걸쳐 가속화되고 있는 것이 그러한 증거이다.[21] 예를 들어, 2010년에는 백인들만으로 이루어진 동네는 사실상 없었고, 압도적으로 흑인이 많은 동네의 수는 급감했다. 미국 동네들에서 인종적 분리가 철폐되고 있는 바로 그 순간에 나라가 교육 수준에 따라 분리되고 있다는 것은 다소 역설적이다. 이것은 경제에 엄청난 영향을 미칠 뿐만 아니라 사회적·정치적 영향도 적지 않다. 서로 철저하게 다른 지역들로 이루어지는 국가는 결국 문화적으로, 정치적으로 잘게 분열될 것이다. 게다가 특정한 공동체들에 수많은 저학력 개인들이 집중되는 것은 모든 다른 사회경제적 차이들을 확대시키고 악화시킬 것이다.

교육 수준의 분기는 똑같이 충격적인 임금 수준의 분기를 초래하고 있다. 2010년 화폐 가치로 측정할 때, 보스턴과 새너제이의 대졸자 봉급은 1980년 이래 3만 달러 이상 늘어났다. 스펙트럼의 반대쪽 끝에 위치한 플린트의 대졸자 봉급은 이 기간 동안 실제로 1만 1,645달러 줄어들었다. 플린트는 극단적 사례일 수도 있지만, 그 추세는 전국적으로 관찰된다. 실제로 그림 6은, 1980년 이래 봉급 상위 10대 도시의 대졸 근로자 봉급 증가와 하위 10대

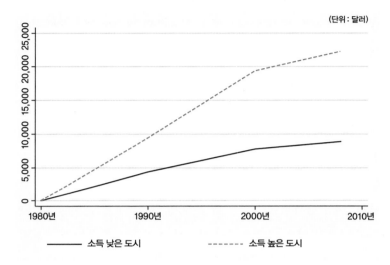

그림 6 1980년 이후 대졸자 소득 증가 추이

(단위 : 달러)

—— 소득 낮은 도시   ------ 소득 높은 도시

도시의 대졸 근로자 봉급 증가를 연도별로 보여준다.[22] 그림에서
보듯 그 격차는 계속 벌어지고 있다.

　본질적으로 '대분기'는 미국 경제의 구조적 변화에 의해 발생한
다. 유럽인 이민자들이 미국 해안에 도착한 이후로 내내 미국의
경제지도는 끊임없이 발달해왔다. 국경선과 자연경관이야 대체
로 바꿀 수 없지만, 미국의 도시들은 운명 변화에 맞춰 발전하고
쇠퇴한다. 이것은 언제나 그랬고 앞으로도 그럴 것이다. 이 사실
만 봐도 그렇다. 미국의 총인구는 1990년 이래 네 배 늘었지만,
이 기간 중 미국의 전체 군(미국 각 주의 기초 자치 단체를 가리키는
'county'를 이 책에서는 '군郡'으로 옮긴다—옮긴이)들 가운데 4분의

1 이상이 실제로 인구 감소를 겪었으며, 4분의 1이 평균보다 빠르게 성장했고, 최상위 20개 군은 100배 이상 성장했다. 라스베이거스를 둘러싸고 있는 클라크 군은 인구가 1,400배 늘었다.

지역 공동체들의 운명을 만드는 요인들은 끊임없이 변한다. 투자가들이 주식 보유 일람표를 가지고 있는 것과 마찬가지로, 각도시도 실제로는 산업 보유 일람표를 가지고 있다. 좋은 주식과 마찬가지로 좋은 사업은 성장하고 그렇지 않은 산업들은 쇠퇴한다. 1880년대에서 1920년대 사이에 농업이 쇠퇴함으로써 노동과 부는 지리적으로 큰 차이를 지니며 재분배된다. 농사가 갈수록 기계화됨에 따라 들판에 필요한 일손은 갈수록 줄어들었으며, 농촌 군들에서는 일자리와 인구가 사라지기 시작했다. 이러한 변화는 거대한 제조업 본거지들의 발달과 동시에 발생했다. 지난 40년에 걸쳐, 지식 집약적 산업으로의 이행이 뚜렷해졌고, 지리적 재분배 과정이 일어나왔다. 이러한 추세는 세계 기술 상황의 심대한 변화와 세계 경제에서 미국이 갖는 비교우위를 반영하며, 따라서 곧 사라질 것 같지는 않다. 1980년을 시작으로 마치 미국 경제는 거의 두 갈래로 나뉜 듯하다. 한쪽에서는, 인적 자본이 변변하지 않으며 전통적 경제를 영위하는 도시들이 수익 감소와 국외로부터의 심한 경쟁을 경험하기 시작했다. 다른 한쪽에서는, 인적 자본이 풍부하고 지식 집약적 부문들에 기반을 둔 경제를 영위하는 도시들이 수익 증가를 경험하기 시작했고 세계화된 시장을 전면적으로 이용했다. 현재 미국 내 불평등에 관해 논하는 설전에서는 대개 혜택 받은 사람들(좋은 학벌과 탄탄한 전문직 일자리를 가진 사람들)의 미국과 혜택 받지 못한 사람들(학력 수준이 낮으며 고용보장이 되지 않아 흔히 그날 벌어 그날 먹고사는 사람들)의 미국 사이의 계급 격차에 초점을 맞추고 있다. 이러한 견해는, 기술적 변화와 세계화가 한 집단에 이득을 주고 다른 집단에 피해를 준다는 직관적인 생각을 반영한다. 하지만 그것은, 두 집단이 다른 장소에서 다르게 영향을 받는다는 중요한 점을 놓치고 있다. 기술적 변화와 세계화는 첨단기술 중심지의 저숙련 근로자에게 더 많은 고용기회를 초래하지만, 공동화된 제조업 도시의 비슷한 근로자에게는 기회의 감소를 초래한다. 오늘날 미국을 분단하는 것은 단지 사회경제적 지위뿐만 아니라 지리이기도 하다.

죽음의 불공평한 분배

미국의 '대분기'는 경제적 힘들이 원인이 되어 나타난 것이다. 하지만 그것은 경제 영역 바깥에는 심각한 영향을 미치고 있다. 세 개의 미국 사이에 노동시장 차이가 너무 커져버려 이제는 그것이 사생활과 공생활의 많은 다른 측면들에서도 큰 격차를 발생시키고 있다. 여기에서는 두드러진 사례 네 가지, 즉 건강과 장수, 가계 건전성, 정치적 참여 그리고 자선적 기부를 살펴볼 것이다.

사람들의 건강과 전반적 복지를 재는 최선의 측정치 가운데 하

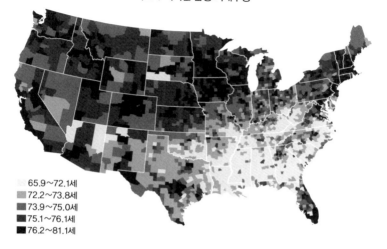

지도 4 **지역별 남성 기대수명**

65.9~72.1세
72.2~73.8세
73.9~75.0세
75.1~76.1세
76.2~81.1세

나로 '기대수명'을 들 수 있다. 그것은 단지 유전학뿐만 아니라 생활방식, 경제 환경 그리고 많은 다른 요인들도 반영한다. 지도 4는 남자의 기대수명이 미국 군들에 걸쳐 그야말로 얼마나 다른지를 보여준다.[23] 동해안과 서해안, 북부 평야 지역의 일부는 기대수명이 평균보다 높은 경향이 있는 반면, 남부와 애팔래치아 지방은 기대수명이 평균보다 낮은 경향이 있다. 심지어 각 지역 내에서도 기대수명은 대단히 다양하게 나타난다.

이러한 차이는 그 자체로는 놀랍지 않다. 기대수명이 지역별로 동일한 나라는 세계 어디에도 없다. 하지만 미국에서는 그 차이의 규모가 더욱 두드러진다. 기대수명이 가장 긴 군들[버지니아주 페어팩스, 캘리포니아주 마린과 산타클라라(실리콘밸리의 대부분이 여기에 위치한다), 메릴랜드 주 몽고메리]의 남자 주민들은 약 81세까지 사는 경향이 있다. 이에 반해, 기대수명이 가장 짧은 군들의 남자 주민들은 66세에 죽는 경향이 있다. 다시 말해, 페어팩스의 보통 남자는 불과 100여 킬로미터 떨어진 볼티모어의 보통 남자보다 15년 더 오래 산다. 여자들의 격차도 똑같이 크다. 기대수명에서 나타나는 지리적 불평등의 이러한 정도는 참으로 충격적이다. 그런데 미국을 다른 나라와 비교해보면 캐나다, 영국, 일본에서 보이는 기대수명 격차보다 미국 내 격차가 상당히 더 크다. 짐작건대 미국 내 공동체들 간의 경제적 격차가 다른 나라들보다 크기 때문일 것이다.[24]

믿기 어렵지만, 볼티모어 같은 군의 기대수명은 파라과이와 이란 같은 개발도상국들보다 훨씬 짧다. 실제로, 만약 미국 군들 가운데 기대수명이 가장 짧은 10퍼센트를 뽑아 독립국가를 만든다면 그 나라 남자의 기대수명은 69.6세가 될 것이다. 국제적 순위로 보면 이는 매우 낮으며, 니카라과와 필리핀의 중간에 위치하고, 중국과 멕시코보다 훨씬 낮다. 이에 반해, 만약 미국 군들 가운데 기대수명이 가장 긴 10퍼센트를 뽑아 독립 국가를 만든다면 그 나라는 국제적 비교에서 꼭대기 부근, 즉 일본과 호주의 바로 아래에 위치한다.(미국 전체의 순위는 36위이다. 미국인들은 다른 선진국 주민들보다 의료 서비스에 두 배나 많은 돈을 지출하지만, 그들의 평균 기대수명은 많은 다른 부국들보다 매우 짧다.)

미국의 기대수명 추이와 관련해 아마도 가장 주목할 만한 사실은, 방대한 지리적 차이가 시간이 흘러도 사라지지 않고 있다는 것이다. 그러기는커녕 그 차이가 매년 더 벌어지고 있다. 그 차이를 더욱 커지고 있는 사회경제적 차이를 반영하며, 사회경제적 차이도 악화시키고 있다. 실리콘밸리의 기술자 데이비드 브리드러브가 1969년 멘로 파크에서 비세일리아로 이사하였을 때 두 공동체의 기대수명은 비슷했다. 오늘날 멘로 파크가 위치한 샌마티오 군의 기대수명은 비세일리아가 위치한 툴레어 군보다 거의 6년이나 더 길다. 이는 놀라운 변화이다.

미국 공동체들 사이에서 커져가는 기대수명 불평등은 그림 7에 담겨 있다. 이 그림은 1987년 이래 기대수명이 가장 긴 10개 군

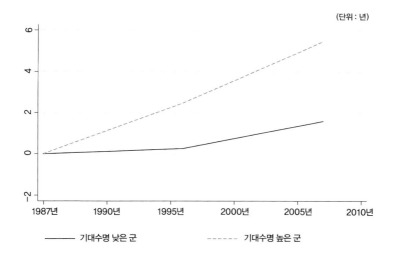

그림 7 1987년 이후 기대수명 증가 추이

3
거대한 분리의 물결

과 가장 짧은 10개 군의 남자 기대수명 증가를 연도별로 표시한 것이다.[25] 1987년에서 2007년 사이, 최상부 집단은 5.8년 증가한 반면, 최하부 집단은 고작 1.8년 증가에 그쳤다. 최종 결과는, 최상부 10개 군과 최하부 10개 군의 기대수명 격차는 과거 수십 년간보다 오늘날이 훨씬 크다는 것이다.(다른 부자 나라들과 비교할 때 미국 군들은 대부분 약세를 보이고 있다. 2000년 이래 미국 군들 가운데 많은 수가 사망률이 가장 낮은 다른 열 개 나라와 비교해 순위가 떨어졌다. 미국 군들 가운데 단지 20퍼센트만 강세를 보였다.)

무엇이 너무도 충격적인 이러한 분기를 불러오고 있는 것일까? 젊은 사람들의 경우 의료 서비스에 대한 접근이 미국 군들에 걸쳐 광범하게 다르다. 그러나 64세 이상 모든 개인들은 메디케어(미국의 공공 노인 의료보험 제도로서 예방 차원의 의료검사와 예방접종이 대부분 무료이다―옮긴이)에 의해 의료 서비스를 보장받는다. 그러므로 노인 의료 서비스의 차이가 주요한 역할을 할 것 같지는 않다. 더 중요한 요인은 국가의 서로 다른 부분들 사이에 나타나는, 사회경제적 여건에서의 분기이다. 교육과 소득은 오래 사는 데 있어 가장 중요한 예측변수에 속한다. 왜냐하면 그 두 가지가 생활방식(식습관에서 운동, 흡연, 음주 습관에 이르기까지 모든 것)에 영향을 미치기 때문이다. 따라서 두뇌 중심지들과 미국 나머지 지역 사이에 커져가는 교육과 소득 격차가 기대수명의 분기를 초래할 개연성이 있다. 하지만, 만약 이 그래프가, 고소득 고학력 개인들을 미국의 어떤 부분들로 분류해 넣고 저소득 저학력 개인들을 미국의 다른 어떤 부분들로 분류해 넣는 단순한 분류 작업만을 반영한다면, 교육과 소득이 장수를 초래한다는 사실 외에 우리에게 말해주는 바가 없기 때문에 더 이상의 특별한 의미는 없을 것이다. 하지만 이러한 발견들을 더 심오한 것으로 만드는, 여기에서 작동하는 재미있는 피드백 현상이 있다.

교육과 소득 수준이 다른 개인들을 지리적으로 분류해보면 이러한 격차가 불러온 수명 격차 또한 더욱 벌어질 것이란 가능성을 예측해볼 수 있다. 그 이유는 단순하다. 주민의 학력이 전반적으로 낮은 공동체에서 사는 저학력의 개인들은, 교육과 소득 수준이 뒤섞인 공동체에서 사는 저학력 개인들보다 생활방식의 측면에서 덜 건전한 확률이 높다. 경제학자들은 이것을 사회적 승수효과라고 한다.

예를 들어, 한 개인이 담배를 피우거나 운동을 할 개연성은 그 사람 자신의 성격상 특성과 그 사람 주변 인물들이 담배를 피우거나 운동을 하는가의 여부에 달려 있다. 공군 장교 출신의 경제학자 스콧 캐럴은 미국 공군사관학교 생도들의 체력검증 자료를 사용해 사회적 승수효과의 중요성을 측정했다.[26] 공군사관학교 생도들은 임관한 뒤 대략 30명으로 구성된 항공 중대들에 무작위로 배치되었다. 중대원 약 30명은 대부분의 시간을 함께 보내도록 되어 있다. 배치의 무작위화는 캐럴의 자료를 특히 유용한 것으로 만들어준다. 왜냐하면 이로 인해 연구자들은, 존재할 수 있는 모든 다른 혼란변수混亂變數들로부터 격리된 동료들의 원인영향casual influence을 측정할 수 있기 때문이다. 캐럴과 그의 공동 저자들은, 체력이 약한 사람들로 구성된 중대에 배치된 사람들은 시간이 흐를수록 체력이 약해지는 경향이 있다는 확실한 증거를 발견했다. 그 효과는 매우 강력했다. 약한 체력은 전염병처럼 확산되는데, 체력이 가장 약한 동료들에게서 퍼져나가는 효과가 가장 강렬했다. 예일대학교의 경제학자 제이슨 플레처는 흡연에서도 비슷한 효과를 발견했다.[27] 한 개인의 사회적 관계망에서 흡연자 수가 10퍼센트 증가하면 그 개인이 흡연할 가능성이 약 3퍼센트 포인트 증가한다.(예전에 담배를 피웠던 사람으로서 필자는 증언할 수 있다. 담배 피우는 사람을 좀체 볼 수 없는 캘리포니아에서보다 건물 바깥에서 흡연하는 사람들을 많이 볼 수 있는 동해안 지역에서 지낼 때 담배를 피우고 싶은 욕구가 훨씬 더 강렬히 일어난다.) 영양가 높은 식품을 손에 넣을 가능성 또한 각 공동체의 사회경제적 특성에 따라 크게 다르다. 저소득층이 사는 동네에는 여러 소득계층이 뒤섞인 공동체들보다 패스트푸드 식당이 더 많으며 신선식품을 구하기가 더 어렵다.

사회적 승수효과는 중요하다. 왜냐하면 소득과 교육 수준이 비슷한 공동체의 주민들과, 소득과 교육 수준 차이가 많이 지는 공동체 주민들 간에 건강상의 격차를 심화시키기 때문이다. 그것은 실질적으로 다음 사실을 의미한다. 우리가 지금 보고 있는 형태의 사회경제적 분리는 사람들의 건강과 장수에 간접적 영향을 미친다. 그런데 이 간접적으로 영향이 사람들 자신의 교육과 소득이라는 직접적 영향보다 크다. 이는 놀라운 결론으로 이어진다. 당신이 어디 사느냐가 당신이 얼마나 오래 사느냐와 관련이 있다는 것이다.

미국에서 지금까지 시도된 중에 가장 포부가 큰 사회적 실험인 '기회로 이사하기Moving to Opportunity' 프로그램은 이러한 점에서 특히 흥미롭다.[28] 1994년부터 1998년까지, 연방정부는 볼티모어, 시카고, 뉴욕, 로스앤젤레스의 공영 주택 거주자 수천 명에게 정부 발행 바우처를 주어 그들이 살던 공영 주택을 떠나 같은 도시의 민간 주택으로 이사하게 했다. 여기에는 조건이 하나 붙었는데, 새로 들어가 살 동네가 이전 동네보다 환경이 월등하게 나은 곳이어야 한다는 것이었다. 캐럴의 연구와 마찬가지로, 이 프로그램도 무작위화로 실험되었다. 이에 따라 무작위로 추출된 1,788개의 가정이 바우처를 받았으며, 1,898개의 가정이 무작위로 관리군으로 지정되었다. 그로부터 10년 뒤 조사관들이 두 집단을 방문해 사람들의 건강을 측정하자 놀라운 결과가 나타났다. 실험 전 두 집단의 수준은 동일했다. 그런데 바우처를 받고 좋은 동네로 이사한 집단은 건강 상태가 눈에 띄게 좋았다. 이 집단 사람들은 식습관을 개선했으며 운동을 더 많이 하고 있었다. 그들에게는 비만, 당뇨, 우울증 사례가 훨씬 적었다. 전반적으로 그들은 더 건강해졌고 더 행복해졌으며, 그 효과는 특히 젊은 여자들에게서 뚜렷했다. 이러한 결과에 대해서는 여러 가지 설명이 가능할 것이다. 하지만 타당해 보이는 설명 한 가지는, 우리가 사는 장소와 우리를 둘러싼 사람들이 우리의 건강을 형성하는 데 중요한 역할을 한다는 것이다.

이혼과 정치적 참여에서 커지는 격차

경제적 환경과 교육은 사람들의 건강과 장수뿐만 아니라 가정 구조에도 중요한 역할을 한다. 예를 들어 이혼을 보자. 이혼으로 이어지는 요인들은 숱하게 많고 복잡하지만, 나쁜 경제적 여건이 중요 요인인 것으로 알려진다. 부부를 둘러싼 상황이 좋지 않을 때 경제적 문제는 상황을 악화시킬 뿐이다. 당연하게도, 미국 도시들은 이혼율에서 엄청나게 차이가 난다.

미국에서 이혼율이 가장 높은 도시는 어디일까? 만약 당신이 라스베이거스를 떠올린다면 다시 생각하기 바란다. 결혼 이력이 있는 성인 800만 명에 관한 자료를 사용해 필자가 조사해 보니, 이혼율이 가장 높은 곳은 미시건 주 플린트였다. 2009년 현재 이 도시의 모든 성인 가운데 27퍼센트가 생애에 적어도 한 번 이혼했다.[29] 자동차 제조 공장들이 문을 닫는 바람에 지역 경제가 황폐해지고, 임금이 내려가고, 중산층이 사라져가는 플린트는, 다른 러스트벨트 도시들과 더불어, 오랫동안 경제적 쇠퇴를 겪어 왔다. 한창 때 현지인 8만 명을 고용했던 이 도시의 최대 고용주 GM의 종업원은 8,000명으로 줄었다. 또 다른 옛 제조업 중심지

오하이오 주 톨레도의 이혼율도 플린트보다 그닥 낮지 않다. 이혼율 순위표의 반대편 끝에는 프로보 같은 도시들이 있다. 몰몬교의 중심지인 유타 주 프로보는 종교적 이유로 이혼율이 낮다. 그 밖에 이혼율이 낮은 도시들로는 대학촌인 펜실베이니아 주 스테이트 칼리지, 가톨릭 신자들이 밀집한 텍사스 주 매캘런, 전국에서 학력이 가장 높고 가장 번성하는 대도시 지역인 코네티컷 주 스탬퍼드가 있다. 새너제이 또한 순위표의 밑바닥 근처에 위치한다.

미국 공동체들 사이의 이혼율 차이는 확연하다. 플린트는 인구 대비 이혼자 수가 프로보의 세 배이다. 그리고 이러한 격차는 더

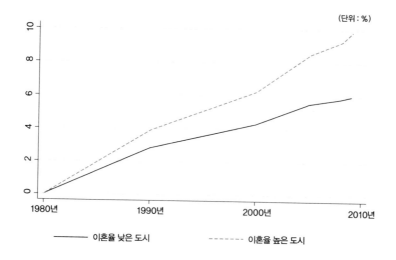

그림 8 1980년 이후 이혼율 증가 추이

벌어지고 있다. 그림 8은 상위 10개 도시와 하위 10개 도시에서 이혼을 경험한 사람들의 비율 증가를 연도별로 보여준다.[30] 많은 문화적·종교적 요인들이 중요한 역할을 하지만 이러한 요인들은 대체로 고정적이다. 예를 들어 프로보는 언제나 압도적으로 몰몬교 도시였다. 그림에서 보듯, 이혼율이 높은 도시들과 낮은 도시들 사이에 커지고 있는 차이는 증가하는 경제적 여건의 격차를 반영할 개연성이 있다.

미국의 사회경제적 분리가 이렇게 심화되는 것은 정치적 과정에도 복잡하고 광범위하게 영향을 미친다. 전국 차원에서, 유권자의 분열은 국가의 장래와 관련된 중요한 문제들에 대해 미국인들이 합의에 도달하는 것을 갈수록 어렵게 만든다. 이러한 추세에는 여러 이유가 있다. 예비선거는 과거보다 더 자주 과격한 후보들에 의해 지배된다. 케이블 TV들의 정치 보도는 갈수록 양극화되고 있다. 하원의원들과 상원의원들은 소속 정당의 노선에 따라 표결할 유인을 더 강하게 느끼고 있다. 하지만 지리도 갈수록 더 중요한 역할을 한다. 지리적 분리로 인해 같은 부류의 사람들에 둘러싸여 사는 사람들이 증가하며, 이 때문에 극단적인 정치적 태도가 강화될 가능성이 있다. 빌 비숍은 그의 책 《거대한 분류*The Big Sort*》에서 30년에 걸친 대통령 선거 자료를 통해, 동일한 성향이 너무나 강해 압도적으로 한 후부에게 쏠려 투표하는 공동체의 수가 폭발적으로 늘었음을 밝혀냈다.

놀랍게도, 분열의 효과는 지역 수준에서는 반대로 나타날 수 있다. 경제학자들이 오랫동안 지적해왔듯이, 사회적 동질성이 더 강한 공동체는 지역 정책에 합의하기가 훨씬 더 쉽다. 예를 들어, 유권자들의 경제적 수준이 매우 다양할 때보다, 유권자들의 소득과 교육 수준이 서로 비슷할 때(그래서 욕구와 기호가 서로 비슷할 때) 그들이 지방세, 학교, 공원, 경찰 같은 사안들에 합의를 이룰 가능성이 더 크다.

'대분기'는 투표 행태에도 영향을 미친다. 얼마나 많은 주민들이 투표에 참여하느냐, 그래서 얼마나 많은 정치적 영향력을 발휘하느냐에 있어 미국 공동체들 사이의 행태는 엄청나게 다르다. 2008년 대통령 선거에서, 투표율 상위 10개 군은 하위 10개 군보다 인구 대비 네 배나 많은 표를 던졌다.[31] 이처럼 엄청난 유권자 참여도의 차이는 엄청난 정치적 영향력 차이로 고스란히 전환된다. 그것은 마치 최상부 집단의 각 주민에게 투표용지가 넉 장 주어지는 반면, 최하부 집단의 각 주민에게는 단지 한 장만 주어지는 것과도 같다.

시민 참여를 결정하는 또 다른 많은 요인들이 있다. 가장 중요한 것들 가운데 하나가 교육이다. 미국 시민 300만 명을 대상으로 두 차례의 조사를 실시한 뒤 연구해 2004년 간행한 보고서에서, 필자와 우리 두 동료는, 정규교육이 연방 선거에 있어 유권자 등록과 투표의 뚜렷한 예측변수로 작용함을 알아냈다.[32] 우리는 또, 미국과 영국 모두에서 교육이 정치에 참여하는 데 더 광범한 방법들에 강력한 영향을 미친다는 사실을 알아냈다. 더 많이 교육을 받은 시민들은 언론의 정치 관련 보도를 이해하고, 이슈들에 대해 알며 그것들을 놓고 남들과 토론하고, 정치적 집단과 어울리며, 그들의 공동체에서 적극적일 가능성이 더 높다. 우연인지 몰라도, 이것이 민주당과 공화당 모두가 공교육을 지지하는 주된 이유이다. 보수주의 경제학자 밀턴 프리드먼은 1962년 이렇게 주장했다. "대부분의 시민들에게 최소한도의 문자 해독력과 지식이 없다면, 공통적 가치 조합에 대한 광범한 수용이 없다면, 안정적이고 민주적인 사회는 불가능하다. 교육은 두 가지 모두에 기여할 수 있다. 그 이득이 정부 보조금을 정당화할 만큼 충분히 중요하다고 우리 모두는 아마 결론 내릴 것이다."[33]

교육이 그토록 중요한 정치적 참여의 결정요인이기 때문에, 미국의 교육 양극화 심화는 궁극적으로 정치적 참여의 양극화 심화를 초래한다. 그림 9는 1992년 이래 인구 대비 투표 상위 10개 군과 하위 10개 군이 대통령 선거에서 유권자로서 어떻게 참여해 왔는지 추이를 보여준다.[34] 이 그래프에 나타난 추세는 전국적 투표율에 따라 오르내린다. 부시와 고어가 맞붙었던 2000년 선거는 치열한 접전이었는데, 클린턴과 부시가 큰 표차로 승리했던 1996년과 2004년 선거보다 투표율이 높았다. 2008년 대통령 선거는 최근 역사상 투표율이 가장 높았는데, 아마도 미국에서 처음으로 아프리카계 미국인이 대통령 후보로 출마했기 때문이었을 것이다.

하지만 이 그래프에서 더 재미있는 부분은 최상위 군들과 최하위 군들 사이의 차이이다. 선거를 할 때마다 최상위 군들은 정치적 과정에서 영향력을 더하는 반면 최하위 군들은 영향력을 잃는다. 정치적 참여와 영향력 발휘의 중요한 방법 또 하나는 후보나 정당에 재정적으로 기부하는 것인데, 이것을 그래프로 그리면 비슷한 그림이 만들어진다. 이러한 추세는 입법에 실질적 영향을 미칠 가능성이 있다. 어떤 공동체의 이익과 다른 공동체의 이익이 충돌하는 정책을 입안할 때 대통령과 주지사가 정치적으로 적극적이며 더 잘 조직된 공동체의 욕구 쪽을 선호할 무시 못할 유인이 되는 것이다.

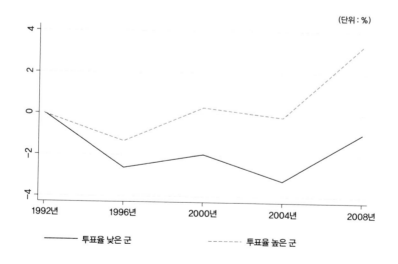

그림 9 1992년 이후 대통령 선거 투표율 추이

(단위 : %)

투표율 낮은 군   투표율 높은 군

자선 불평등

오늘날 미국에서 문화, 교육, 의료 서비스는 점점 더 많이 자선단체들에 의해 제공되고 있다. 병원의 절반 이상, 대학의 3분의 1 그리고 대부분의 문화단체들이 자선 기부금에 의존한다. 이 단체들은 한 도시의 사회적 자본에 기여하는데, 주로 궁핍한 주민들을 돕고 형편이 더 나은 주민들을 위해 주요 문화적 편의시설을 제공한다. 결국, 비영리 세계는 영리 세계에 점점 더 많이 의존한다. 사실상 이런 연결은 대부분 지역을 기반하여 이뤄진다.

필자가 데이비드 카드, 케빈 할록과 공동으로 수행한 연구에 따르면, 한 도시에 기업체 본사가 존재할 경우 지역 비영리단체들에 매년 1,000만 달러 정도를 공적으로 기여한다고 나타났다. 놀랍게도, 이처럼 너그러운 기부를 실행하고 있는 것은 기업체 자체가 아니다. 그보다는 기업체의 고소득 임원들이다. 한 도시에 기업체 본사 하나가 새로 들어서면 고액 봉급을 받는 개인들의 수가 크게 늘어난다는 것을 우리는 알아냈다. 그들의 임금은 그들이 소속한 회사의 실적에 연동되는 경우가 많은데, 회사의 실적이 좋으면 그들은 지역의 자선단체들에 너그럽게 기부를 하는 경향이 있다. 우리가 알아낸 바에 따르면, 한 도시에 본사를 둔 기업의 시가총액 중에서 매 1,000달러당 약 1달러가 지역의 비영리기관들에 간다. 이에 반해, 기업의 기부는 지역 자선단체들에 중요한 비중을 차지하지 않았다. 곰곰 생각해보면 말이 되는 현상이다. 고객과 종업원이 전국 곳곳에 흩어져 있는 대기업 입장에서는 굳이 지역의 봉사단체들에 기여할 유인이 제한적일 수밖에 없다.

개인 차원으로 넘어오면 이야기가 달라진다. 마이크로소프트가 시애틀로 이전했을 때, 이 회사는 시애틀의 노동시장을 개조했을 뿐만 아니라 자사의 비영리 부문도 바꾸었다. 공동 설립자 폴 알렌 혼자서만 10억 달러 넘는 돈을 기부했다. 그 돈의 60퍼센트는 지역 자선단체들에 갔다. 자선단체들은 이 돈으로 미술관 두 곳('플라잉 헤리티지 컬렉션'과 'EMP미술관')을 신축했고, 워싱턴대학교에 도서관을 새로 지었으며, 시애틀의 명물인 유서 깊은 영화관 '시네라마'를 복원했고, 워싱턴대학교 의과대학을 확장했다.(마이크로소프트가 낳은 주목할 만한 자선의 결과물로 '빌과 멜린다 게이츠 재단Bill and Melinda Gates Foundation'이 있다. 이 재단은 개발도상국을 돕는 일에 주력하기 때문에 지역 봉사단체들을 지원하는 데에는 어쩔 수 없이 작은 역할에 그친다. 그렇지만 미국의 교육 혁신에 기부금을 냈다.)

미국에서 인구 대비 자선단체가 가장 많은 도시는 어디일까?[35] 미국 대도시들 가운데 다섯 개 두뇌 중심지(스탬퍼드, 보스턴, 더햄-롤리, 워싱턴 D.C., 뉴욕)의 자선단체들이 인구 대비 기부금을 가장 많이 받는다. 시애틀도 이 도시들과 크게 차이가 나지 않는다. 비영리 부문이 강한 공동체들과 약한 공동체들 사이의 격차는, 인구 대비 비영리단체의 수와 기부금 모두에서, 점차 커져왔다.[36] 다시 말해, 미국 공동체들에 나타나는 '대분기'는 지역 자선단체들에 돌아갈 수 있는 자원에 상응하는 분기를 가져오고 있다. 기업체 본사가 많고 경제가 번성하는 도시들은 지역 비영리단체들에 자선 기부가 가장 많이 되는 바로 그 도시들이다. 이에 반해 기업체 본사가 거의 없고 지역 경제가 발버둥치고 있는 도시들(틀림없이 자선단체를 가장 필요로 하는 도시들)은 기부금을 가장 적게 유치하는 도시들이다. 이것은 승자와 패자 사이의 거리를 더 벌려놓는다.

기대수명, 이혼, 정치적 참여, 자선 기부에서 커지고 있는 차이는 시간이 흐름에 따라 미국 공동체들이 분기해오고 있는 여러 방식들 가운데 한낱 사례들일 뿐이다. 이것들이 유일한 사례들은 아니다. 미국 사회의 다른 많은 측면들도 비슷한 궤적을 그려왔다. 예를 들어, 범죄는 분기하는 추세를 보인다. 뉴욕과 보스턴 같은 도시들은 지난 20년 사이 현저히 개선됐으며 플린트와 디트로이트 같은 도시들은 개선의 정도가 작았다. 결국 가장 중요한 것은, 이 모든 사회적 차이를 냉혹하게 반영하고 있다는 사실이다. 미국 공동체들은 언제나 서로 달랐다. 어떤 곳은 더 부유하고 어떤 곳은 더 가난했다. 하지만 꼭대기에 있는 공동체들과 밑바닥에 있는 공동체들 사이의 경제적 거리는 50년 전보다 지금이 더 멀며, 그것은 생활의 모든 측면에 영향을 미치고 있다.

이 엄청난 변화(그리고 그것이 미국 사회 앞에 마주한 시험대)에 대처하는 작업을 시작하기 위해 우리는 분기의 근본적인 경제 원인들을 이해하려 노력하지 않으면 안 된다. 왜 어떤 도시들은 고임금 일자리와 건강하고 숙련된 근로자들을 끌어들이는데 다른 도시들은 그렇게 하지 못하는가? 두뇌 중심지는 무엇이 그리도 특별한가? 왜 중심지들과 나머지 지역의 격차는 해가 갈수록 커지는가? 곧 알아보겠지만, '대분기'는 역사적 우연이 아니라, 광범위하게 영향력을 미치는 경제적 힘들이 낳은 필연적 결과인 것이다.

ENRICO MORETTI

4

끌어당기는 힘

THE NEW GEOGRAPHY OF JOBS

Forces of Attraction

지식의 흐름은 눈으로 확인할 수 없다.
측정하고 추적할 수 있는
어떤 행적도 남기지 않는다.
이론가가 어떤 것을 상정하더라도
지식의 흐름은 계속된다.

얼핏 보면 미국 혁신 중심지들의 지리적 위치는 제멋대로이고 헷갈려 보인다. 많은 전통적 산업들의 경우 위치는 천연자원과 연계된다. 텍사스 주, 알래스카 주, 루이지애나 주의 미국 석유 산업 단지들은 대규모 석유 매장지 때문에 거기에 있다. 포도주 산업은 대부분 캘리포니아 주에 몰려 있는데, 이는 그곳의 기후가 좋고 토양이 적절하기 때문이다. 바닷가재 산업이 메인 주에 있는 것은 캔자스 주에는 바닷가재가 살지 않기 때문이다. 이들 사례에서 무리 짓기clustering는 놀랍지도 않고 딱히 흥미롭지도 않다. 하지만 혁신적 산업들의 지리적 집중은 설명하기가 훨씬 더 어렵다. 혁신적 산업들이 지금 그 자리에 있는 이유를 설명할 똑 부러진 자연적 이점이 없다. 따지고 보면 실리콘밸리에는 실리콘이 없다. 과거에는 수송비가 비쌌기 때문에 기업들은 고객들 가까이 회사를 차렸다. 예를 들어 산업혁명 때 런던 회사들은 그들의 제품을 비용 우위로 배달할 수 있었다. 왜냐하면 고객들이 대부분 런던에 있었기 때문이다. 하지만 오늘날 수송비는 낮다. 첨단기술 산업의 경우 특히 그렇다. IT의 경우, 근본적으로 수송비가 제로이다. 소프트웨어 코드는 모뎀을 통해 순식간에 그리고 싸게 수송할 수 있다. 설사 구글이 비세일리아로(아니면 수송비 때문에 티베트로) 이전하더라도 그 사실을 알아차릴 사용자는 한 사람도 없을 것이다.

위치 문제에 대해 좀 더 깊이 생각하면 더더욱 어리둥절해진다. 그 기업들은 절대적으로 최악의 장소에 자리를 잡은 것처럼 보이는데, 대단히 비싼 지역들(보스턴, 샌프란시스코, 뉴욕 같은 곳들)을 골랐다. 임금과 사무실 임차료가 엄청나게 높은 이들 지역은 미국에서 사업하는 데 가장 비용이 많이 드는 장소들에 속한다. 우리는 이런 도시들이 기업들, 특히 국제적으로 경쟁해야 하는 기업들에 과연 매력적일까 의문을 품지 않을 수 없다.

다른 곳에 있을 수 있는데도, 혁신적 기업들은 왜 이처럼 비싼 장소들에 서로 가까이 몰려 있는 것일까? 새너제이 같은 도시들은 무엇이 그리 특별한가? 새너제이를 실제로 방문해보면, 그 도시가 다른 도시들과 그다지 다르지 않다는 것을 알 수 있다. 사실 그곳에는 별로 신통한 것이 없다. 봉급이 왜 그토록 높아야 하는지에 대한 가시적 실마리도 찾기 어렵다. 상징적인 실리콘밸리 기업들은 특색 없는 사무용 건물이나 복합 상업 지구에 자리 잡고 있다. 미국의 많은 다른 대도시 지역들과 마찬가지로, 새너제이의 도시권도 대부분 주차장, 기업체 사옥, 수많은 단독 주택들에 둘러싸인, 몰개성적으로 보이는 유리 고층 건물 여러 채로 이루어져 있다. 도시 형태도 독특한 점이라곤 전혀 없다. 광활한 땅에 고속도로들이 종횡으로 교차하며, 사람들은 온갖 곳으로 차를 몰고 다닌다. 시 당국에서는 새너제이 도심을 재개발해 좀 더 보행자 친화적인 곳으로 바꾸려고 애쓰고 있지만, 힘든 싸움처럼 보인다. 101번 고속도로에서 바로 보이기 때문에 고층 건물들 가운데 어도비Adobe 사옥이 두드러지고, 남서쪽으로 5킬로미터 떨어진 곳에 이베이eBay의 드넓은 캠퍼스가 자리 잡고 있다. 잠깐 차를 타고 가면 인텔, 시스코, 야후 그리고 처방약처럼 들리는 신비로운 이름(프로젠트, 실링크스, 산미나)을 가진, 상대적으로 덜 유명한 첨단기술 기업들이 숱하게 들어서 있다. 숙련된 대졸 근로자를 한 명 고용하려면 이베이와 어도비는 새너제이에서 연봉 8만 7,033달러를 지급해야만 한다. 하지만 머세드에 있는 비슷한 기업은 그 근로자에게 6만 2,411달러만 지급하면 된다. 사실, 만약 이베이와 어도비가 머세드로 이전한다면 이들 회사가 현재 고졸자를 고용하기 위해 지급하고 있는 6만 8,009달러보다 결국 더 적은 돈으로 대졸자를 채용할 수 있다. 이것은 참으로 사람을 헷갈리게 하는 것 같다.(많은 산업들이 일정 정도의 지리적 뭉침ag-glomeration을 내보인다. 오락은 로스앤젤레스에 집중되어 있으며, 카펫의 주요 생산자들은 오래전부터 조지아 주 돌턴에 자리 잡아왔다. 하지만 혁신 산업의 집중도는 특히 높다. 컴퓨터 제조업의 일자리 수 상위 10개 군이 이 산업 전체 일자리 수의 70퍼센트를 차지한다. 과학적 R&D, 소프트웨어, 인터넷 기업의 경우 상응하는 수치는 차례대로 45, 32, 25퍼센트이다. 세계에서 나노기술 연구는 거의 대도시 지역 여덟

곳에서 수행된다. 도쿄, 파리, 서울이 해당 국가의 가장 혁신적인 활동과 재능 있는 사람 가운데 제일 큰 몫을 흡수하기 때문에, 일본, 프랑스, 한국 같은 나라들은 더더욱 심한 지리적 집중을 보인다. 상하이와 베이징이 있는 중국의 경우도 마찬가지이다.)

월마트의 샌프란시스코 짝사랑

월마트는 지리적 집중 문제를 설명해주는 사례이다. 이 회사는 저가의 대명사이다. 샘 월턴이 50년 전 창업한 이래 내내 월마트가 아칸소 주 벤턴빌에 본사를 두어온 것은 당연해 보일 것이다. 벤턴빌은 사업을 운영하기에 비용이 몹시 적게 드는 작은 읍邑으로서 월마트의 짠돌이 기업문화를 단적으로 보여준다. 벤턴빌의 사무실 임대료는 미국에서 가장 싼 편이며, 생활비와 평균임금도 낮다. 여기가 월마트의 최고경영자, 모든 최고위 간부들 그리고 본사 직원들이 사는 곳이다. 벤턴빌은 분명 월마트의 경비절감 정신에 완벽하게 들어맞는다.

하지만 12년 전 전자상거래에 나섰을 때 월마트는 자사의 인터넷 사업본부, 즉 '월마트닷컴Walmart.com'의 소재지로 벤턴빌을 선택하지 않았다. 그렇다고 경비가 더더욱 싼 인도의 방갈로르를 선택한 것도 아니다. 대신 월마트는 캘리포니아 주 브리즈번을 선택했다. 샌프란시스코 도심에서 불과 11킬로미터 정도 떨어진 이곳은 세계에서 가장 인건비가 비싼 편에 속한다.(그곳은 또 공교롭게도 월마트에 대해 정치적 적대감을 품고 있는 곳이다. 이 바람에 월마트는 현지에 출점하는 데 애를 먹는다.) 자사의 모든 사업본부에다 대고 끊임없이 경비절감을 촉구하는 월마트임을 감안해 보면 이러한 결정이 타당해 보이는가? 월마트는 자사의 사업 원칙을 저버렸는가?〔내부 직원에 따르면, 사실 월마트는 처음에는 월마트닷컴을 그냥 아칸소 주 벤턴빌에 두려고 했다. 그런데 요모조모 따져보니 도저히 안 되겠다고 판단되어(짐작건대 벤턴빌에 전문성을 갖춘 웹 디자이너들이 없어서 그랬을 것이다) 거의 즉각적으로 월마트닷컴을 옮겨야만 했다. (익명을 요구한) 그 직원은 필자에게, 시험용으로 만들었던 홈페이지의 디자인이 너무도 엉성했기에 지금도 내부 직원들 사이에서 웃음거리로 회자된다고 말했다.〕

아니다. 모두들 아는 바와 같이, 혁신의 세계에서는 생산성과 창의성이 인건비와 부동산 비용보다 클 수 있다. 월마트는 샌프란시스코라는 위치에서, 경제학자들이 싸잡아 뭉침의 힘이라고 부르는 세 가지 중요한 비교우위를 발견했다. 바로 층이 두툼한 노동시장(즉, 특정한 분야에서 훈련받은 숙련된 근로자들을 쉽게 선택할 수 있는 곳), 전문적 서비스 제공자들의 존재 그리고 가장 중요한 지식 전파이다. 비록 많이 논의되지는 않았지만, 이 힘들이 결국 혁신적 근로자들과 기업들의 소재지를 결정하고 그렇게 해서 공동체 전반의 미래를 형성한다. 이 힘들을 이해하는 것은 중요하다. 왜냐하면 이 힘들이 지난 30년의 '대분기'를 만들어냈기 때문이다. 이 힘들을 이해하는 것이 중요한 또 한 가지 이유는, 발버둥치는 도시들을 경제적으로 더 성공적으로 만들어주는 열쇠를 이 힘들이 쥐고 있기 때문이다. 앞으로 살펴보겠지만, 이베이와 어도비가 새너제이에 그대로 있는 것을 수익성 높은 일이라고 보는 이유, 파이저에서 IBM에 이르는 많은 다른 기업들의, 언뜻 보기에 비논리적인 소재지 결정 이유를 바로 이 힘들이 설명해준다. 이 힘들은 점점 더 세지고 있으며, 앞으로 근로자 한 사람 한 사람에게 더욱 영향을 미칠 것이다.

두꺼운 시장

미켈 스베인은 2007년 코펜하겐에서 첨단기술 기업 젠데스크를 공동창업했다. 하지만 그는 코펜하겐이 너무 외지다는 것을 이내 깨달았다. 2년 뒤 그는 '자금 조달처와 재능 있는 직원들을 찾기 위해'[1] 회사를 미국으로 옮겼다. 처음에 그는 보스턴을 생각했지만 결국 샌프란시스코에 정착했다. "정말 흥분된다. 샌프란시스코에 와서 현지인들 그리고 우리 회사 고문들과 함께 일하게 되니 더 크게, 더 적극적으로 생각하게 되었을 뿐만 아니라 진정으로 한계에 도전해야겠다는 생각이 든다." 스베인이 회사를 이전했을 때 현지 언론에 털어놓은 소감이다.

스물네 살의 프로그래머 킬 올레슨은 2010년 첨단기술 일자리를 찾아 네브래스카 주 링컨에서 샌프란시스코로 건너갔다. 그의 동기는 무척 전형적이다. "나는 아이폰 개발 업무를 하고 싶었는데, 이곳의 수많은 신생 기업들이 아이폰 개발자를 구하고 있다."[2]

만약 당신이 샌프란시스코의 최고경영자들에게 (사업하기에 훨씬 싼 장소들이 있음에도) 왜 회사를 샌프란시스코로 지역으로 옮겼느냐고 묻는다면, 그들 대부분은 샌프란시스코에 재능 있는 사람들이 있어서라고 대답할 것이다. 만약 당신이 소프트웨어 기술자들에게 왜 샌프란시스코로 이사했느냐고 묻는다면 그들은 거기에 일자리가 있어서라고 대답할 것이다. 간단하지 않은가? 정말이지, 소프트웨어 기술자는 링컨보다 샌프란시스코에서 취업 기회를 훨씬 더 많이 발견할 수 있다. 고용주의 경우도 마찬가지이다. 일자리를 찾는 소프트웨어 기술자들은 코펜하겐보다 샌프란시스코에 더 많지만, 그들을 채용하려는 고용주 또한 더 많다. 근로자들이 대체로 샌프란시스코에 소프트웨어 기술자에 대한 수요가 초과한다고 주장하는 반면, 고용주들은 샌프란시스코에서는 소프트웨어 기술자 공급이 초과되고 있다고 주장하니 이상한 일이다. 양쪽 말이 다 맞을 수는 없다.

현실은, 대부분의 도시들에서 특정 직업에 대한 공급과 수요가 대체로 잘 균형을 이룬다는 것이다. 만약 특정한 도시에서 특정한 시점에 소프트웨어 일자리가 지나치게 많아서 소프트웨어 기술자에 대한 수요 초과가 발생하면, 전국 각지의 기술자들이 그 도시로 몰려들어 수용과 공급을 균등하게 맞춘다. 소프트웨어 기술자는 젊고, 교육을 많이 받고, 외국 태생인 경향이 있다. 이들은 특히 이동성이 높은 세 종류 특징을 지니고 있다. 1990년대 후반 일어난 닷컴 호황 때, 재정이 든든한 신생 기업 수백 곳에서 앞다퉈 신규 직원 채용에 나섰고, 첨단기술 근로자 수십만 명이 미국 전역에서 그곳으로 이동하는 등, 실리콘밸리에는 첨단기술 근로자에 대한 엄청난 수요가 있었다. 이어 찾아든 불황 때, 수요는 폭락했으며 수십만 명이 떠났다. 하지만 만약 고용주 대 기술자의 비율이 샌프란시스코, 링컨, 코펜하겐에서 같다면, 무엇이 킬 올레슨과 미켈 스베인을 샌프란시스코로 끌어당겼을까? 이에 대해서는 소프트웨어 기술자 노동시장이 샌프란시스코가 더 두껍기 때문이라고 답할 수 있다. 이 점은 도시들에 막대한 영향을 미친다.

노동시장의 경우, 생활의 다른 많은 측면들에서처럼 규모가 정말 중요하다. 경제학자들은 두꺼운 시장(판매자와 구매자가 많은 시장)이 특히 매력적이라고 오랫동안 인식해왔다. 왜냐하면 그것은 수요를 공급에 일치시키는 것을 더 쉽게 만들어주기 때문이다. 왜 두꺼움이 좋은지 알려면 일자리 생각은 잠시 젖혀두기 바란다. 그 대신 사랑에 대해 생각해보자. 당신이 독신이며 짝을 찾고 있다고 치자. 지역의 술집에서 몇 차례 신통찮게 시도했다 성과를 내지 못하고 당신은 인터넷 중매 사이트를 이용하기로 결심한다. 그런데 당신 지역에 독신자들을 위한 사이트가 두 개가 있는데, 규모만 빼고 두 사이트가 꼭 같다고 치자. '두꺼운 닷컴thick.com'

이라는 첫 번째 사이트는 통상 남자 100명과 여자 100명을 인터넷에 띄워놓는다. '얇은 닷컴thin.com'이라는 두 번째 사이트는 남자 10명과 여자 10명 정도를 보유하고 있다. 자, 당신은 어느 것을 선택하겠는가? 남자 대 여자 비율은 두 사이트가 같다. 두 경우 모두 '판매자' 한 명당 잠재적인 '구매자' 한 명이 있다. 그러니 당신은 두 사이트가 동등하다고 결론짓고 싶어질지도 모른다. 하지만 물론 동등하지 않다. 한 여자가 이상형의 남자(그녀가 진정 원하는 외모, 관심사, 가치관을 가진)를 찾을 확률은 '두꺼운 닷컴' 사이트가 더 높다. 왜냐하면 그녀가 골라잡을 남자가 그 사이트에 더 많이 있기 때문이다. 물론 남자에게도 상황은 같다.

노동시장은 중매 사이트와 매우 비슷하다. 두꺼운 노동시장은 고용주를 근로자에 더 잘 연결시킨다. 만약 당신이 재조합 DNA 기술의 특정한 분야를 전공한 분자생물학자라면, 그 특정한 기술을 사용하는 생명공학 기업을 찾아내는 것이 정말 중요하다. 만약 당신이 생명공학 기업들이 많이 몰려 있는 보스턴이나 샌디에이고로 이동하면, 당신의 특출한 능력을 진정 원하는(그리고 그것에 돈을 지급할) 기업을 찾아낼 가능성이 훨씬 높아질 것이다. 만약 당신이 생명공학 기업들이 드문 포틀랜드나 시카고 같은 도시로 이동하면, 당신은 덜 이상적인 연결과, 따라서 더 낮은 봉급에 만족해야 할지도 모른다. 당신이 어디로 이동하기로 결정하느냐에 따라 당신의 경력은 훗날 방대하게 다른 궤적을 그릴 것이다.

더 좋은 연결의 장점은 고용주에게도 생긴다. 보스턴이나 샌디에이고에 자리 잡음으로써 생명공학 신생 기업은 더 높은 생산성을 누리고 더 많은 특허를 생산한다. 왜냐하면 그 회사는 자사의 욕구에 딱 맞는 유형의 분자생물학자를 찾을 수 있기 때문이다. 이것은 결국 수익 증대와 더 성공적인 기업공개로 이어진다. 온라인 신분확인 기술을 개발하는 신생 기업 트룰리우가 밴쿠버에서 실리콘밸리로 이전하였을 때, 그 회사 최고경영자 스티븐 우포드는 회사의 생산성이 크게 높아진 사실에 주목했다. 그는 "(실리콘밸리에서는) 일이 움직이는 속도가 무엇보다 핵심"이라고 말한 뒤, 밴쿠버에서라면 여러 해가 걸렸을 일을 석 달 만에 완수했다고 덧붙였다.[3] 두꺼운 시장은 근로자와 기업 모두에게 유리하다.

수입 증대로 측정되는, 두꺼운 노동시장에 속에 있음으로 인해 얻는 경제적 수익은 전문직 종사자들에게 두드러지며, 이는 지난 30년간 증가해왔다. 예를 들어, 미국의 경우 100만 명 이상의 근로자가 있는 노동시장의 평균 임금은 25만 명 이하의 근로자가 있는 노동시장보다 3분의 1 높다. 심지어 근로자 근속연수, 직종, 인구 통계를 상수常數로 잡아도 그렇다. 주목할 것은 이러한 차이가 1970년대보다 현재 50퍼센트 정도 더 많아졌단 것이다. 시장 규모는 고도의 전문성을 갖춘 근로자들, 이를테면 첨단 분야 기술자, 과학자, 수학자, 디자이너, 의사에게 특히 중요하다. 예를 들어, 의사의 경우 전문의는 작은 도시보다 큰 도시에서 더 좁은 범위의 의료 활동을 하는 것으로 연구 결과 나타났다.[4] 하지만 미숙련 근로자들에게는 시장 규모가 그다지 중요하지 않다. 육체노동자와 목수는 큰 도시에서건 작은 도시에서건 비슷한 과업을 수행한다.

페이스북의 역사에 대해 생각해보자.[5] 〈소셜네트워크〉(데이비드 핀처 감독, 2010년)라는 영화를 본 사람이라면 알 것이다. 마크 주커버그는 매사추세츠 주 케임브리지에 있는 하버드대학교의 기숙사 내 자기 방에서 페이스북을 창설했다. 케임브리지는 세계 일류 대학들이 몰려 있는 곳이며, 미국에서 가장 학력 수준이 높은 도시에 속한다. 수많은 혁신적 기업들이 그 지역에 있으며, 한마디로 그곳에 인재가 부족할 일은 없다. 하지만 주커버그는 그의 초창기 사업에 적합한 인재를 구하려면 회사를 실리콘밸리로 옮겨야 한다는 사실을 재빨리 깨달았다. 실리콘밸리에는 기술자 시장이 매우 두껍기 때문에 주커버그는 그냥 잘 교육받은 기술자들이 아니라, 그가 정확히 필요로 하는 기술을 가진, 잘 교육받고 잘 훈련된 기술자들을 구했다. 이런 관점에서 보면, 주커버그의 사업장 소재지 선택 그리고 다른 첨단기술 기업들이 동종 업체가 자리한 근처에 회사를 설립하려는 경향이 보편적인 게 당연하다. 고립 속에서는 아마 고투하겠지만, 서로 가까이 뭉침으로써 기업들은 더 창의적이고 생산적이 된다.

노동시장의 규모는 사람들의 일자리가 자주 바뀌는 정도에도 영향을 미친다.[6] 근로자 1만 2,000명을 20년에 걸쳐 추적한 연구에 따르면, 근로자가 좋은 자리를 찾으려고 여기저기 기웃거리는 직장 경력 초반기에는 작고 특화된 지역 노동시장에서보다 크고 다양화된 지역 노동시장에서 더 자주 직장을 옮긴다. 하지만 짐작건대 안정성이 더 중요해지는 경력 후반기에는 큰 시장에서 직장을 덜 옮긴다. 왜냐하면 자신들이 택한 직장에 대한 만족도가 높아지기 때문이다.

그뿐만 아니라 두꺼운 시장은 실업에 대해 일종의 부분적 보험도 제공한다. 불황 때문이 아니라 특정한 기업에서 특정한 문제 때문에 해고가 발생할 경우, 시장이 두꺼우면 근로자가 해고되더라도 계속 실업 상태에 있을 확률이 줄어든다. 왜냐하면 잠재적 고용주들이 더 많이 포진해 있기 때문이다. 이와 비슷한 이유로 두꺼운 노동시장은 기업이 결원을 채우지 못할 가능성을 줄인다.

시장 규모의 중요성은 단순히 호기심의 대상 정도에 그치는 게 아니다. 그것은 도시의 미래에 중요한 영향을 미친다. 두꺼운 시장효과는 혁신 부문이 세계적으로 소수의 도시들에 집중되는 주요한 이유들 가운데 하나이다. 두꺼운 노동시장이 근로자와 고용주를 더 잘 연결하기 때문에, 혁신 단지들은 첨단기술 고용주와 근로자를 더더욱 많이 유치하는 데 엄청난 장점이 있다. 하지만 아직 혁신 단지를 갖지 못한 도시들은 혁신 단지를 창설하기가 어렵다는 사실이 동전의 다른 한 면이다. 결국 이것은 두뇌 중심지들과 여타 모든 도시들 사이의 격차를 심화시킨다.

두꺼운 노동시장은 몇 가지 재미있는 예상 밖의 결과도 불러왔다. 예를 들어, 단지에 합류하는 기업들과 근로자들은 생산성 향상이라는 그들 고유의 이득을 누린다. 그런데 그들은 그 단지의 다른 모든 기업들과 근로자들에게도 이득을 돌아가게 한다. 기존의 기업들과 근로자들이 신참에 의해 더 생산적이게 되는 것이다. 이러한 뜻밖의 결과로 설명할 수 있는 것은 또 있다. 근로자와 기업이 생성해낼 수 있는 이득에 정부가 보조금을 대주는 방식으로 개입해 효율성을 개선하려 했을 때, 시장이 실패했던 현상 또한 설명해주고 있다.

놀랍게도, 노동시장의 규모는 근로자들의 생산성뿐만 아니라 짝 찾기에도 영향을 미친다. 베이비붐 세대는 작은 읍邑에 각별한 애착을 가졌다. 하지만 미국 젊은이들에게 작은 읍의 매력은 줄어들고 있으며, 신세대는 대도시에 대규모로 정착하고 있다. 이러한 추세는 부분적으로 문화적 규범이 변화하고 있는 것과 두꺼운 노동시장으로 인해 이득이 증가되는 면을 반영한다. 또한 그것은 짝 찾기의 변화하는 미적분학微積分學 또한 반영한다. 갈수록 잘 교육받은 전문직 종사자들이 잘 교육받은 다른 전문직 종사자들과 결혼하려는 경향이 더 강해지고 있어서, 미국의 결혼시장은 교육 수준에 따라 갈수록 더 분리되고 있다. 경제학자들이 쓰는, 이러한 추세를 가리키는 별로 낭만적이지 않은 용어가 있다. 바로 '종류별로 나누는 짝짓기'이다. 이것은 사회경제적 특성이 비슷한 사람들끼리 결혼하는 경향을 의미한다. 종류별로 나누는 짝짓기는 새로운 현상이 아니다. 1980년대에도 잘 교육받은 여자는 잘 교육받지 않은 남자보다 잘 교육받은 남자와 더 결혼하고 싶어 했다. 이런 경향은 석사학위를 가진 남자가 석사학위를 가진 여자와 결혼하고, 학사학위를 가진 남자가 학사학위를 가진 여자와 결혼할 확률이 크게 높아진 지난 30년에 걸쳐 더욱 심해져갔다. 이것은 비단 교육 수준뿐만 아니라 일자리의 형태, 봉급 수준 그리고 기타 많은 요인들에도 적용된다. 말하자면 유유상종이다. 종류별로 나누는 짝짓기가 늘어나자 대형 결혼시장의 필요성도 커졌다. 만약 당신이 매우 구체적인 특성들을 가진 상대를 찾고 있다면, 두꺼운 데이트 시장이 더 낫다.

심지어 기혼 부부들에게조차 노동시장이 두꺼운 도시들의 필요성이 커지고 있다. 왜냐하면 부부 모두가 전문직 종사자들인 가정에는 큰 노동시장이 특히 중요하기 때문이다. 이런 종류의 '파워 부부'로 구성된 가계는 소수이지만 점차 더 늘고 있다. 변하는 가정 구조에 대해 UCLA 경제학자 도라 코스타와 매튜 칸이 최근 연구한 바에 따르면, 1940년에는 부부 모두 대졸자일 경우 아내가 밖에 나가 일하는 가정은 18퍼센트에 불과했다.[7] 1970년이 되자 그 비율은 39퍼센트로 늘었지만, 여자들 대부분은 교육학이나 간호학 전공에다 전형적인 여자 일자리에 취업했다. '가정이 먼저이고 일자리는 그다음'인 식이었으며, 그들은 첫 아이가 태어나면 흔히 노동 인구에서 이탈했다. 1990년이 되자, 대졸 남편들의 대졸 아내들은 직업 선택에서 남자를 닮아가기 시작했으며, '직장이 먼저이고 가정은 그다음' 또는 '가정과 직장 병행'을 열망했다. 2010년이 되자 대졸 아내들 가운데 74퍼센트가 노동 인구에 편입되었고, 그 일자리도 사실상 모든 분야와 부문에 걸치게 되었다.

맞벌이 부부가 늘면서 거주지 문제에 맞닥뜨리는 부부가 많아지고 있다. 배우자의 직장이 변한다고 해서 자신의 직장 생활을 포기할 용의가 없는 아내들이 갈수록 늘고 있다. 근무자들이 회사의 전근 제의를 거절하는 가장 큰 이유가 배우자의 일자리 때문이라고 말하는 기업이 전체의 절반에 이른다. 두꺼운 노동시장(부부 모두에게 좋은 일자리 연결을 제공할 만큼 충분히 큰)은 이 문제를 해결하는 데에서도 최선의 방법이다.

이것은 도시의 미래에도 엄청나게 중요하다. 코스타와 칸의 연구에 따르면, 잘 교육받은 전문직 종사자들은 점점 더 대도시로 몰려들고 있으며, 이런 식으로 늘어나는 사람들의 절반 이상이 갈수록 심각해지는 파워 부부들의 거주지 문제 때문에 몰려든다. 소도시들에는 별로 좋지 않은 소식이다. 특히 교육 수준이 높은 전문직 부부들에게 소도시들이 경쟁력을 잃어가고 있음을 의미하기 때문이다. 결국 소도시들은 잘 교육받은 전문직 종사자들의 유입 감소를 경험해야 할 운명에 처해 있으며, 따라서 혁신 부문의 성장을 놓침으로써 시간이 흐를수록 더 가난해질 것이다.

생태계와 모험자본가들

곤잘로 미란다는 칠레의 모험자본가이다. '오스트랄 캐피털'이라는 그의 회사는 라틴아메리카에서 유망한 신생 기업들을 찾아내 그 기업들을 미국으로 데려온다. 그는 우리가 예상하는 것과 정반대의 일을 하고 있기 때문에 필자는 그와의 만남에 관심이 각별했다. 말하자면 그는 운영비가 싼 미개발국들에서부터 운영비가 비싼 캘리포니아 주와 워싱턴 주의 지역들로 기업들을 옮기고 있는 것이다. 그가 자금을 대 북쪽으로 이전하도록 돕는 기업들은 결국 미국에서 좋은 일자리를 창출한다. 그는 초기 단계의 신생 기업들에 초점을 맞추기 때문에 미국으로 옮겨오는 기업들은 규모 면에서는 작다. 하지만 그런 기업 하나가 미국에 도착한 첫 해에 주로 공학기술과 업무 지원 분야에서 약 스무 개가량의 일자리를 창출한다고 그는 추산한다. 만약 그 기업이 성공하면 그 수치는 수백, 수천으로 쉽게 늘어날 수 있다.

미란다는 그와 함께 일하는 칠레, 아르헨티나, 브라질 기업인들은 대체로 세계 최고 수준의 신기술을 가진 뛰어난 혁신가들이라고 말했다. 그들이 내놓은 제품은 매우 훌륭하기 때문에 설사 조국에 그대로 머물더라도 아마 잘해나갔을 것이다. 하지만 판을 키우고 싶다면 그들은 미국으로 건너가야만 한다. 미란다의 말에 따르면, 미국 혁신 중심지들의 장점 하나는 자금 조달과 관련이 있다. 자금 조달은 라틴아메리카에서 드물기도 하거니와 결국 회사를 질식시키고 마는 구닥다리 투자자들이 자금 조달을 좌지우지한다. 또 다른 장점은 법제法制이다. 남아메리카에서 가장 친기업적인 국가들에 속하는 브라질과 칠레에서조차 부담스러운 관료주의와 복잡한 법적 요건들 때문에 기업 설립은 어려울 수 있으며, 진입비용이 불투명하다. 하지만 무엇보다도 실리콘밸리나 시애틀로의 이전은 전체 생태계에 접근함을 의미한다. "실리콘밸리의 생태계는 결국 높은 비용을 벌충하고도 남을 장점이 될 것"이라고 미란다는 필자에게 말했다.

　미란다가 언급한 생태계에는 혁신적 기업들에 중요한 전문적 서비스들이 포함된다. 이를테면 광고, 법률 지원, 기술과 경영 컨설팅, 운송과 수선修繕, 기술 지원 등이다. 이러한 서비스들 덕분에 첨단기술 기업은 부차적 기능들에 대해 고민할 필요 없이 그들의 전공 분야(혁신)에 집중할 수 있다. 첨단기술 단지로 이전해 들어가는 단순한 행위만으로도, 한 기업은 하룻밤 사이에 부쩍 성장할 수 있다. 왜냐하면 그 기업은 특화된 현지의 전문지식에 의지할 수 있기 때문이다. 그 결과, 단지 안의 첨단기술 기업들은 더 생산적이 되고 더 성공적이 된다. 시애틀의 작은 소프트웨어 개발회사에는 사내 변호사가 필요 없다. 왜냐하면 지적 재산권, 라이선스 계약, 신생 기업 법인화 작업을 전문으로 하는 법무법인들이 현지에 이미 많이 있기 때문이다. 더햄의 생명공학 기업은 현지 납품업체로부터 자사 실험실을 위한 전문적 서비스를 구매할 수 있으며, 하드웨어 기업은 전문적 운송 서비스를 찾아낼 수 있다. 실리콘밸리의 어느 젊은 기업가는 필자에게, 그가 만든 신생 기업을 법인화하고 싶지만 법률 수수료 수천 달러를 지불하기 싫다고 말했다. 다른 곳에 있었더라면 그는 사업 시작을 포기해야 했을 수도 있다. 하지만 실리콘밸리에 있는 이유로 그는 수수료로 현찰 대신 주식을 받는 법무법인을 쉽게 찾아냈다. 법인화 작업을 진행하는 수백 개 신생 기업들 중에서 제2의 구글이 탄생할 수 있다는 생각에 기반을 둔 이 법무법인의 사업모델은 오직 첨단기술 단지의 밀도가 높은 이 지역에서만 가능하다.

이런 전문적인 서비스 제공자의 관점에서 볼 때, 고객들과의 지리적 접근성 문제는 매우 중요하다. 고객의 욕구를 파악하고 고객을 어떻게 도울 수 있는지를 보여주기 위해 그들은 잠재적 고객 가까이에 있을 필요가 있다. 제품이 성숙成熟 단계에 있을 경우에는 이 점이 덜 중요하지만 제품이 완전히 새로울 경우에는 결정적으로 중요하다. '케이던스 디자인 시스템'은 기업들이 전자 시스템을 설계할 때 사용하는 소프트웨어를 만드는 선도적 첨단기술 기업이다. 이 회사의 고객은 IBM, 지멘스, NVIDIA, 실리콘 래버러토리, 카시오 등으로 대부분 실리콘밸리에 진출해 있다. 왜 케이던스가 R&D 인력 대부분을 새너제이에 두고 있느냐고 이회사의 R&D 담당 상무 치펑수에게 필자가 물었더니, 그는 이렇게 대답했다. "신제품의 아키텍처(컴퓨터의 기능적 구조 또는 물리적 구조—옮긴이)가 어때야 할지를 우리가 어떻게 다 판단하겠소? 그래서 제품 원형原型을 들고 부지런히 고객을 만나러 다닌다오."

이것은 생태계를 지리적으로 한데 모아두는 중요한 하나의 요인이다. 케이던스가 실리콘밸리에 있는 것은 고객들(다른 첨단기술 기업들)이 그곳에 있기 때문이다. 그리고 그 고객들이 그곳에 있는 이유는 케이던스를 포함한 공급업체들이 그곳에 있기 때문이다. 이 말이 친숙하게 들린다면, 그것은 근로자들과 고용주들에게서 나타나던 꼭 같은 두꺼운 시장효과를 우리가 앞서 살펴보았기 때문이다. 두꺼운 시장효과는 지역 공동체에 두 가지 방식으로 중요한 영향을 미친다. 첫째, 첨단기술 기업들에 의해 지역 일자리가 창출되어 수를 늘린다. 만약 한 도시가 IBM 사무실을 유치하면 IBM 일자리뿐만 아니라 케이던스 일자리도 늘어나고, 다른 서비스 제공업체 일자리도 마찬가지로 늘어난다. 이것이 바로 첨단기술 승수가 큰 하나의 이유이다. 둘째, 그렇게 하지 못하는 도시들의 희생을 딛고 혁신 기업의 존재를 상당히 보유하면서 도시의 매력을 한층 더 강화한다. 예를 들어 IBM이 사무실을 실리콘밸리에 열기를 더 열망하게 만든다.

엄밀히 말하자면 스톡홀름에 본사를 두고 있는, 스웨덴의 거대 전화회사 에릭슨을 보자. 〈월스트리트저널〉 보도에 따르면, 이 회사의 기술 담당 최고 책임자CTO 하칸 에릭슨은 스톡홀름에 사무실을 두고 있지 않다. 대신 그는 'R&D에 종사하는 종업원 1,200명 이상을 에릭슨이 배치해놓은' 새너제이에서 일한다.[8] 과거 에릭슨은 핀란드의 거대 휴대전화 회사 노키아와 가까웠기 때문에 이득을 보았다. 하지만 이 회사는 지금은 아이폰과 아이패드 때문에 애플과 휴대전화 운영체계인 안드로이드 때문에 구글과 가까이 있는 것이 더 중요하다고 생각한다. "단말기 산업의 중심지는 핀란드에서 실리콘밸리로 이동했다"고 에릭슨은 말했다. 믿기 힘들지만, 심지어 노키아조차 동의하는 것 같다. 노키아는 현재 팔로알토에 연구소를 두고 있다. 여기 근무하는 사람은 380명인데 이중 80명이 박사이다. 연구소장 존 셴은 〈월스트리트저널〉에 이렇게 말했다. "세계적 경쟁력을 갖추려면 정말이지 이곳 실리콘밸리에 발을 들여놓을 필요가 있다."

첨단기술 생태계의 가장 중요한 부분은 아마도 모험자본일 것이다. 서브프라임 사태(2008년 미국의 대형 주택담보 대출업체들이 파산하며 시작된 연쇄적 경제위기—옮긴이)와 대불황Great Recession 이후, 금융 혁신에 대한 세간의 평판은 안 좋았다. 하지만 강력한 금융 시스템은 일자리 창출에서 중요한 역할을 한다. 일반적 인식과 반대로, 강력한 금융 시스템은 돈을 벌려고 애쓰는 사람들보다 이미 돈을 갖고 있는 부자들에게는 덜 중요하다. 모험자본은 오래된 문제에 대한 멋진 해법이다. 젊은이들은 창의적인 새 아이디어를 갖고 있지만 흔히 그것을 구현할 자본이 없는 경향이 있다. 모험자본가는 숱한 새 아이디어들 중에서 유망한 것들을 찾아내는 일을 한다. 이것은 매우 민주적인 개념이며 아메리칸 드림에서 하나의 결정적인 부분이다.

필자는 이탈리아에서 성장했다. 이 나라는 혁신적 벤처 기업들이 자금을 조달하기 어려운 곳이다. 문예부흥기Renaissance에는 이탈리아 은행들, 특히 피렌체 은행들이 유럽의 시장을 이끄는 주도자였지만, 그 뒤 몇 세기가 흐르자 그 은행들은 낙오하고 말았다. 그 결과, 반짝이는 새 아이디어를 가진 이탈리아 젊은이가 첨단기술 분야에서 창업하기 무척 어려워졌다. 이러한 제약은 매우 대가가 큰 두 가지 왜곡 현상을 낳는다. 첫째, 혁신을 극적으로 감소시키는 경향이 있다. 최고 수준의 공학 학교들이 있음에도 이탈리아의 첨단기술 부문은 저개발 상태이다. 둘째, 모험자본을 통해 자금이 조달되기 어려워 극도로 불공정하다. 불리한 배경을 가지고 등장하는 사람들이 차별되기 때문이다. 만약 당신이 좋은 기업가적 아이디어를 가진 유복한 가정 출신이라면 좀 더 쉽게 자금을 조달할 수 있을 것이다. 가족에게 직접 조달할 수도 있고 가족이 은행에 담보를 제공한 덕분에 조달할 수도 있다. 하지만 만약 당신이 같은 아이디어를 가졌는데도 담보 능력이 없는 가난한 가정 출신이라면, 당신은 아마 운이 다한 사람이 될 가능성이 높다. 이 얼마나 막대한 손실인가.

2010년 필자는 캘리포니아대학교 버클리 분교에서부터 안식년을 얻어 그해를 스탠퍼드대학교에서 방문 교수로 보냈다. 매일 아침 출근길에 필자는 멘로 파크의 샌드힐로路를 따라 자동차를 몰았다. 샌드힐로 일대는 세계에서도 모험자본 기업들이 가장 많이 몰려 있는 곳이다. 주요한 모험자본 기업들이 모두 그곳에 있는데, 세코이아 캐피털, 클라이너 퍼킨스 코필드 앤드 바이어즈도 거기에 있다. 이들 두 기업은 첨단기술 역사상 가장 상징적인 신생 기업들, 즉 구글, 애플, 아마존, 오라클, 야후, 유튜브, 페이팔, 넷스케이프, 시스코의 초기 후원자들이었다. 큰 꿈을 가진 젊은이들이 그 저층 건물들 중 한 군데로 들어가는 것이 내 눈에 자주 띄었다. 짐작건대 아마도 아이디어를 던지러 가는 길이었으리라. 샌드힐로의 그 저층 건물들은 모험자본가들이 상업적 혁신의 미래를 결정하는 곳이다. 필자가 가장 주목할 만하다고 여기는 모험자본 산업의 측면은 여전히 현장 중심적이라는 것이다. 모험자본가들은 '20분 규칙'에 대해 이야기하곤 했다. 모험자본가는 그의 사무실에서 자동차로 20분 거리 이내에 있는 기업들만을 자금 제공 대상으로 고려한다는 것이다. 오늘날 그 산업은 더 세계화되었지만, 그래도 여전히 현지의 벤처기업을 끔찍이 좋아한다. 한 연구에 따르면, 모험자본 회사와 그 표적 기업 사이의 거리가 멀면 모험자본 회사가 새 벤처기업에 자금을 제공할 가능성이 줄어든다.[9]

이러한 사실은 셸비 클라크에게 전혀 놀라운 일이 아니다. 클라크는 자동차 소유자들이 다른 사람들에게 자동차를 빌려주는 것을 가능하게 해주는, 혁신적인 자동차 나눠 타기 신생 기업 릴레이라이즈RelayRides를 창업한 사람이다. 소문에 의하면 클라크는 2011년 그의 신생 기업을 보스턴에서 샌프란시스코로 옮겨야만 했는데, 그 이유는 "회사 후원자들인 오거스트 캐피털, 구글의 사업부인 구글 벤처에 더 가까이 있기 위해서"였다.[10] 바르셀로나와 캘리포니아 두 곳 모두에 기반을 두고 있는 스페인 신생 기업

스리스케일 네트웍스3scale Networks의 사업 개발을 주도하는 호세 루이스 아헬은 "외국 회사로서는 자금을 얻기가 어렵다"고 말한다.[11] 실리콘밸리의 성공 비결 가운데 하나는 깊고도 면밀히 연결된 모험자본 기반이라고 사람들은 수십 년 동안 언급해왔다. 하지만 자금 조달과 근접성이 무슨 상관이 있단 말인가. 통신 기술이 신속해지고 비행기 표가 값싼 이 세상에서 왜 샌드힐로의 모험자본가들은 그들 가까이 있는 신생 기업들을 선호해야 하는가?

빌 드레이퍼가 그에 대한 답을 갖고 있다. 그는 실리콘밸리에서 가장 노련한 모험자본가들 가운데 한 사람으로서 경력이 40년에 이른다. 그가 보기에 돈은 모험자본가들이 신생 기업에 제공하는 많은 것들 가운데 단지 하나에 지나지 않는다. "성공적 신생기업을 만드는 열쇠로는 많은 지원, 많은 팀 빌딩team building(조직 개발 기법의 하나로서, 팀의 목표 설정, 각 구성원의 책임 명확화, 구성원간의 커뮤니케이션 개선 등에 의해 집단의 일체화와 작업효율 향상을 꾀하는 것—옮긴이), 다수의 조직화, 기업가와 모험자본가 사이의 관계가 있다"고 그는 최근 한 인터뷰에서 밝혔다.[12] 오늘날 모험자본가는 쓱 나타나 수표를 끊어주고 사라지는 사람이 아니다. 그들의 일 가운데 갈수록 중요해지는 부분은 신사업에 대한 적극적 관찰, 육성, 멘토링mentoring(풍부한 경험과 지혜를 겸비한 신뢰할 수 있는 사람이 일대일로 지도와 조언을 하는 것—옮긴이)이다. 이것이 바로 장소가 중요한 이유이다.

문제의 신생 기업이 인근에 있다면 육성과 관찰하는 일이 분명 더 쉽다. 똑똑하지만 가난한 이탈리아 청년이 가진 아이디어가 아무리 흥미진진할지라도, 실리콘밸리의 모험자본가가 그 청년의 발전상을 관찰하기는 훨씬 더 어려울 것이다. 구글은 모험자본의 역사에서 멘토링의 중요성을 보여준 가장 유명한 사례이다. 구글의 초기 투자자들 가운데 클라이너 퍼킨스 코필드 앤드 바이어즈에서 나온 존 되르가 있었다. 그가 초기에 공급한 자금은 구글이 초창기에 살아남는 데 도움을 주었다. 하지만 무엇보다 중요한 점은, 세르게이 브린과 래리 페이지(똑똑한 기술자들이기는 하지만 당시 여전히 순진한 사업가들이었던)에게 노련한 기업 임원을 구글 최고경영자로 영입하라고 되르가 강력하게 주장한 것이었다. 되르의 지도를 받아 두 창업자는 에릭 슈미트를 골랐다. 이는 구글이 사업 초창기에 내린 가장 중요한 사업상 결정들 가운데 하나였다. 클라이너 퍼킨스 코필드 앤드 바이어즈 사무실은 구글에서 16킬로미터밖에 떨어져 있지 않았다. 적당한 최고경영자를 물색하는 작업은 거의 1년을 끌었으며, 그 과정에서 막다른 지경에 처한 적도 많았다. 대부분 브린과 페이지가 되르의 충고를 따르지 않아 생긴 일이다. 그래서 두 사람은 끊임없이 되르에게 재촉을 당해야만 했다. 마치 그 일은 배우자를 물색하는 것과도 같았다. 멀리서 찾으려니 무척 어려웠던 것이다.

샌프란시스코에 기반을 둔 '아이오 벤처i/o Ventures'는 초기 단계의 첨단기술 신생 기업에 자금을 대는 회사로서, 멘토링에 엄청난 시간과 정력을 쏟는 모험자본 회사들이 이루는 물결의 일부이다. '러셀 시몬스 오브 헬프' 같은 현지 첨단기술 분야의 전설적 기업들이 카운슬링과 경영 조언을 제공한다. 여기에서 주목해야 할 점은, 이 회사가 자사의 자금 지원 대상 기업들에 내거는 요건들 가운데 하나가 샌프란시스코로의 이전이라는 사실이다. 이러한 종류의 신생 기업 가속장치 프로그램(모험자본가들이 기업을 지도해 아이디어에서부터 제품 출시로 이끄는)은 오직 얼굴을 맞댄 상태에서만 발생할 수 있다고 이 회사는 주장한다.

따지고 보면 모험자본가들과의 지리적 근접성은 여전히 중요하다. 스카이프(인터넷에서 음성 무료 통화를 할 수 있는 프로그램—옮긴이)와 휴대전화도 이 단순한 사실을 바꾸지는 못했다. 이는 첨단기술의 세계가 지금도 그리고 미래에도 여전히 지리적으로 집중되는 이유들 가운데 하나이다.

지식 전파의 경제학

에코탈리티ECOtality는 청정 수송과 청정 전력 저장 기술 분야의 선도적 기업으로 2010년 본사를 애리조나 주에서 샌프란시스코 만안 지역Bay Area으로 옮겼다.('청정clean'은 흔히 '청정기술'로 번역되는 'clean technology'를 가리킨다. 저오염·저공해 공정기술 Low pollution technology로 통칭되며, 사후 처리 기술End of pipe technology의 상대적 개념으로 사용된다. 발생된 오염물질을 처리하는 기존

4
끌어당기는 힘

의 사후처리기술로서는 오염물질 배출을 더 이상 저감할 수 없다는 측면에서 원천적으로 공정을 개선해 제조 과정에서 오염물질 발생 자체를 줄이거나 발생된 오염물질을 처리한 후 다시 사용하는 등의 기술을 말한다―옮긴이) 에코탈리티가 유일한 사례는 아니다. 독일 기업 큐셀, 중국 기업 트리나 솔라, 선테크, 잉리 그린 에너지, 스페인 기업 FRV가 모두 최근 만안 지역에 사무실을 열었다. 청정기술 기업들은 갈수록 본사나 R&D 연구소를 이 지역으로 옮겨오고 있다. 최근 에코탈리티의 최고경영자는 미국 공영방송과의 인터뷰에서 회사 이전의 이유를 "행동action에 가까이 있기 위해서"라고 밝혔다.[13] 이런 말을 들으면 어느 정도까지는 직감적으로 이해가 된다. 따지고 보면 누가 행동으로부터 멀리 떨어져 있으려 하겠는가? 하지만 좀 더 깊이 생각해보면, '행동에 가까이 있음'이 진정 무엇을 의미하는지 의문이 든다. 이 기업들은 무엇 때문에 그들의 경쟁자들과 그토록 가까이 있으려 하는 것일까? 그렇게 함으로써 그들이 얻을 수 있는 이점은 과연 무엇인가?

이에 대한 대답은 단순한 한 가지 사실과 관련이 있다. 바로 새 아이디어는 진공 상태에서 탄생하지 않는다는 것이다. 연구에 따르면, 창의적 근로자들 사이의 상호작용은 혁신과 생산성을 높이는 학습기회를 창출하는 경향이 있다. 이러한 지식의 흐름과 확산은 근로자들과 기업들이 혁신 단지 안에 자리 잡아야 할, 매우 중요한 세 번째 장점이 된다.

앞서 보았듯이 교육은 임금 수준이 도시별로 매우 다양하게 나타나는 가장 중요한 원인이다. 근로자들이 두뇌 중심지에서 더 많이 번다는 사실은 우연이 아니다. 고도로 숙련된 동료들과 나란히 일하는 데에서 노동 생산성이 향상되는 걸 반영하는 것이다. 같은 사람이라고 하더라도 그의 주변 인물들이 잘 교육받은 사람들인가 아니면 제대로 교육받지 못한 사람들인가에 따라 그의 임금은 달라진다. 이 말은 일반적으로 타당하게 들리지만, 왜 그런지에 대해서는 말해주지 않는다. 혁신적 산업이 왜 다른 도시들이 아닌 특정한 도시들에 자리 잡는지 알려면 친구들, 동료들 또는 과학자들의 교제 범위 내에서 정확히 어떻게 그리고 왜 지식이 확산되는지를 이해하는 것이 필수적이다. 〈뉴욕타임스〉 칼럼니스트가 되기 전 이 분야에서 선구적인 학문적 연구를 수행했던 폴 크루그먼은 언젠가 이런 유명한 글귀를 남겼다. "지식의 흐름은 눈에 보이지 않는다. 그것은 우리가 측정하고 추적할 수 있는 어떤 문서상 행적도 남기지 않는다. 그리고 이론가가 지식 흐름에 대해 멋대로 어떤 것을 상정하더라도 그것을 막을 수 없다."[14]

크루그먼의 이 같은 회의론에 자극받아 많은 연구자들은 아이디어의 확산을 측정해내려는 노력에 박차를 가했다. 1993년 세 경제학자(애덤 자페, 마누엘 트라이텐버그, 레베카 헨더슨)가 쓸 만한 문서상 행적, 즉 특허 인용을 찾아냈다.[15] 발명가는 그가 특허를 출원하려면 새로운 발명에 참고한 기존의 발명을 모두 적시해 특허 당국에 제출해야 한다. 세 경제학자는 특허 출원 서류에 나타나는 이러한 연계야말로 발명가들 사이의 지식 흐름을 추적할 혁신적 방법이라고 생각했다. 그들의 연구 결과는 놀라웠다. 발명가들이 멀리 사는 다른 발명가들보다 가까이 사는 다른 발명가들을 인용할 가능성이 훨씬 높다는 의미에서, 지식은 상당한 정도의 '고향 편향home bias'에 지배된다는 사실이 드러난 것이다. 발명에 관한 기록은 어디서든 자유롭게 입수할 수 있기 때문에, 그 인용 작업이 반드시 지리적 편애에 근거해 이루어져야 할 필요는 없다. 예컨대 노스캐롤라이나 주 더햄에 사는 발명가는, 더햄에서 생성된 제품이나 아이디어와 다른 지역에서 생성된 제품, 아이디어를 같은 방식을 통해 동시에 인식할 수 있다. 그런데도 더햄의 발명가는 다른 도시에 등록된 특허보다는 더햄에 등록된 특허를 인용할 가능성이 훨씬 더 높은 것이다.

고향 편향의 강도는 상당하다. 같은 회사 특허에 대한 중복 인용을 제외하고, 특허 인용은 인용하는 특허가 있는 도시의 횟수가 다른 도시들보다 두 배 많은 경향이 있다.[16] 이는 과학자들과 발명가들이 그들 가까이 있는 사람들에 의해 생산된 지식에 더 친숙하다는 것을 의미한다. 짐작건대 그들이 비공식적 대화나 상호작용을 통해 아이디어와 정보를 공유하기 때문일 것이다. 이러한 상호작용은 작업장 안에서도, 지역 카페나 지역 행사 같은 평상적 경우들을 포함해 밖에서도 이루어진다. 예를 들어 실리콘밸리에서 주말 크리켓 경기는 신체적 활동을 위해서뿐만 아니라, 현지의 인도인 기술자 사회에서 인적 정보망을 형성하고 사업 관련 정보를 교환하는 기회라고 알려져 있다. 이들 기술자 가운데 한 사람이 〈뉴욕타임스〉에 말했듯, "갈수록 크리켓이 넘쳐 사업으로 흘러 들어간다."[17] 지리는 지식 확산에 중요하며, 지식은 거리가 멀면 신속하게 죽는다. 인용자가 피인용 발명가에게서 0~40킬로미터 사이 거리에 있을 때 인용 정도가 가장 높다.[18] 인용하려는 발명가가 피인용 발명가에게서 40킬로미터 이상 떨어져 있을 때 인용 비율은 현저하게 낮아지며, 그 효과는 거리가 160킬로미터가 넘으면 완전히 사라진다.

심지어 한 기업 안에서조차 지리적 거리가 있으면 아이디어의 흐름이 방해받는 것으로 보인다.[19] 이 때문에라도 기업들은 혁신 단계의 어떤 부분을 비용이 덜 드는 다른 국가에 외주 주는 것을 꺼려 하는 면도 있다. 첨단기술 기업 케이던스를 살펴보자. 이 회사 종업원은 약 2,000명이 새너제이에, 1,000명이 인도에 있으며, 1,000명이 세계 각지에 흩어져 있다. T4 수준의 인도 소프트웨어 기술자는 비슷한 수준의 새너제이 기술자가 만들어내는 것의 약 3분의 1을 만든다. 필자가 케이던스의 전무 니미쉬 모디에게 비용을 많이 절감할 수 있을 텐데 왜 R&D 작업을 더 많이 외주 주지 않느냐고 물었더니, 그는 근접성과 개인적 상호작용이 자사 기술자들의 창의성에 중요하다고 말했다. "우리 회사에는 정교한 화상회의 장비가 있어 인도와 의사소통할 때면 늘 그것을 사용합니다. 하지만 그것이 얼굴을 맞대고 하는 대화와 같지는 않지요. 기술자들이 한 자리에 모여 화이트보드 앞에서 토론하는 것보다 좋은 방법은 없습니다."

학자로서 필자는 이 말을 듣고 그다지 놀라지 않았다. 필자도 멀리 있는 동료들과 매일 전화나 이메일로 의견을 주고받지만, 최고의 아이디어는 뜻밖의 상황, 즉 점심을 함께 먹는 동료나 물을 마시려 정수기 앞에 모인 동료들과의 만남에서 더 자주 머릿속에 떠오른다. 그 이유는 단순하다. 핵심적이고 창의적 아이디어가 일단 자리를 잡고 난 상황에서 정보를 전송하고 연구 프로젝트를 진행하는 데 전화와 이메일은 훌륭한 수단이다. 하지만 그것들은 그런 아이디어를 생산하는 데에는 최선의 수단이 아니다. 새 아이디어는 자유롭고 격의 없는 대화를 통해 신비롭고도 예측 불가능한 방식으로 떠오른다. 멀리 있는 동료에게 새 아이디어를 교환할 시간을 전화로 정하자는 것은 우스꽝스럽지 않은가. 연구자라면 대부분 필자와 같은 생각이리라 짐작한다. 따지고 보면, 누구를 채용하고 누구를 해고할지를 놓고 우리가 학계에서 토론하느라 그토록 많은 시간을 소모하는 이유는, 우리의 동료들이 우리 자신의 생산성에 영향을 미치기 때문이다.

똑똑한 사람들이 주변이 있으면 우리는 더 똑똑해지고 더 창의적이 되고 궁극적으로 더 생산적이 되는 경향이 있다. 그리고 사람들이 똑똑할수록 그 효과는 그만큼 더 강하다. 피에르 아줄레이, 조슈아 그라프 지빈, 지알란 왕은, 학계의 슈퍼스타와 함께 일할 때 의학 연구자들에게 어떤 일이 발생하는가에 초점을 맞춤으로써 이를 계량화했다.[20] 자기선택自己選擇이라는 문제가 있기 때문에 여기서 인과관계를 성립하기란 어렵다. 슈퍼스타들은 강력한 연구자들과 함께 일하는 경향이 있다. 따라서 슈퍼스타의 공동 연구자들이 특히 많은 연구 결과를 낸다는 것은, 그들이 슈퍼스타에게서의 지식 전파로 인해 이득을 보고 있기 때문이 아니라 단지 원래부터 우수한 사람들이기 때문일 수 있다. 이 문제를 관할해보기 위해 세 경제학자는 멋진 아이디어를 냈다. 그들은 슈퍼스타가 갑작스레 죽으면(그들은 이런 사례를 112건 파악했다) 그 슈퍼스타의 공동 연구자들에게 어떤 일이 벌어지는가에 초점을 맞추었다. 슈퍼스타의 죽음 이후 공동 연구자들의 환경에는 아무런 변화가 일어나지 않았지만, 그들은 '그들의 품질 조정quality-adjusted 논문 발표율에서 5~8퍼센트의 지속적 하락'을 경험했다.

사람들이 서로 가까이 있을 때 논문을 더 많이 발표하는 것뿐만이 아니라 연구의 질 또한 더 좋아진다. 하버드 의과대학의 교수들로 이루어진 어느 팀은 하버드에서 발표된 의학연구 논문을 전량 분석해 각각의 논문과 논문 저자 사무실 사이의 거리가 어떤 상관관계를 갖는지 연구했다. 그러자 이런 사실이 드러났다. 연구자들이 어떤 해당 논문을 인용했는가를 잣대로 품질을 측정해보니, 1킬로미터 이내의 경우 연구의 품질이 올라갔다.[21] 이런 효과는 논문 저자들이 같은 건물 안에 있거나 같은 승강기를 사용할 경우 더더욱 컸다.

따라서 혁신적 기업들은 다른 혁신적 기업들 가까이 자리 잡을 동기가 생긴다. 좋은 동료를 가까이 두는 것이, 필자의 창의성에 영향을 미치는 것과 같은 방식으로, 좋은 이웃들(심지어 경쟁자들)

을 갖는 것은 기업과 근로자의 창의성을 높인다. 이것은, 이번에는, 왜 두뇌 중심지의 근로자들이 다른 지역의 동일한 근로자들보다 더 많은 임금을 받는가를 설명하는 데 도움을 준다. 새 아이디어를 생산하는 과정에는 거의 마술적이라 할 뭔가가 있다. 서로 가까이 뭉침으로써 혁신가들은 서로의 창의적 정신을 드높이며 더 성공적이게 된다. 이러한 효과는 시간이 흐르는 과정에서 점점 더 그 중요성이 높아져왔다. 많은 사람들은 이메일, 휴대전화, 인터넷 때문에 창의적 과정에 대한 물리적 근접성의 중요성이 낮아졌다고 생각한다. 하지만 실제로는 그 반대가 진실이다. 장소는 그 어느 때보다 더 중요하다. 그것은 지식 전파가 그 어느 때보다 중요하다는 부분적 이유 때문이다. 이것이 바로 세 개의 미국의 운명에서 분기가 가속화하고 있는 핵심적 이유이다.

지식 전파의 중요성이 날로 커지는 것이 단지 기업과 근로자가 뭉치고 있는 도시에만 영향을 미치는 것이 아니다. 그것은 작업장의 물리적 배열을 개조하고 있다. 열린 공간 열풍에 밀려 많은 화이트칼라 작업장들의 디자인에 일대 혁신이 일어나고 딜버트 (미국 신문 연재만화의 주인공인데, 승진 탈락이나 실직에 대한 걱정으로 전전긍긍하는 회사원을 가리킨다—옮긴이) 같은 칸막이 좁은 방들이 도입되기까지, 사무실은 문이 달린 단순한 방이었다. 가장 흥미로운 새 추세 가운데 하나는 '공동 작업cowork'이라는 개념이다. 캘리포니아에서 탄생한 이 개념은 미국 전역으로 신속하게 확산되고 있다. 전형적인 공동작업 공간은 수십 명의(때로 수백 명의) 기업가, 혁신가, 예술가를 수용한다. 이들은 한 건물에서 책상이나 사무실을 빌려 서로 가까이 자리 잡는다. 그들은 갈수록 그 수가 늘고 있는, 미국 혁신 중심지들의 창의적인 전문직 자영업자들로서 대기업에서부터 독립해 활동하는 것을 선호한다. 이 공동 작업 공간에서 각자 자신의 일에 열중하지만, 그 일자리 배치가 흥미롭다. 왜냐하면 그것이 아이디어 공유, 인맥 구축, 창의성 고양의 가능성을 제공하기 때문이다. 그것은 고립된 혁신가들을 진정한 공동체, 즉 지식 전파를 극대화하도록 설계된 창의적 생태계로 바꿔놓는다.

또 하나의 사례가 샌프란시스코 크로니클 신문사 건물이다. 이 건물에는, 다른 벤처기업들도 많지만, 첨단기술 기업 인큐베이터(신생 기업에 사무실 공간과 설비를 제공하고, 금융 서비스를 이용할 수 있도록 하며, 사업에 대한 안내를 해주는 기업─옮긴이), 디지털 영화제작자들의 사무실, 미술관, '발명가들, 제조업자들, 해커들, 땜장이들'을 위한 작업실, 서로에게서 배우겠다고 작심한 수백 명의 기술자, 과학자, 예술가 그리고 사회적 기업가들이 있다. 이들 장소 가운데 한 곳에 들어서면 당신은 일반 사무실이라기보다는 마치 무슨 대학원에 와 있다는 느낌을 받을 것이다. 사람들은 서로 인적 네트워크를 형성하고, 기술적 문제 해결법에 대한 조언을 주고받으며, 서로의 사업계획에 대해 논평한다. 목표는, 이렇게 하지 않았더라면 고립되어 사무실이나 차고에서 혼자 일하고 있었을 개인들 사이의 '철저한 공동 작업'이다.[22] 아무 날에나 샌프란시스코 크로니클 건물에 가보라. 그러면 당신은, 다음번 모자 패션쇼에 출품할 작품들을 스케치하고 있는 패션 디자이너, 레이저 절삭기를 작동 중인 기계 기술자, 다르푸르(아프리카 수단 공화국 서부의 주. 만성적 분쟁에 시달리는 곳이다—옮긴이)의 새 비영리기관을 위해 보조금 신청서를 작성하고 있는 버클리대학교 경영학 석사가 이웃해 있는 모습을 볼 수 있을 것이다. 창의적 열정이 뚜렷하다. 일부 공동 작업 장소들에서는 '창업 시연의 밤' 같은 최신 기술 강좌나 시연회를 개최하기도 한다. 특별 할인 시간대 행사, 앤젤 투자가들과의 도시락 만남 행사를 여는 곳들도 있다. 이 모두가 관계를 맺고 통찰력을 공유하는 것이다. 이 현상은 매우 새로운 형태이어서 공동 작업이 창의성과 사업 성공에 어떤 영향을 미치느냐에 관해 철저하게 연구된 적은 아직 없다. 하지만 모든 조짐들이 올바른 방향을 가리키고 있다. 예를 들어, 샌프란시스코 크로니클 건물의 초기 성공 사례들 가운데 하나로 '스퀘어'를 들 수 있다. 휴대전화 신용카드 결제를 처리하는 이 회사는 트위터의 공동 창업자 잭 도르시가 시작했는데, 창업한 지 단 1년 만에 종업원이 다섯 명에서 100명으로 늘었다.

두뇌 유출은 왜 좋은 일일까

끌어당기는 세 가지 힘에는 뭔가 경탄할 만한 것이 있다. 그 세

가지는 개개의 근로자들과 기업들의 무리를 통합된 창의적 공유지로 바꾸는데, 그 공유지는 그 부분들의 합보다 훨씬 크다.

이것은 경제학자들이 국지적 규모의 경제성이라고 부르는 것을 발생시킨다. 규모의 경제성이라는 용어는 대개 규모가 커지면 더 효율적이 되는 기업의 능력을 가리킨다. 예를 들어 대형 자동차 제조업체들은 소형 업체들보다 효율이 높다. 하지만 이 규모의 경제성은 단일 기업에 적용될 뿐만 아니라 어떤 지리적 지역에 있는 모든 기업에 적용된다. 더 큰 단지는 더 효율적이다. 왜냐하면 그런 곳에는 노동시장이 더 두꺼우며, 전문적인 사업 서비스가 더 많이 공급되며, 지식 전파의 기회도 더 많기 때문이다. 그 효과는 놀라울 수 있다. 단지 내 개별 기업들은 규모가 커지면 반드시 더 효율적이 되지는 않지만, 뭉뚱그려진 모든 기업들은 단지가 성장하면 더 효율적이 된다. 무엇보다 놀라운 결과는, 미국의 혁신 부문이 모든 도시에 걸쳐 분산된 게 아니라 제한된 수의 혁신 중심지들에 집중되어 있기 때문에 국가로서의 미국이 더 생산적이라는(그리고 따라서 더 부유하다는) 것이다. 이것은 우리 지식경제의 역설 가운데 하나이다. 끌어당기는 힘들과 경제적 활동의 뭉침은 공동체들 사이에서 차이와 불평등을 만든다. 하지만 동시에 미국 경제의 활력과 번영의 상당 부분이 여기에 달려 있다.

끌어당기는 세 가지 힘은 이미 자리를 잡은 기업들을 떠나 독자적 사업을 차리려고 하는 기술자, 과학자, 혁신가의 성향에 의해 더 확대된다. 이러한 생식生殖의 과정은 모든 산업들에 존재하지만, 혁신 부문에서는 매우 더 강력하다. 왜냐하면 혁신적 기업에서 일하는 사람들이 매우 특별한 인적 집단인 경향이 있어서다. 외부의 시각으로 보자면 그들은 컴퓨터만 아는 괴짜들일지 모른다. 하지만 그들은 대단히 창의적이고 기업가 정신이 충만한 사람들이다. 종종 그들 고용주의 성공 그 자체가 그들을 떠나게 만들기도 한다. 창업 초기 신생 기업에는 다소 불손해 보이는 기업 문화와 위계에 얽매이지 않는 근무 환경이 지배적인 경향이 있었다. 하지만 사업이 성공을 거두고 성장하는 과정에서 신생 기업들은 필연적으로 더 공식적이고 덜 신나는 조직이 되며, 이는 사업적 재능이 뛰어난 일부 고용인들로 하여금 자기 사업을 시작하도록 촉진한다. 이러한 산란産卵 과정을 왕왕 촉진하는 것이 스톡옵션 제도이다. 스톡옵션을 행사하면 새 사업을 시작할 수 있는 종잣돈을 마련할 수 있다.

한 기업에서 가장 똑똑한 직원들이 그들 자신의 벤처기업을 시작하는 이러한 경향은 종종 '두뇌 유출brain drain'이라고 일컬어진다. 기업들은 최고 인재들이 빠져나갈 때 닥쳐올 위험을 잘 알고 있으며 그래서 종종 이에 강력히 맞선다. 인텔은 안식년 휴가 제도를 실시한다. 구글은 모든 직원들이 근무 시간 가운데 20퍼센트를 인적 프로젝트를 위해 사용하도록 허용한다. 핵심 종업원들이 따로 벤처기업을 차려 나가겠다고 위협하면, 구글은 그런 사람들에게 구글 내부에서 그들 자신의 기업을 시작할 기회를 제의하는 것으로 알려져 있다. 첨단기술 세계 바깥에서는 드문 이러한 비금전적 혜택은, 근로자의 창의성이 첨단기술 부문에서 얼마나 중요한지, 기업이 우수한 종업원을 계속 보유하는 것이 얼마나 중요한지 보여주는 증거이다.

개별 기업 입장에서 비용 부담이 큰 일이 공동체 전체로 따지자면 대단히 이롭다. 왜냐하면 그것은 더 많은 지역 일자리를 의미하기 때문이다. 단지가 갖는 자력 때문에 자식들은 그 부모에게서 너무 멀리 벗어나지 않는다. 연구에 따르면, 생식 과정이 젊은 기업들이 늙은 기업들의 희생을 딛고 이득을 보는 제로섬 게임인 경우는 드물다. 그러기는커녕, 그 과정은 결국 지역 공동체에 고용의 순증純增을 가져다준다. 게다가 훨씬 더 좋은 일도 발생한다. 자녀들이 이번에는 또 그들 자신의 자녀들을 낳는 것이다. 그러므로 지방정부의 관점에서 보면, 오늘날 첨단기술 일자리를 유치하면 미래에는 매우 많은 일자리를 확보하게 되는 셈이다.

세 개로 나누어진 국가

끌어당기는 힘을 새롭게 이해하고 나면 이로부터 몇 가지 의미가 도출된다. 가장 중요한 점은 도시들의 실적이 시간이 흐르면 계속 더 분기되리라는 것이다. 우리는 미국의 경제지도가 대단히 불균등하다는 것을 보았다. 스펙트럼의 한쪽 끝에는 숙련도와 생산성이 높은 고임금 근로자들을 보유한 두뇌 중심지들이 있다. 다른 쪽 끝에는 숙련도와 생산성이 낮으며 임금 하락을 경험 중인 근로자들이 일하는 도시들이 있다. 서로 다른 미국들 사이의 격차는 해가 갈수록 커지고 있으며, 이제 우리는 그 이유를 안다.

이러한 분기는 우연이 아니라 세 가지 뭉침의 힘이 초래하는 예측 가능한 결과이다. 이 힘들은 미국 공동체들 사이에서 승자와 패자 간의 차이를 필연적으로 확대한다. 적절한 부문들 그리고 적절한 숙련도를 지닌 근로자들을 보유한 도시들은 그 위상을 강화하고 있는 반면, 과거에 사로잡힌 다른 도시들은 뒤처지고 있다. 그것이 티핑 포인트tipping-point(작은 변화들이 어느 정도 기간을 두고 쌓여 이제 작은 변화가 하나만 더 일어나도 갑자기 큰 영향을 초래할 수 있는 상태가 된 단계—옮긴이) 역학이다. 일단 한 도시가 혁신적 근로자들과 기업들을 유치하면, 다른 혁신적 근로자들과 기업들에게 그 도시를 더더욱 매력적이게 만드는 방식으로 그 도시의 경제는 변화한다. 많은 숙련된 개인들이 혁신적 일자리를 찾아 나서고 혁신적 기업들이 숙련된 근로자들을 찾아 나서는 과정에서 자급균형自給均衡이 발생하는 경향이 있다. 이것이 보스턴 근로자들이 결국 플린트 근로자들보다 임금을 두 배 받는 이유이다. 뭉침의 힘들이 경제지도를 개조하는 가운데, 이러한 지리적 분기는 시간이 흐르는 동안 강화되게끔 되어 있다.

두 번째 의미는, 일단 단지가 설정되면 이전하기 어렵다는 것이다. 이는 한 도시의 미래가 그 과거에 의존하는 경우이다. 사회

과학자들은 이것을 경로 의존성path dependency이라고 부른다. 예를 들어, 역사적으로 로스앤젤레스 인근에 자리 잡아온 우주항공 산업을 보자. 1993년 도시계획 전문가 앤 마르쿠젠은 주요 우주항공 회사 임원들을 만나 그들에게 왜 회사가 남南캘리포니아에 소재하는지 그 이유를 물었다.[23] 그들의 답변은 매우 유익했다. 노스롭의 한 간부는 이렇게 말했다. "만약 누군가가 처음으로 공장을 지어야 한다면 그는 그 공장을 로스앤젤레스에 두지 않을 것이다. 로스앤젤레스는 심지어 공장 소재지로 적합한 지역 10위 안에도 못 들 것이다. 하지만 이전하려면 엄청난 비용이 든다." TRW 사 측의 답변은 더더욱 명쾌했다. "이곳은 생활비가 많이 들며 교통 상황은 끔찍하다. 하지만 우리는 아마 여기 그대로 있을 것이다." 끌어당기는 힘 때문에, 설사 당초 로스앤젤레스를 매력적이게 만들었던 조건들이 이미 오래전에 사라져버렸다고 할지라도 그 산업이 이전하기란 어려워졌다.

이러한 점들로 미루어 보건대 혁신 단지를 갖추지 못한 지역들이 새로 단지를 시작하기란 어렵다고 예측할 수 있다. 이는 닭이 먼저냐 달걀이 먼저냐 하는 문제이다. 전문적인 첨단기술 근로자들은 단지가 없는 도시로 이동하지 않으려 한다. 왜냐하면 그들의 고유한 능력을 알아주는 고용주를 찾기 어려울 것이기 때문이다. 또한 첨단기술 기업들도 전문적인 노동력을 찾기 어려울 것이기 때문에 그런 곳으로 이전하지 않으려 한다. 이는 어려운 시기를 겪는 공동체들이 자신들의 처지를 바꾸려고 고투하는 데 힘들고 험난한 상황이 놓여 있다는 것을 나타낸다.

그런데 미국 전체를 두고 보면 이것이 의미하는 바로 인해 더 유리한 점이 있다. 미국의 혁신 부문이 일정 정도 외국과의 경쟁에서부터 보호받는다는 것을 의미하기 때문이다. 세 가지 힘 때문에, 물리적 제조업을 본래의 장소에서 옮기는 것보다 혁신적 활동을 본래의 장소에서 옮기는 것이 훨씬 더 어렵다. 장난감 공장 또는 섬유 공장은 수송이 쉽고 노동력이 풍부한 곳이라면 세계 어디에든 너끈히 설치될 수 있는 독립형 조직이다. 이에 비해 생명공학 실험실이나 혁신적인 첨단기술 기업은 수출하기가 더 어렵다. 기업 하나만 옮기면 끝나는 것이 아니라 전체 생태계도 함께 옮겨야 하기 때문이다. 만약 새 출발을 하는 거라면, 오늘날의 미국이 세계 혁신 중심지들 가운데 가장 확실한 후보지가 되리라고 필자는 확신하지 않는다. 하지만 미국은 처음부터 다시 시작하는 게 아니다. 미국의 혁신 단지들은 유럽, 중국, 인도를 능가하는 명백한 장점을 미국에 안겨줬다.

그러나 그 어느 것도 안주의 빌미가 되어서는 안 된다. 뭉침의 힘이 혁신에서의 지도력을 영원히 보장해주지는 않는다. 항공우주의 잠금효과lock-in effect(표준화되어 있는 철로의 폭으로 인해 철도기술이 철로의 폭 안에서만 발전할 수 있게 된 것처럼, 특정 제품이나 특정 시스템이 가져오는 관련 제품, 부가 제품과 또 다른 서비스의 선택을 제한하는 현상—옮긴이)는 한동안 지속되었다. 하지만 마르쿠제의 연구가 발표되고 20년이 지난 지금 그 잠금효과는 훨씬 작으며, 로스앤젤레스의 항공우주 일자리의 수도 훨씬 적다. 곧 알아보겠지만, 미국이 가진 장점이라고는 유리한 출발선뿐이다.

적응이 성공의 비결인 이유

시장 경제는 절대 고정적이지 않다. 최첨단인 제품도 이내 상품화되며 만들기 쉬워진다. 기술의 최첨단에 있는 산업들도 이내 주류가 되며 시간이 더 흐르면 과거의 유물이 된다. 오늘 좋은 일자리도 미래에 안 좋은 일자리가 되는 것은 자연스러운 현상이다. 이러한 역학을 처음 인식한 사람은 카를 마르크스였다. 그는 그것을 자본주의 체제에 내재한 불안정성의 증거라고 생각했다. 하지만 그로부터 80년 뒤 오스트리아의 경제학자 조지프 슘페터는, 결함이기는커녕 이러한 '창조적 파괴'의 과정은 자본주의의 가장 큰 힘이며 그 성장의 원동력이라고 지적했다.

천성적으로, 혁신 부문은 창조적 파괴가 가장 중요한 시장 경제의 일부이다. 프린스턴대학교의 경제학자 앨런 블라인더가 최근 강조한 바에 따르면, 1950년대 텔레비전 세트를 만들던 기업들은 미국 첨단기술 부문의 중심에 있었으며 수만 개의 고임금 일자리를 창출하고 있었다.[24] 어느 정도 시간이 지나자 TV 세트는 그저 만들기 쉬운 또 하나의 상품이 되었으며, 오늘날 미국에서는 TV 세트를 만들지 않는다. TV 산업이 떠난 자리를 컴퓨터 제조업이 차지했고, 이 산업은 한동안 40만 개의 고임금 일자리를 책임졌다. 우리는 앞에서 이들 일자리 대부분이 이제 다른 곳으로 이동했음을 살펴보았다. 하지만 이것은 실패의 전조가 아니라 성공의 조짐이다. 번영을 유지하려면 사회는 혁신의 사다리를 계속해서 오를 필요가 있다. 슘페터가 주장했듯이, 산업혁명이 시작된 이래 우리의 번영을 보장해온 것은 바로 그 역동성이다.

그러므로 미국의 미래를 좌우할 중요한 질문을 이제 하려 한다. 우리의 혁신 단지들이 그 우위를 지켜나가기 위해 적응하며 다른 모습을 보여줄 수 있을까. 단지들은 다이아몬드처럼 영원하지 않다. 어느 시점이 되면 그 단지들을 지탱하는 산업이 성숙하며, 번영을 가져오기를 멈추고, 골칫거리로 변모할 것이다. 끌어당기는 힘은 중요한 장점을 제공하지만, 한때 막강했던 단지들도 극적 방식으로 붕괴했다. 한창 때 디트로이트의 자동차 산업은 미국의 가장 중요한 혁신 중심지 가운데 하나였으며, 분명 당시의 실리콘밸리였다. 오늘날의 실리콘밸리처럼 디트로이트에는 세계의 부러움을 사는, 기술적으로 우월한 기업들이 가득했다. 경제학자 스티븐 클레퍼의 연구에 따르면, 실리콘밸리의 발전은 인구, 고용, 신생 기업 창조, 혁신이라는 면에서 디트로이트의 초기 발전을 놀라울 정도로 뒤쫓아왔다.[25] 그러므로 새겨볼 만한 디트로이트의 궤적은 현재의 우리 혁신 중심지들의 미래에 중요한 교훈을 품고 있다.

오늘날의 실리콘밸리와 마찬가지로, 디트로이트도 그 최고의 지위를 난공불락이라 생각했다. 1940년대와 1950년대, 자동차 산업에 그 도시가 지닌 지배력은 매우 강했기 때문에 사람들은 저마다 거기서 한몫을 챙겼다. 더 높은 임금, 더 후한 수당, 융통성 없는 취업 규칙을 요구하는 노동조합의 목소리는 갈수록 공격적으로 변했다. 경영진은 자기만족에 빠져 효율을 등한시했고, 정치인들은 자동차 산업이 다른 어떤 곳으로도 이전할 수 없다고 생각했으며, 노동권리법을 들먹이는 남부 주들에 의해 제기되어 커지고 있는 위협을 무시했다. 하지만 더 근본적이게도, 디트로이트의 치명적 결점(이 도시의 궁극적 사망에 책임이 있는 결점)은 적응하는 능력이 없었던 것이다. 단지들이 쇠퇴하는 산업을 고수할 수는 없는 노릇이지만, 티핑 포인트가 찾아들고 지역 생태계가 가파른 내리막길로 들어서기 전에 다른 모습으로 탈바꿈하기 위해 그 고유한 힘을 활용할 필요는 있다. 만약 단지들이 실패하면, 신속하고도 고통스럽게 하강할 수 있다. 상황이 좋을 때 급속한 발전을 이끄는 바로 그 당기는 힘이, 상황이 나빠지면 붕괴를 가속화한다. 디트로이트의 실수는 자동차 제조업에서 일자리의 종말을 제지하지 못한 것이 아니었다. 노사관계, 경영 관행, 정치적 결정을 달리 가져갔더라면 쇠퇴를 늦출 수도 있었을 것이다. 자동차 제조업이 성장의 엔진이기를 멈출 때까지 시간을 붙잡지 못한 것이 결정적인 문제였다. 오히려, 디트로이트의 실수는, 아직 생태계를 갖고 있을 때 그 생태계를 뭔가 새로운 것으로 전용轉用하지 못한 것이었다.

이것이 디트로이트와 샌프란시스코–실리콘밸리 지역 간의 결정적 차이일 것이다. 이 지역은 계속해서 실험하며 늘 변하는 기술 지형에 계속해서 적응한다. 샌프란시스코는 한때 큰 항구에 단단히 기반을 둔 산업 강세 지역이었다. 1970년대 그 생태계는 전문적 서비스와 금융을 향해 그리고 뒤에는 첨단기술을 향해 단호하게 나아갔다. 이러한 환생 과정은 오늘날에도 계속 발생하고 있다. 1990년대 이 지역 첨단기술 일자리 가운데 다수가 하드웨어 분야에 있었다. 현재 그 일자리의 70퍼센트 이상이 인터넷과 소셜미디어를 포함하는 신기술 분야, 청정 기술과 디지털 오락(픽사, 판도라, 넷플릭스, 돌비, 일렉트로닉 아츠) 분야, 디지털 초콜릿과 부야 같은 이국적 이름의 작은 게임 생산업체 들에 있다.

변하는 사회에서 성공하는 비결은 끊임없이 적응하는 것이다. 첨단기술이 무엇이냐 하는 정의가 진화하듯이, 만안 지역 또한 진화한다. 제품 한 가지 또는 일하는 방식 한 가지에 매달리는 것이 아니라 이 지역은 매년 스스로를 개조한다. 끌어당기는 힘은 숙련 노동력과 전문적인 서비스를 고정시키지만, 정확한 종류의 기량과 서비스는 변하는 기술 세계의 지형을 좇아 시간이 흐르는 과정을 겪으며 진화한다. 이것은 좋은 일자리들이 나쁜 일자리들로 후퇴할 때 그것들을 대체할 새 일자리들이 파도처럼 몰려옴을 담보한다. 어떤 의미에서, 이 창조적 파괴는 성공하는 단지, 역동적 방식으로 끌어당기는 힘을 활용하는 단지만이 지니는 진정한 특징이다.

전 하원의장 팁 오닐의 말처럼 "모든 정치는 지역적이다." 그 모든 영광이 있음에도 혁신의 세계는 정치보다 더더욱 지역적이다. 공동체가 다르면 그 가치관과 전문지식도 다르다. 그리고 이것이 필연적으로 공동체들이 생산하는 새 아이디어들을 형성하며, 결국 다른 곳에서 복제하기 힘든 독특한 뭔가를 낳는다. 혁신적 과정은 대체로, 한 공동체의 다른 부분들이 연결될 때 생기는 뜻밖의 타가수정에 관한 것이다. 이러한 점에서, 다양화를 향한 실리콘밸리의 움직임은 대단히 중요하다. 왜냐하면 그것은 상보성을 심화시키고, 첨단기술 생태계의 다른 부분들 사이에서 끊임없는 아이디어와 재능의 교환을 촉진하기 때문이다. 예를 들어, 생명과학 연구와 컴퓨터 게임 모두에서 실리콘밸리가 지닌 독특한 강점은 언뜻 무관한 것처럼 보이는 이들 두 부문을 '진지한 게임', 즉 최첨단 컴퓨터 게임 기술을 질병 치료에 적용하는 제품의 형태로 서로 얽히도록 만들었다. 포싯 사이언스라는 이름을 가진 현지 기업은 기억력과 주의력을 향상하고 가능하다면 심지어 자폐증과 정신분열증 같은 장애를 치료하는 데까지 도움을 주겠다는 의도에서 게임 같은 소프트웨어를 벌써 생산한다. 또 다른 사례는 스텔라 솔루션이다. 이 우주항공 회사는 적외선 미사일 경보 시스템과 우주인들을 화성까지 태워 나르는 캡슐을 전문으로 한다. 최근 이 회사는 자사를 천상의 기술 선두주자로 만드는 전문기술을 지상의 기술을 개발하는 데 활용해오고 있다. 이 회사 기술자들은 지진을 예측하는 데 전자기파를 사용하고 있다. 이 회사 최고경영자는 언젠가 사람들이 "TV를 켜서 허리케인 경보 뿐만 아니라 지진 경보까지 보게 될 것"이라고 예견한다.[26]

모든 미국의 혁신 중심지들이 똑같이 적응에 성공하는 것은 아니다. 한때 혁신의 강력한 엔진이었지만 스스로 다른 모습을 보여주지 못한 도시들이 곳곳에 있다. 예를 들어, 1980년대에 뉴욕주 로체스터는 광학기술과 이미징imaging(도형 이미지의 취득, 저장, 표시, 인쇄 등의 처리를 가리키는 컴퓨터 용어—옮긴이) 분야에서 중요한 혁신 단지였다. 제록스가 1906년 그곳에서 창업했으며 오늘날까지 이 도시에 그 존재를 유지하고 있다. 코닥 또한 그곳에 기반을 두고 있으며 1980년대까지 6만 2,000명의 근로자를 고용했다. 그 시절 코닥은 당대의 구글이나 애플이었고, 로체스터는 미국 도시들 가운데 가장 특허를 많이 생산하는 편에 속했다.(1990년대 중반까지 사진 장비와 필름 생산업체들이 특허 생산자 명단을 휩쓸었음을 상기하라.) 현지의 임금은 주와 전국의 그것을 훨씬 웃돌았다. 하지만 디지털 사진이 등장하자 사람들은 코닥 필름 구입을 중단했다. 이 회사는 새로운 디지털 지형에 결코 완전하게 적응하지 못했으며, 오늘날 고작 7,000명의 근로자만을 고용하고 있다.

이것은 심각한 타격이었지만 치명적이지는 않았다. 기업은 생겼다가 없어지기도 하지만 공동체는 그렇지 않다. 로체스터의 근본적 문제는 지역의 첨단기술 단지가 뭔가 새로운 곳으로 옮겨갈 능력이 없었다는 것이다. 디트로이트의 경우에서처럼, 지역 기업인들은 첨단기술의 다른 부분으로 새로이 대거 진출하지 않았으며, 전체로서 공동체는 새로운 생산적 지형으로 이행하지 않았다. 로체스터대학교는 여전히 주된 연구 동력원이며, 현지에는 몇몇 새 첨단기술 기업들이 있고, 특허 생산도 여전히 발생하고 있지만, 이 도시의 역동적 전성기가 과거에 속한다는 사실은 분명하다. 임금은 주 평균보다 형편없이 아래로 떨어졌으며 인구는 줄고 있다. 〈월스트리트저널〉 보도에 따르면, 일부 동네들에 빈집이 너무 많다 보니, 시청 소속 근로자들이 흉물스러운 모습을 가리기 위해 길게 뻗은 가게들의 현관을 따라가며 이 도시의 옛 영광을 담은 벽화를 그린다.[27] 한때 사람들과 가게로 번화하기 그지없었던 코닥 본사 주변 지역은 오늘날 유령 마을처럼 보인다.

앞날을 생각하자면, 끌어당기는 힘은 미국에 핵심적 질문 두 가지를 제기한다. 첫 번째는 혁신 중심지들을 유지하고 발전시키고 강화하기 위해 우리가 무엇을 해야 하는가이다. 우리의 혁신 중심지들이 디트로이트와 로체스터의 경로가 아니라 샌프란시스코-실리콘밸리의 경로를 뒤따라가게 하기 위해, 국가는 어떻게 심혈을 기울일 것인가? 두 번째 질문은, 좋은 일자리와 숙련된 근로자를 집중시키지 못한 채 뒤처지고 있는 많은 도시들을 어떻게 도울 것인가이다.

잠깐, 이러한 질문들에 주의를 돌리기 전에 우리는, 도시들 사이의 방대한 경제적 차이가 어떻게 시간이 흘러도 그대로 지속되는지 좀 더 철저히 이해할 필요가 있다. 앞서 살펴보았듯이, 미국 공동체들 사이의 임금 및 봉급 차이는 엄청난데, 이제 우리는 그이유를 안다. 그것은 마찬가지로 봉급이 큰 근로자들의 생산성이 월등히 높다는 것을 반영한다. 비록 사업비용이 훨씬 더 들더라도, 혁신적 기업들이 혁신 중심지들에 자리 잡는 게 타당함을 의미한다. 하지만 근로자들 자신은 어떤가? 봉급과 생활 여건의 차이가 그토록 크다면, 왜 그들은 부실한 노동시장을 떠나 일제히 두텁고 큰 강한 노동시장으로 이동하지 않는 걸까? 전부 다 시애틀이나 오스틴에 살면 되지 않나? 이제 우리는 이동성의 문제와, 이동성이 전국의 공동체들에게 의미하는 바가 무엇인지를 들여다보기 위해 시선을 옮겨볼 것이다.

ENRICO MORETTI

5

이동성과 생활비의
불평등

THE NEW GEOGRAPHY OF JOBS

수많은 사람들이 동시에
같은 곳을 향해 가고 있다.
그들의 언어, 그들의 종교,
그들의 관습은 다르다.
하지만 그들의 목표는 같다.

역사적으로 미국인들은 이동성이 매우 높은 사람들로서 끊임없이 더 나은 경제적 여건을 모색해왔다. 그렇지만 이러한 지리적 재적응 과정은 완벽하지 않고, 사실 매우 불균등하게 진행되어왔다. 비록 모든 사람이 더 나은 삶을 찾아 어딘가 다른 곳으로 이동하는 게 완전히 자유롭다고 하더라도, 모두가 그 기회를 이용하는 것은 아니다. 지금까지 살펴보았듯이, 이것은 미국 내 불평등에 엄청난 영향을 미친다.

필자가 어린 시절을 보낸 이탈리아의 경우, 대부분의 사람은 그들이 태어난 도시에서 평생을 산다. 그런데 그 도시는 흔히 그들의 부모가 태어난 곳이다. 이탈리아 젊은이들은 특히 움직이지 않는다. 2005년 발표한 논문에서 필자는 이탈리아 사람들이 꽤 나이 들어서까지 부모와 함께 사는 경향이 있음을 밝혔다. 18~30세 사이의 이탈리아 남자 중 82퍼센트가 아직도 부모 집에서 산다.[1] 그리고 그들은 정작 부모 품에서 벗어나더라도 멀리 이동하지 않는다. 이 젊은이들은 보통 부모와 같은 동네에서 아파트를 얻는데, 그 아파트도 부모와 같은 동인 경우가 흔하다. 이탈리아는 극단적 사례이겠지만, 유럽인들은 대체로 지리적으로 한 곳에 뿌리 내리는 성향이 미국인들에 비해 훨씬 강하다. 다른 대부분의 선진국 사람들과 비교할 때 미국인들은 별종이다. 대불황 때문에 미국인들의 이동성이 일시적으로 둔화되었지만, 일단 경제가 반등하면 사람들은 다시 이동하기 시작할 것이다.

이러한 이동 성향은 국가 번영의 큰 요인이며, 과거부터 죽 그래 왔다. 토크빌(프랑스의 정치학자이자 역사가이며 정치가. 미국을 폭넓게 여행하고 《미국의 민주주의》를 저술했다―옮긴이)은 19세기에 이런 말을 남겼다. "수백만 명의 사람들이 동시에 같은 지평선을 향해 행진하고 있다. 그들의 언어, 그들의 종교, 그들의 관습은 다르다. 하지만 그들의 목표는 같다. 저 서부 어딘가에 행운이 있다고 그들에게 약속되었다. 그래서 그들은 그것을 찾아 서부로 간다."[2] 19세기 말과 20세기 초, 농촌 공동체를 떠나 도시 지역으로 이주한 사람들은 미국 공장들을 팽창시킨 주요 노동력 공급원이었다. 이 사안에 대한 최고 권위자들 가운데 한 사람인 경제사가經濟史家 조 페리는 이렇게 강조했다. "이주는 대서양 연안의 좁은 띠 모양의 최초 정착지에서부터 멀리 떨어진 지점들의 천연자원 개발을 촉진했다. 농민들은 더 비옥한 땅을 찾아 18세기 후반 오하이오 강 유역으로 이동했고, 계속해서 19세기 중반에는 대초원 지대로 나아갔다. 광물자원과 목재 채취 작업은 서부와 북서부로 이주한 사람들이 맡았다. 남북전쟁 무렵이 되자 북부 주들에서 서부와 동부 간 임금 격차가 사라졌다."[3] 다른 어떤 선진국 사람들보다 더 많이, 미국 사람들은 언제나 이동해왔으며 다음 기회를 붙잡으려 노력해왔다. 아득한 시절 실시된 인구조사 보고서를 뒤져 힘들게 수집한 상세한 자료를 분석해 페리는 19세기에도 미국인들의 이동 성향은 같은 시대 영국이나 일본 사람들보다 두 배 높았다고 추정했다.

오늘날 미국 전체 가구의 절반 정도가 5년마다 주소를 바꾸는데, 이런 수치는 유럽에서라면 상상도 할 수 없는 일이다. 그리고 상당한 수의 가구들이 다른 도시로 이주한다. 미국인의 약 33퍼센트는 그들이 태어난 주가 아닌 다른 주에 거주한다. 이 비율은 1990년에는 20퍼센트였다.[4] 이처럼 충격적인 이동 정도는 긍정적 효과와 부정적 효과를 모두 야기시키는 한편, 이동에는 사회적·개인적 비용이 든다. 미국인들은 유럽인들에 비해 부모형제에게서 더 멀리 떨어져 사는 경향이 있다. 따라서 미국인들은 자녀 양육과 관련해 가족의 도움을 받을 가능성이 유럽인들보다 낮다. 미국인들은 동네에 애착을 덜 느끼며 이웃사람들과 덜 친숙하다. 하지만 이동성에는 장점도 있다. 어떤 지역의 경제적 여건이 특히 좋지 않으면 미국인들은 다른 어딘가에서 기회를 모색하는 경향이 있다. 그에 반해, 이탈리아인이나 여타 유럽인들은 있던 자리에 그대로 있는 경향이 있다. 개인 수준에서, 이탈리아인들은 부모와 친구들 가까이 살기 위해 경력 쌓을 기회와 더 높은 봉급을 포기한다. 국가 수준에서, 이러한 비이동성은 실업 문제를 악화시키고 전반적으로 일자리와 소득 성장을 저해한다. 이탈리아 일부 지역들(일반적으로 북부)에는 고임금 일자리가 풍부하며 사실상 실업자가 없다. 다른 지역들(일반적으로 남부)에는 일자리가 매우 적으며 봉급이 낮고 실업자가 많다. 북쪽으로 이동하지 않음으로써, 시칠리아 섬과 나폴리의 젊은 사람들은 실질적으로 그들 지역의 실업률을 높인다. 이러한 상황 때문에 번영하는 데 한계가 있고 이탈리아의 성장 잠재력을 저해한다.

전체로서 보자면 미국인들은 언제나 유럽인들보다 훨씬 이동성이 높았지만, 미국인들 사이에도 커다란 차이가 존재한다. 일부 집단들이 다른 집단들보다 이동 성향이 훨씬 높다. 200만 명이 넘는 아프리카계 미국인들이 남부를 버리고 다른 지역의 공업 중심지들을 찾아 떠났던 1920년대의 대이동Great Migration 시기에는 비교적 학력이 낮은 개인들이 더 나은 삶을 찾아 이주할 가능성이 더 컸다. 하지만 오늘날에는 반대 현상이 일어나고 있다. 개인은 교육을 많이 받을수록 그만큼 더 많이 이동한다. 대졸자들이 가장 이동성이 높으며, 전문대를 나온 근로자들이 그다음이고, 고졸자들이 그다음이며, 고등학교 중퇴자들이 맨 꼴찌이다.

이런 면에서 미국 대졸자들보다는 미국 고등학교 중퇴자들이 이탈리아 사람들과 더 비슷하다. 그런데 이것은 기회가 없기 때문이 아니다. 미국이란 나라는 거대하고 다양함을 품고 있다. 다른 곳들보다 더 잘하고 있는 도시와 주 들을 늘 찾아볼 수 있다. 이러한 지리적 차이는 매우 클 수 있다. 대불황이 정점에 달했던 2009년, 디트로이트의 실업률은 20퍼센트에 이른 반면, 디트로

이트에서 서쪽으로 800킬로미터 떨어진 아이오와시티의 실업률
은 4퍼센트에 불과했다. 두 도시에서 고용 가능한 인력들이 실직
자로서 겪은 차이가 이보다 더 날 수는 없으리라. 실업률 4퍼센
트는 너무 낮기 때문에 경제학자들은 사실상 0퍼센트로 간주한
다. 2009년 일자리를 찾고 있었던 사람이라면 누구나 단시간 내
에 아이오와시티에서 일자리를 잡을 수 있었지만, 디트로이트에
서 일자리를 잡는 데에는 여러 해가 걸릴 수 있었다는 말이다. 이
처럼 충격적인 지리적 차이는 단지 불황기에만 특유하게 나타나
는 것은 아니다. 심지어 더 정상적인 때에도 디트로이트의 실업
률은 빠르게 성장하는 도시들의 실업률보다 두 배나 높을 수 있
다. 그렇지만 디트로이트의 실업자들 모두가 일정한 비율로 이
도시를 빠져나가는 건 아니었다. 대졸자들이 봇물 터지듯 그 도
시를 벗어나는 반면, 고졸자들의 이탈 흐름은 그보다 훨씬 느리
고, 고등학교 중퇴자들의 흐름은 미미한 수준이다.

대졸자의 절반가량은 서른 살 이전에 그들이 태어난 주를 벗어
난다. 고졸자의 27퍼센트와 고등학교 중퇴자의 17퍼센트만이 같
은 행동을 한다. 이러한 이동성 비율의 격차는 일부 사람들이 태
어난 주 바깥에서 대학에 다닌다는 사실을 반영하기도 하지만 대
부분은 다른 어딘가에서 일자리를 구하려고 하는 성향의 차이를
반영한다. 노트르담대학교의 경제학자 애비게일 워즈니악은 경
제 총조사에서 나온 개인 이력 수백만 건을 사용해, 20대 후반 근
로자들을 대상으로 삼아 그들이 열여덟 살경 노동시장에 막 진입

하려 했을 때 살던 주에서 직면했던 경제적 여건이 어땠는지 연결시켰다.[5] 이 젊은 근로자들 가운데 운이 좋은 일부는 당시 경제가 번성했던 주들에서 노동시장에 진입했고, 운이 덜 했던 다른 사람들은 경제가 허약한 주들에서 노동시장에 진입했다. 운이 좋냐 나쁘냐는 정규교육과는 관계가 거의 없었지만, 이 젊은이들이 그들의 행운에 반응하는 방법은 대체로 그들의 교육 수준에 달려 있었다. 워즈니악이 발견한 바에 따르면, 안 좋은 시기에 노동시장에 진입한 사람들 중에서 대졸자는 많은 이들이 경제가 더 좋은 주들로 이동한 반면, 고졸자와 고등학교 중퇴자의 경우 대다수가 이동하지 않았다.

이는 전문직 취업 시장은 전국적인 반면, 육체노동 또는 미숙련 일자리 시장은 더 국부적局部的인 특징이 있다는 것, 그렇기 때문에 사람들이 다른 도시들에 있는 좋은 취업 기회를 무시한다는 것을 의미한다. 단지 미국에만 있는 현상이 아니라 부유한 국가들에서는 보편적으로 발생하는 현상이다. 영국의 경우, 지역이 달라도 고등교육을 받은 근로자들의 실업률은 비슷하다. 왜냐하면 이주하겠다는 성향이 강할수록 이것이 지역별 취업 기회를 균등하게 만드는 경향이 있기 때문이다. 반면 저학력 근로자들의 실업률은 지역에 따라 엄청나게 다르다.[6] 여론 조사원이 유럽인들에게 "사는 곳에 애착을 느끼나?"라고 물어볼 때, "전혀 애착이 없다" 또는 "그다지 애착이 없다"라는 대답이 높게 나오는 나라는 핀란드, 덴마크, 네덜란드이고, 이들 나라는 평균 교육 수준이 높

다. 이와는 반대의 대답이 나오는 나라는 포르투갈과 스페인이며, 이들 나라는 평균 교육 수준이 낮다.[7]

이주 바우처로 실업 줄이기

저학력 미국인들의 이동이 상대적으로 낮은 것은 큰 경제적 비용을 발생시킨다. 무슨 말이냐 하면, 앞에서 살펴보았듯이, 세계 경제와 국가 경제에 생기는 변화는 숙련 수준이 다른 근로자들 사이에서 불평등을 심화시키고 있으며, 그 와중에 저숙련 근로자들이 가장 크게 타격을 입는 것이다. 미국 도시들 사이에서 심화되고 있는 양극화와 결부된 지리적 이동성의 차이는 문제를 악화시키기만 한다. 따라서 고숙련 근로자들과 저숙련 근로자들 사이의 소득 불평등은 일부 이동성 차이가 반영된 결과이다. 만약 저학력 근로자들이 취업 기회가 더 나은 도시들로 이동할 능력과 의사가 좀 더 있다면, 대졸자와 고졸자 사이의 격차는 줄어들 것이다.

이동성이 덜해 저학력 근로자들은 실업에 처할 가능성도 훨씬 더 높다. 그림 10은 교육 수준이 다른 집단들의 실업률 변화를 지난 20년에 걸쳐 나타낸 것이다.[8] 모든 집단들의 실업률이 국가 경제의 강약에 따라 등락을 거듭하고 있다. 실업률은 1990년대 초반에 높았고, 닷컴 호황이 절정에 달했던 2000년에 최저 수준

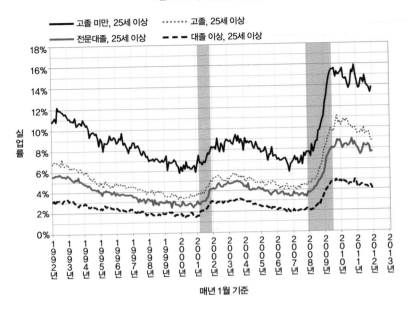

그림 10 **교육 수준별 실업률**

고졸 미만, 25세 이상 ‥‥‥ 고졸, 25세 이상
전문대졸, 25세 이상 ― ― ― 대졸 이상, 25세 이상

실업률

18%
16%
14%
12%
10%
8%
6%
4%
2%
0%

1992년 1993년 1994년 1995년 1996년 1997년 1998년 1999년 2000년 2001년 2002년 2003년 2004년 2005년 2006년 2007년 2008년 2009년 2010년 2011년 2012년 2013년

매년 1월 기준

에 도달했으며, 2008~2010년의 대불황 때에는 가파르게 상승
했다.

그래프에서 보이는 가장 흥미로운 특징은, 불황기와 호황기를
막론하고 대졸자들(이동성이 가장 높은 집단)의 실업률이 가장 낮
은 반면, 고등학교 중퇴자(이동성이 가장 낮은 집단)의 실업률은 지
속적으로 가장 위의 선을 그린다는 점이다. 고졸자들과 전문대
졸업자들은 중간에 위치한다. 실업률 차이에는 많은 요인이 있지
만, 이동하겠다는 의지는 네 개 집단 사이에서 중요한 차이이다.
저학력 개인들이 어떤 특정한 시점에건 실직할 가능성이 더 높다는 것 때문만은 아니다. 장기적 관점에서 보았을 때 결국 맞닥뜨리게 될 국면도 생각해야 한다. 어느 연구에 따르면, 실업 상태가 길게 이어지는 동안 근로자의 기량은 약화되는 경향이 있으며, 이것이 숙련 근로자와 미숙련 근로자 사이의 격차를 추가로 넓히는 것으로 나타났다.

왜 교육 부족이 이동성 저하로 이어지는가? 일부 사람들의 경우, 그것은 어딘가 다른 곳에 있는 기회에 대한 정보 부족, 인생에서 큰 전환을 이루는 데 필수적인 종류의 기량 부족, 특히 현금 부족을 반영한다. 이주는 투자와 같다. 이주비용과 일자리를 잡기까지의 생활비를 충당하기 위해 당신은 선불로 돈을 지출한다. 그 돈은 훗날 잡을 더 나은 일자리에 대한 대가이다. 하지만 많은 실직 저숙련 근로자들은 이런 투자를 할 능력이 없다. 왜냐하면 그들은 저축 액수도 미미할 뿐 아니라 대출을 받기도 어렵기 때문이다. 이러한 경우 이동성의 부족은 선택이 아니라 외부 요인으로 이동의 자유에 한계가 생긴 결과이다. 다른 경우, 낮은 이동 성향은 두 집단 사이의 문화적 차이를 반영한다. 일부 이탈리아인들과 마찬가지로, 일부 저학력 미국인들은 멀리 이동하지 않는 쪽을 택한다. 짐작건대 그들이 더 나은 취업 전망보다는 가족과 친구들 곁에 머무는 것을 더 중시하기 때문이다. 비록 이런 행동에는 경제적 비용이 발생하지만, 그것은 완벽하게 타당한 선택으로 보인다.

이러한 원인의 차이는 중요하다. 왜냐하면 이동성이 개인적 선택이 아니라 여러 요인의 결과일 수밖에 없는 이들에게, 정책을 개정하여 이들을 도울 수밖에 없다는 명분을 드러내는 것이기 때문이다. 1930년대에 도입된 실업보험 제도는 당시나 지금이나 본질적으로 똑같다. 현재 실업보험 수급 자격이 있는 실직자는 이전 봉급의 일부에 해당하는 금액을 정부로부터 지급받는다. 이 제도의 두드러진 특징은, 실직 근로자들이 노동시장 상황이 더 좋은 곳들에서 구직 활동을 하게끔 하는 유인을 하나도 제공하지 않는다는 것이다. 오히려 이 제도는 고실업 지역에서 저실업 지역으로의 이동을 막는데, 이 제도가 생활비 차이를 보전해주지 않기 때문이다. 만약 당신이 실업 보험금에 의지해 플린트에서 생활하고 있다면, 새 일자리를 찾아 샌프란시스코로 이동할 유인이 크지 않을 것이다. 왜냐하면 주거비는 세 배로 뛸 텐데 당신이 받는 실업 보험금은 여전히 고작 플린트의 생활비를 반영할 것이기 때문이다.

실업보험 제도는 미국 도시들 사이의 엄청나고도 커지는 경제적 성쇠盛衰를 반영해 조정되어야 한다. 실업률이 평균을 웃도는 지역에 사는 실직자들은, 실업 보험금 가운데 일부를 다른 지역으로 이주하는 비용의 일부를 충당할 이주 바우처mobility voucher 형태로 받아야 한다. 다시 말하면, 실직 주민들에게 플린트에 그대로 있으라고 권장하는 대신, 연방정부는 이주비용의 일부를 보조금으로 지원해 그들이 텍사스(또는 그들이 선택하는 다른 곳)로 이주하는 것을 도울 수 있다는 뜻이다. 이렇게 하면 이동하고 싶은데 현금이 모자라 발이 묶인 사람들을 도울 수 있다.

특히, 이러한 정책은 이주할 의사가 없는 사람들도 도울 수 있다.[9] 널리 인식되고 있지는 않지만 그 이유는 단순하다. 만약 빈자리가 100개밖에 없는 어느 도시에서 실직자 1,000명이 일자리를 찾고 있다면, 실직자 한 사람당 취업할 확률은 10분의 1이다. 하지만 만약 이들 실직자 가운데 500명에게 이주 바우처를 주어 이주를 권장한다면, 남은 실직자들이 취업할 확률은 두 배로 높아진다. 고실업 상황에서, 일자리를 찾는 사람이 적을수록 취업할 가능성은 더 높아지는 것이다. 이는 다음과 같이 놀라운 결론으로 이어진다. 고실업의 현지 노동시장에 그대로 남는 실직 근로자들은 실질적으로 그 노동시장의 모든 타인들에게 비용 또는 부정적 외부효과를 부담 지우는 반면, 멀리 이동하는 근로자들은 긍정적 외부효과를 발생시킨다. 이주 바우처는 이 문제를 해결하는 한 방법이다. 이주 의사를 지닌 근로자의 수를 늘림으로써 바우처는 이주를 택해 다른 곳에서 더 나은 일자리를 찾는 사람들과 그대로 남아서 더 나은 취업 기회를 갖게 되는 사람들을 모두 이롭게 한다.(물론 이주 바우처 제도가 국가 전체 차원에서 효과를 발휘하려면, 실직 근로자들로 인한 외부효과가 저실업 도시들에서보다 고실업 도시들에서 더 크게 나타나야 한다. 이래야 합리적이다. 그렇지 않으면 이주 바우처는 전체 실업에 어떤 실질적 이득도 주지 못하며 문제를 호도하는 데 그칠 것이다.)

이주 바우처는 실업률이 평균을 웃도는 지역을 벗어나 이주하려는 사람들을 대상으로 현행 실업보험 급여에 추가로 얹어주는 형태로 실행할 수 있다. 아니면 현행 실업보험 급여의 테두리 안에서 나올 수도 있다. 이 경우는 그대로 남는 사람들(건강 문제나 가족 관련 제약 때문에 남는 사람들은 예외로 한다)에 지급하는 급여 액수를 낮추는 형태가 될 것이다. 첫 번째 경우는 이주하는 사람들에게 주는 보조금이고, 두 번째 경우는 남는 사람들에게 매기는 세금이다. 만약 사람들이 저축이 없거나 대출받을 능력이 모자라서 이주하지 못한다면, 그들의 이주에 미치는 영향은 첫 번째 형태의 바우처가 더 클 것이다. 두 가지를 결합하는 것도 가능하다.

이러한 아이디어는 전혀 새로운 것은 아니다. 정부는 무역조정지원제도Trade Adjustment Assistance의 일환으로 제한적이긴 하지만 이미 이주 수당을 제공해왔다. 이 제도는 잘 알려지지 않은 연방정부의 지원 프로그램인데, 대외무역의 결과 때문에 일자리를 잃는 근로자들을 돕는다. 지금은 그 수당의 지급 대상을 실업보험을 받는 모든 근로자에게로 확대할 시점이다.

1968년 하버드대학교의 경제학자 존 F. 케인이 '공간적 부조화spatial mismatch' 이론을 제안했다.[10] 그의 주장에 따르면, 가난한 사람들과 소수자들은 각 도시 내 거주지와 근무지 사이의 지리가 조화롭지 못하여 노동시장에서 구조적으로 불리하다. 가난한 사람들은 적합한 일자리들이 많은 곳으로부터 거리가 먼, 미국 도시의 도심에 거주하는 경향이 있다는 것이다. 가난한 사람들은 높은 출퇴근 비용에 직면할 뿐만 아니라 잠재적 고용주들에게서부터 거리가 먼 곳에 살기 때문에 빈자리에 관한 정보를 덜 접하게 되며, 이로 인해 고용기회가 더 낮아진다. 케인에 따르면, 이러한 지리적 혼란은 자가용 승용차 보유율이 낮고 효율적인 대중교통도 부족하므로 이 악조건이 맞물려 높은 실업률을 초래한다. 사회학자 윌리엄 줄리어스는 영향력 있는 저서 《진짜 불리한 사람들*The Truly Disadvantaged*》에서 공간적 부조화 개념을 수용했다. 줄리어스는 그 책에서, 부조화의 역할을 미국 내 인종차별의 근인 가운데 하나라고 강조했다. 실질적으로, 공간적 부조화 이론은 경제적 불평등을 부분적으로 각 도시의 주거 분리residential segregation 패턴이 초래한 결과라고 본다.

역사적으로 이와 같은 차이는 늘 있어왔고 사회에 작용해왔겠으나, 오늘날 부조화의 원천으로 더 많이 영향을 미치는 건 도시들 간의 차이이다. 고임금의 안정된 일자리를 가진 고학력 근로자들과 저임금 저학력 근로자들 사이의 격차는 곧 번영하는 도시들과 안간힘을 쓰고 있는 도시들 간의 지리적 격차와 연관된다. 불평등에 관해 일어나는 미국 내 토론에서 사람들은 흔히 이러한 측면을 간과한다. 미국 도시 노동시장들 사이의 격차가 커질수록 저숙련 근로자들의 이동 성향 저하는 갈수록 더 많은 대가를 치르게 되는 것이다.

고학력 미국인들의 높은 이동성은 그들의 경력 관리에는 좋겠지만, 주 정부들에 커다란 과제를 안겨준다. 지역 대학들에 자금을 지원함으로써 지역 수준의 경제 성장을 조성한다는 희망으로 주들은 주민들의 고등교육 보조금을 많이 주고 있다. 현재 미국 공립대학교의 학생들에게 주는 보조금은 대략 80퍼센트 정도이다. 앞에서 살펴보았듯이, 한 지역 인적 자본의 전반적 수준은 지역 번영의 가장 주요한 동인 가운데 하나이다. 고등교육에 대한 주 의회의 지원은, 그렇게 하면 노동 생산성이 높아져 혁신적 기업들을 유치할 수 있으리라는 기대에 기초한다. 하지만 대졸 미국인들이 대단히 이동성이 높다는 사실은, 주들의 이러한 노력이 효력이 없게 만든다.

미시간대학교의 경제학자들이 존 바운드의 지도 아래 팀을 이뤄 연구한 바에 따르면, 지역 대학들이 수여한 학위 수는 해당 주 내의 대졸 근로자 수에 별반 영향을 주지 못한다.[11] 세계 최상급의 공적 교육 체계를 갖춘 미시간과 오하이오 같은 주들은 대졸자들 가운데 많은 사람들을 붙잡아두려고 안간힘을 쓰는데, 정작 그 대졸자들은 캘리포니아나 뉴욕의 취업 기회에 더 많이 마음을 빼앗긴다. 일반적인 학사학위 취득자의 경우, 바운드와 동료 학자들은, 주립대학 졸업자 수와 그 주에 남는 사람의 수 사이에서 미미한 관련성만을 발견했을 뿐이다. 그들은 의학사醫學士 취득자에게서는 어떤 연관성도 발견하지 못했다. 미시간에 남는 의사 수는 미시간대학교가 배출하는 의사 수와 아무런 관계가 없었다. 대졸자들의 이동성이 높기 때문에 고등교육에 투자함으로써 주 노동 인구의 숙련 수준을 끌어올리려는 주의 노력은 그 효과가 한계가 있다고 미시간대학교의 경제학자들은 결론지었다. 혁신 중심지들의 인력引力이 주들의 노력을 무색하게 만든다. 이것은 대졸자들을 유치하려는 도시들에게는 희소식이다. 이들 도시는 다른 누군가가 대가를 지불한 인적 자본을 사실상 공짜로 받는 것이다. 하지만 그것은 고등교육에 투자함으로써 지속 가능한 기반을 구축하기 위해 고투 중인 주들의 힘을 크게 제한한다. 바운드의 연구는 교육 정책에도 흥미로운 시사점을 던진다. 그는 연구를 통해 공립대학들의 자금 조달을 주들에게만 맡겨서는 안 된다고 주장한다. 고등교육 투자의 사회적 편익이 주 경계 안에 국한되는 것이 아님을 감안한다면, 연방정부가 이러한 투자의 일부를 보조하는 데 일정한 역할을 맡는 게 효율적인 교육정책이란 것이다.

이제 미국인의 이동성의 또 다른 중요한 측면, 즉 부동산 가격과의 관계를 살펴보자. 우리는 미국 도시들 간에 이미 클 뿐만 아니라 점점 더 임금 차이가 확대되고 있음을 살펴보았다. 봉급을 더 받을 전망이 있음에도 사람들이 샌프란시스코나 보스턴으로 대거 이주하지 않는 주된 이유 가운데 하나는 이들 도시의 주거비가 매우 비싸다는 것이다. 생활비는 대분기에 어떤 영향을 미치고 있는가?

불평등과 부동산 사이의 놀라운 관계

북부 시베리아의 노릴스크 시는 세계 최대의 니켈, 백금 매장지 가운데 하나이다.[12] 니켈은 강철의 필수 요소이기 때문에 소련 정부는 1930년대에 노릴스크 개발에 우선순위를 두었다. 스탈린은 전문가들을 보내 그 지역을 탐사시켰는데, 그 전문가들은 특별 임금을 주더라도 노릴스크로 근로자들을 유치하기는 어렵겠다고 보고했다. 그곳의 여건은 한마디로 너무 열악했다. 극도로 차가운 기온은 때로 영하 45도까지 내려갔으며, 겨울 암흑기가 5개월이나 지속되었고, 사실상 풀 한 포기 없는 황량한 풍경 때문에 그곳은 지구 상에서 가장 적대적인 환경 가운데 한 곳이었다. 물론 그곳은 이론상으로는 귀금속 매장량 덕분에 많은 일자리를 지탱할 수 있었다. 하지만 정부 당국자들은 근로자들이 그 끔찍한 생활 여건을 감수해낼 만큼의 충분한 임금을 제시할 수 없었다. 스탈린 같은 사람에게 이런 것들은 사소한 세부 사항에 지나지 않았고, 무시무시한 국가경찰인 NKVD가 노릴스크 개발의 책임을 인수해 그곳을 굴라그gulag(소련 강제노동수용소)로 전환시켰다. 그 도시를 건설하고 광산에서 고생하느라 약 10만 명의 정치범들이 죽었다. 이 지역에서는 그 뒤로도 수십 년에 걸쳐 여름에 눈이 녹으면 죽어간 근로자들의 뼈가 세상 밖으로 드러나곤 했다.

동유럽, 중국 같은 다른 공산정권들과 마찬가지로, 소련에서는 국가가 필요한 곳으로 노동자들을 강제 이주시킬 권한을 갖고 있었다. 이 때문에 노릴스크 같은 '인위적' 도시들, 즉 자유세계에서는 존재하지 않았을 도시들이 생겨났다. 미국에서 근로자들은 살고 싶은 곳을 자유롭게 고른다. 앞에서 보았듯이, 미국인들은 이를 이용해 대부분의 다른 나라 시민들보다 더 많이 이동한다. 하지만 이러한 자유에도 제약이 있다. 당연한 말이지만, 삶의 질이 높아서든 좋은 일자리가 많아서든 바람직하다고 여겨지는 장소들에 사는 데에는 비용이 더 드는 경향이 있다. 5개년 계획에 기초해 자원을 배정했던 소련 경제와 달리, 시장경제는 자원이 재배치되는 데 '값'이라는 게 필요하다. 이러한 경우 매력적인 도시에서 희소성이 높은 자원은 땅이 될 것이다. 어떤 도시의 기후가 쾌적하면 미국인들은 대거 그곳으로 이동하는 경향이 있으며, 그렇게 하는 과정에서 그들은 다투어 부동산 가격을 끌어올린다. 쾌적한 기후에 표시 가격이 있는 것은 아니겠지만, 더 멋진 자동차나 더 큰 TV에 값을 치르는 것과 꼭 마찬가지로, 우리는 암암리에 그 가격을 지불한다. 좋은 사립학교, 낮은 범죄율, 멋진 현지 식당에 대해서도 같은 원리가 작용한다. 한 도시의 모든 매력적인 특징은 결국 적어도 부분적으로 자본화되어 높은 부동산 가치에 편입된다.

이 단순한 관찰에는 예상하지 못했던 의미가 숨어 있다. 이러한 특징들 때문에, 결국 실제로 이득을 보는 사람들이 반드시 그 특징에 직접 영향을 받는 사람들은 아니라는 사실이다. 휘발유

품질 개선과 규제 강화 덕분에, 남부 캘리포니아, 특히 로스앤젤레스의 공해 수준은 지난 20년에 걸쳐 극적으로 낮아졌다. 오존이 3~33퍼센트 감축되자 지역에 따라 어떤 동네는 다른 동네들보다 더 많은 개선을 경험했다. 공해 감소를 가장 많이 경험한 동네의 주민들이 최대 수혜자라고 당신은 생각할지도 모른다. 하지만 그것은 그들이 집을 소유하느냐 아니면 세 들어 사느냐에 달려 있다. 한 연구에 따르면, 공해 수준의 감소가 클수록 그 동네가 살 만하다는 인식이 더 커지며, 따라서 부동산 가격이 더 올라간다.[13] 예를 들어, 어느 저소득층 동네에서는 오존 농도가 24퍼센트 낮아지자 집값이 10.8퍼센트 올랐다. 그 가격 인상은 집주인들에게 이득을 안겨주며, 집주인은 더 건강해지고 더 부유해진다. 하지만 세입자들은 더 건강해지는 대신 더 가난해진다. 실질적으로 이러한 가격 변화는 대기질大氣質 개선의 이득 가운데 일부를 한 집단에서부터 다른 집단으로 옮기는, 의도하지 않았던 재분배 기제로 작동했다.

한 도시의 노동시장이 개선되고 지역 일자리들이 창출될 때에도 같은 원리가 적용된다. 미국에서 우리는 지역 노동시장 여건과 생활비 사이에서 뚜렷한 상관관계를 살펴볼 수 있다. 표 3은 오늘날 생활비가 가장 높은 지역들과 가장 낮은 지역들을 나타낸 것이다. 이 표를 만들기 위해 필자는 세입자와 집주인을 포함해 약 100만 가구의 자료, 노동통계국에서 작성한 소비재 물가에 관한 자료를 사용했다.[14] 생활비를 측정하려면 주민들이 소비하는

표 3 생활비 최상위·최하위 대도시

최상위 대도시	최하위 대도시
1. 캘리포니아 주 새너제이	269. 영스타운-워렌(오하이오 주-펜실베이니아 주)
2. 코네티컷 주 스탬퍼드	270. 오하이오 주 리마
3. 캘리포니아 주 샌프란시스코-오클랜드-발레이오	271. 인디애나 주 테러호트
4. 캘리포니아 주 산타크루스	272. 펜실베이니아 주 샤론
5. 캘리포니아 주 산타바바라-산타마리아-롬폭	273. 미주리 주 세인트조지프
6. 캘리포니아 주 벤투라-옥스나드-시미밸리	274. 버지니아 주 린치버그
7. 보스턴(매사추세츠 주-뉴햄프셔 주)	275. 펜실베이니아 주 윌리엄스포트
8. 하와이 주 호놀룰루	276. 미주리 주 조플린
9. 캘리포니아 주 산타로사-페탈루마	279. 텍사스 주 브라운스빌-할링겐-산베니토
10. 캘리포니아 주 살리나스-시사이드-몬터레이	280. 덜루스-슈피리어(미네소타 주-위스콘신 주)
11. 뉴저지 주 뉴욕-노스이스턴	281. 존슨시티-킹스포트-브리스톨(테네시 주-버지니아 주)
12. 워싱턴 D.C.(메릴랜드 주, 버지니아 주)	282. 펜실베이니아 주 알투나
13. 캘리포니아 주 로스앤젤레스-롱비치	283. 루이지애나 주 알렉산드리아
14. 캘리포니아 주 샌디에이고	284. 텍사스 주 매칼렌-에딘버러-파르-미션
15. 워싱턴 주 시애틀-에버렛	285. 버지니아 주 댄빌
16. 뉴저지 주 트렌튼	286. 앨라배마 주 개르던
17. 코네티컷 주 브리지포트	287. 앨라배마 주 애니스턴
18. 플로리다 주 포트로더데일-할리우드-폼파노비치	288. 펜실베이니아 주 존스타운
19. 텍사스 주 오스틴	
20. 알래스카 주 앵커리지	

모든 물품의 현지 가격을 합산할 필요가 있다. 미국의 보통 가정에서는 어떻게 돈을 쓰는가? 대부분의 사람들은 정확한 답을 내놓지 않고 식품, 가스, 식료품에 쓰는 금액을 극도로 과장하는 경향이 있다. 아마도 이들 품목을 정기적으로 구입하기 때문일 것

이다. 사실 보통 미국인은 식품과 음료에 소득의 14퍼센트만 지출하며 교통비로 17퍼센트를 쓴다. 이것은 그리 많지 않은 양이다. 심지어 다른 범주들은 가계 예산의 더 적은 부분을 차지한다. 의복(3퍼센트), 의료 서비스(6퍼센트), 오락(5퍼센트), 교육·통신(6퍼센트) 등이다.(미국인들이 가계 예산을 나누는 방식은 다른 나라들과 상당히 비슷하다. 여기서 주요한 예외는 이탈리아 가정이다. 그들이 의복에 쓰는 돈은 미국인들보다 두 배 많다.) 가계 예산에서 단연코 가장 큰 항목은 주거비로, 지출의 약 40퍼센트를 차지한다. 이것은 대도시 지역들 사이의 생활비 차이가 대부분 주거비 차이에 의한 것이며, 결과적으로 땅값 차이가 반영된 것임을 의미한다. 다른 차이들은 지역적 서비스의 가격(이발 요금이나 식당의 음식 값 같은 것들)에서 발생하지만, 가계 예산에서 차지하는 비중이 낮아 이러한 차이는 상당히 작다. 게다가 그런 차이들 또한 대부분 땅값을 반영한다. 예를 들어 이발 요금은 댈러스보다 뉴욕이 더 비싸다. 점포를 세 얻는 데 돈이 더 많이 들며, 높은 생활비를 보상하느라 이발사 봉급이 더 높아지기 때문이다. 식당 음식, 상담 치료, 법률 서비스, 유모 서비스의 경우도 원리는 마찬가지이다.

앞 페이지의 표 3을 보면 명단 맨 위 지역들이 노동시장이 가장 강력한 지역들(임금과 생산성이 가장 높은 지역들)임을 확인할 수 있다. 새너제이가 선두이며 스탬퍼드와 샌프란시스코가 그 뒤를 잇고 있다. 미국의 많은 혁신 중심지들이 최상위 집단(보스턴, 워싱턴 D.C., 샌디에이고, 시애틀, 오스틴)에 있다. 앵커리지는 예외이다(혁신 중심지도 아닌데 생활비가 많이 드는 도시라는 의미—옮긴이). 왜냐하면 그곳에서 쓰는 생활필수품 가운데 많은 것들이 수입품이기 때문이다. 자료가 대도시 지역 전체를 반영하기 때문에, 뉴욕은 고작 11위에 머문다. 뉴욕 시만 따로 떼어서 본다면 명단의 맨 위에 올라 있을 것이다. 이와는 대조적으로 생활비가 가장 적게 드는 지역들은 가장 약한 노동시장을 보유하는 경향이 있다. 명단의 맨 아래에서 우리는 펜실베이니아 주 존스타운을 발견할 수 있다. 쇠퇴하고 있는 제조업 지역인 이곳의 생활비는 새너제이의 4분의 1이다. 밑바닥 근처에 자리 잡은 다른 대도시 지역들로는 앨라배마 주 애니스턴, 앨라배마 주 개즈던, 버지니아 주 댄빌이 있다. 노동시장의 강도強度와 주거비 사이의 관계는 결정론적이지는 않지만, 삶의 질(더 나은 삶의 질은 다른 모든 것들은 예전과 같더라도 더 높은 주거비를 의미한다), 수요 증대에 부응해 주택을 신축하기가 얼마나 쉬운가(더 쉬운 주택 개발은 더 낮은 주거비를 의미한다)를 포함해 여러 요인이 작용한다.

이러한 사실들은 근로자들 간의, 도시들 사이의 불평등 정도를 어떻게 해석하느냐와 관계가 있다. 후자부터 먼저 살펴보자. 한 도시의 노동시장이 강화되면, 근로자 수입과 주거비가 모두 인상되는 경향이 있다. 이러한 인상은 주민들에게 별개의 두 가지 영향을 미친다. 첫째, 주거비 인상은 봉급 인상분을 일부 상쇄한다. 존스타운 같은 도시들에서 사람들이 받는 명목 봉급nominal salaries은 낮다. 하지만 주거비가 다른 곳들보다 낮기 때문에 보통의 봉급

253

5
이동성과 생활비의 불평등

이 더 많은 구매력을 갖는다. 이에 반해 뉴욕, 워싱턴, 보스턴 주민들은 명목 봉급은 많이 받지만 실질 봉급effective salaries은 많지 않다. 봉급 가운데 많은 부분이 주택 대출금 상환에 들어가는 경향이 있기 때문이다. 이것은 왜 모든 사람이 존스타운을 떠나 보스턴이나 뉴욕으로 이동하지 않는지를 설명하는 데 도움이 된다. 실제로 미국 도시들 사이의 평균 소득 차이를 생활비에 맞추어 조정하면, 조정하지 않았을 경우보다 약 30퍼센트 줄어든다.〔만약 미국의 전체 인구에 완벽하게 이동성이 있고 모든 미국 도시들이 동일한 삶의 질을 제공한다면 구매력은 모든 도시들 사이에서 완벽하게 동등해질 것이다. 하지만 도시들마다 제공할 수 있는 삶의 질이 다르고 사람들은 흔히 살던 곳에서 살기를 선호한다. 하여 미국인 모두다가 임금을 많이 주는 지역으로 이주할 의사를 갖지는 않는 것이다. 따라서 실제로는 구매력과 복지가 미국 전역에 걸쳐 완벽하게 균등해지지 않는다.(경제학 용어로 말하자면, 복지는 한계적marginal 개인들에 대해서 균등해지지만, 한계 아래의inframarginal 개인들에 대해서는 균등해지지 않는다. 더 자세한 논의는 모레티의 〈지역 노동시장〉이란 글을 참조해보면 좋다.〕

이로써 이야기가 다 끝난 것은 아니다.[15] 대기질 개선에서와 마찬가지로, 강력한 노동시장이 가정에 영향을 미칠 수 있는가의 여부는 결국 그 가정이 집을 소유한 70퍼센트에 속하는가 아니면 셋집에 사는 30퍼센트에 속하는가에 달려 있다. 노동시장이 강해지는 곳의 집주인들은 높아진 임금과 높아진 부동산 가치 때문에 두 번 이득을 본다. 그들에게 미치는 복지효과는 구매력 증대보다 크다. 왜냐하면 그들의 부동산에서 자본 이득이 발생하기 때문이다. 여기서 우리는 예상치 못했던 다음과 같은 결론에 맞닥뜨린다. 미국의 역동적 혁신 부문에 의해 창출된 부의 상당 부분은 단지 노동시장을 통해서뿐만 아니라 주택시장을 통해서도 생기는 것이다. 이러한 자본 이득은 혁신 중심지 주민들이 강화된 현지 경제로부터 이득을 취하는 중요한 경로이다. 하지만 높아진 소득의 효과는 세입자들이 사는 집의 월세 인상에 의해 부분적으로 완화된다. 그러므로 그들의 최종적 복지효과는 이 두 가지 힘 가운데 어느 것이 우세하느냐에 달려 있다. 임금 인상이 클수록, 집세 인상이 작을수록 그들에게 더 좋다. 대기질의 경우에서처럼 부동산 가격의 변화는 일자리 성장으로 창출된 부를 한 집단에서 다른 집단으로 재분배한다. 곧 알아보겠지만, 지방정부들은 지역의 생활비 인상을 관리할 권한을 갖고 있다. 그러므로 강화되고 있는 노동시장에서부터 가장 이득을 많이 볼 사람이 집주인이냐 아니면 세입자이냐를 결정할 수 있다.

지역 노동시장과 생활비 간의 이러한 관계는 근로자들 사이의 불평등에 대해 우리가 생각하는 방식에도 영향을 미친다. 불평등을 주제로 한 대부분의 대중 토론에선 봉급과 소득의 두드러진 차이에 초점을 맞추지만, 진짜 중요한 것은 사람들이 그들의 소득으로 얼마나 많이 구매할 수 있느냐이다. 이런 식으로 불평등을 측정한 결과, 경제학자들은 부자와 빈자 사이의 소비(식료품에서 의복, 전자제품에서 의료 서비스에 이르는) 차이가 봉급 차이만큼 크지 않음을 발견했다.[16] 부자와 빈자 간의 소비 격차가 어떻게 소득 격차보다 작을 수 있을까?

이처럼 명백한 모순을 설명하는 중요한 관건은 사람들이 어디 살고 있느냐이다. 필자가 최근 연구를 통해 밝혀낸 바에 따르면, 1980년 이래 보통의 대졸자가 주거비로 지출하는 금액이 보통의 고졸자가 주거비로 지출하는 금액보다 훨씬 빠르게 증가해왔다.[17] 이러한 추세는 대졸자들이 단지 더 크고 더 좋은 집을 소유함을 반영하는 것이 아니라 대부분 숙련도가 다른 집단들이 모이는 경향이 있는 장소의 특징을 반영하는 것이다. 앞에서 보았듯이, 지난 30년에 걸쳐 대졸자 일자리는 생활비가 많이 드는 대도시 지역들(새너제이, 샌프란시스코, 보스턴, 뉴욕, 워싱턴 D.C.)에 집중되어온 반면, 고졸자 일자리는 생활비가 적게 드는 미국 중심부 도시들에 집중되어왔다. 1980년대에는 두 집단 간의 주거비 차이가 작았지만, 이제 그 차이는 세 배 이상 커졌다. 이것은 대졸자들이 결국 주거비로 더 많이 지출하는 바람에 다른 상품이나 서비스에 쓸 돈이 적어졌다는 사실을 의미한다. 이는 마치 대졸자들이 고졸자들보다 더 높은 물가상승률을 경험하는 것과 같다. 따라서 고학력 미국인들과 저학력 미국인들 사이의 생활 수준 차이는, 수치로 보면 크기는 하지만, 실제로는 당신이 생각하는 것보다 다소 작다.[18]

주택 고급화와 그 불만

　대기질의 개선에 의도하지 않은 결과가 뒤따를 수 있는 것과 마찬가지로, 더 강력해진 노동시장에도 때로는 어두운 면이 있을 수 있다. 부동산 가격 상승은 가난한 사람들을 살던 곳에서 쫓아냄으로써 공동체의 주민 혼합을 크게 바꿔놓을 수 있다. 결국 이러한 변화는 한 도시의 정체성 자체에 영향을 미칠 수 있다. 예를 들어 1970년대의 보스턴을 한번 생각해보자. 낡은 제조업 기반과 고실업 때문에 진창에 빠진 보스턴의 경제는 끔찍한 상황이었다. 하지만 지난 30년에 걸쳐 늘어나는 혁신과 금융 부문의 일자리 덕분에 보스턴은 번창했다. 보스턴은 단지 경제뿐만 아니라 인구와 문화에서도 변모했다. 그 결과 도시의 사회 구조, 도시 형태, 시민의 삶의 질에 엄청난 변화가 생겼다. 이러한 변화 가운데 많은 것들은 더 나아졌지만, 상당한 사회적 비용 또한 뒤따랐다. 많은 장기 거주자들이 부동산 가격 상승 때문에 결국 살던 동네에서 밀려났다. 갑작스럽고 불편한 방식으로 일부 공동체들의 특성이 바뀌자 동네에 그대로 남은 사람들조차 온전하지 않았다. 1990년에서 2010년 사이에 보스턴으로 이주한 사람들은 대학 졸업장과 전문직을 가지는 경향이 있었다. 보스턴에서 이주한 사람들은 정규교육 수준이 낮고 비전문직인 경향이 있었다. 두 집단의 생활방식, 가치관, 사회 정체성은 극도로 달랐다.
　지역의 경제개발 비용에 관한 토론은 험악한 말이 오가는 난장

판이 될 수 있다. 케임브리지, 버클리, 워싱턴 D.C., 산타모니카 같은 도시들의 지역 활동가들은 이런 종류의 경제적 변화를 혐오한다. 그들은 그 변화가 결국 공동체를 해치고 말 것이기 때문에 무슨 수를 써서라도 그것을 중단시켜야 한다고 목청을 돋운다. 개발에 비용이 뒤따르는 것은 분명하지만 누가 그 비용을 부담하는지, 비용을 최소화하는 최선의 방법이 무엇인지 명확히 하는 것이 중요하다.

앞에서 살펴보았듯이, 원래 집주인들은 주택 재개발로 인해 이득을 본다. 이러한 집단은 빈민가 재개발을 맡은 사람들(대졸 전문직 종사자, 혁신가, 기업인)과 사회적으로 매우 뚜렷하게 구별된다는 사실을 인식할 필요가 있다. 재개발하는 동네는, 예상할 수 있겠지만 집주인들을 포함해 원주민들 대부분이 그렇게 부유한 편은 아니다. 필자가 사는 동네인 샌프란시스코의 미션 구를 보자. 이곳은 대졸 첨단기술 전문직들의 유입으로 인해 영향을 많이 받은 지역 가운데 하나인데, 고속도로와 가깝기 때문에 도회지 생활을 선호하는 실리콘밸리의 근로자들이 많이 산다. 여기에서 주목할 만한 점은, 첨단기술 근로자들의 유입으로 인해 가장 이득을 많이 보는 사람들은, 새로 전입해 오는 사람들에게 부동산을 팔고 있는, 대체로 라틴계 집주인들이라는 사실이다. 우리 집 근처에 멋진 2층짜리 빅토리아풍 주택을 소유하고 그 주택에서 수십 년간 살아온 멕시코계 미국인 부부가 대표적인 이들이다. 이 부부는 그 집을 95만 달러에 팔고 교외로 이사 가기로 했다. 교외로 나가면 그 돈의 절반을 가지고도 비슷한 크기의 주택을 사고 떵떵거리며 살 수 있을 것이다.

다른 모든 주민들, 즉 애당초 부동산을 가져본 적이 없는 사람들은 어떻게 하나? 많은 대형 시가지에서 대부분의 주민은 세입자이며 따라서 생활비가 상승하면 이들은 심하게 타격을 받는다. 노인들과 저소득층 사람들이 이 문제 때문에 특히 고통스러워하는데, 그들은 결국 주택, 추억, 이웃, 사회적 관계망(한마디로 그들 삶의 많은 부분)을 포기하고 어딘가 다른 곳에서 처음부터 다시 시작해야만 한다. 이처럼 갑작스러운 쫓겨남에서 그들을 보호하기 위해서는 무엇을 해야 하는가?

많은 공동체들은 전형적으로 사회경제적 변화의 속도를 늦추기 위해 토지 사용을 엄격히 규제하는 것으로 대응해왔다. 이런 법률들은 대체로 두 가지 유형으로 나눌 수 있다. 첫 번째 유형은 상업 용지에 초점을 맞추며, 사무용 건물의 신축 건수를 제한함으로써 재개발의 완화를 모색한다. 가장 극단적인 경우 가운데 하나는 버클리 시이다. 이 시는 '좋은 블루칼라 일자리'를 보호하기 위해, 시의 서쪽 지역 전체를 대상으로 첨단기술의 성장을 사실상 방해했다. 샌프란시스코 동부의 많은 부분들 또한 간단한 제조업 light manufacturing을 위한 용지로 예정되어 있는데, 이는 그 산업이 되살아나리라는 헛된 희망에 근거한 것이다. 두 번째 유형은 택지에 초점을 맞추며, 신축 중에서도 특히 동네를 변모시키는 신축을 제한한다. 사실 첫 번째 유형은 혁신 부문에 새 고용주들이 유입되는 것을 제한하려 하며, 두 번째 유형은 새 주민의 유입을 제한하려 한다. 둘 다 기존의 경제적·문화적 인구 통계를 유지할 의도에서 민간투자를 줄이는 것을 목표로 삼고 있다.

필자의 견해로는, 두 가지 접근법 모두 그릇된 판단에 따른 것이며, 재개발을 관리하는 데 효과적이지 않다. 첨단기술 분야의 사무용 건물 신축을 억제하는 것은 한 도시가 창출할 수 있는 일자리의 수를 줄이는 것이나 마찬가지이다. 왜냐하면 공장들이 샌프란시스코나 산타모니카의 도심 한복판에 들어설 가능성은 거의 없기 때문이다. 승수효과와 전파효과 때문에 이러한 정책은 그 정책을 통해 도우려는 바로 그 사람들에게 결국 피해를 입힌다. 승수효과와 전파효과의 가장 중요한 교훈이 무엇이었나. 한 도시의 미숙련 근로자들은 대부분 그들의 생계 자체를 혁신 부문의 지속적 성장에 걸어야 하고, 운 좋게도 이웃에 사는 더 숙련된 근로자들에게서 얻을 것이 많다는 사실이다. 한 도시에 숙련 근로자가 많아진다는 것은, 저숙련 근로자들의 일자리가 더 많아지고 더 좋아짐을 의미한다. 그 정책은 비거주자들에게도 피해를 준다. 앞에서 보았듯이, 혁신 중심지들은 미국에서 가장 생산적인 지역에 속한다. 그리고 이처럼 높은 생산성은 미국 전역에서부터 근로자들을 불러 모은다. 이러한 수준의 생산성은 강력한 뭉침의 힘 때문에 딴 곳에서는 쉽게 복제될 수 없다. 그러므로 미국의 혁신 중심지들에서 일자리 창출을 억제하는 것은 나라 전체로 보아 일자리의 순손실을 초래하기 쉽다. 이것은 실업률을 악화시키는 극심한 자원 낭비이다.

주거지 재개발을 억제하는 방법도 타당하지 않기는 마찬가지이다. 그렇게 하는 것이 그 도시에서 일자리를 만드는 일이나 진배없다 하더라도, 어딘가 다른 곳에서 유입될 수 있는 지원자들과 일자리를 결과적으로 막게 되기 때문이다. 더욱이 재개발 억제는 가난한 주민들의 쫓겨남을 둔화시키는 것이 아니라 가속화할 가능성이 있다. 그 이유는 무척 단순하다. 한 도시에서 새 주택이 들어서는 것을 제한하면 늘상 부동산 가격이 더 오르는 것으로 이어졌다. 직감적으로 알 수 있는 일이다. 한 도시에서 주택 수요가 높은데 공급을 줄이면 가격이 오를 수밖에 없다. 최근 일련의 연구에서 도시경제학자 에드 글라이저와 공동 연구자들은 다음과 같은 명백한 증거를 찾아냈다. 주거지 재개발 정책을 더 깐깐하게 구속적으로 채택하는 도시들은 예외 없이 임금 수준에 비해 높은 집값에 직면한다.[19] 이에 반해, 시가지 주택 개발을 앞장서서 허용하는 도시들은 결국 주거비용 인하를 실현한다.

주택 고급화 문제의 진정한 해법은 주택 재개발 제한과 정반대이다. 혁신 중심지들은 주택 신축을 제한할 게 아니라 오히려 권장해야 한다. 현명한 성장 정책을 통해 바르게 관리된다면, 특히 시가지 중심부에 집중되고 대중교통망의 확충이 뒤따른다면, 주택이 더 많이 생기는 게 도시 외곽 지역의 무질서한 확장과 교통 혼잡을 야기시키지는 않는다. 이런 종류의 시가지 개발 정책들은 주택 고급화의 부정적 영향을 완화시킬 수 있을 뿐만 아니라 지식 전파와 혁신을 조성하는 뜻밖의 사회적 상호작용을 도시 내에서 촉진할 수 있다.

시애틀이 좋은 본보기다. 첨단기술 일자리가 늘어나면서 그곳의 경제적 여건이 개선되기 시작하자 시 당국은 상당한 분량의 공터 활용 도시 개발(기존 건물들을 개조하고 공지를 개발함으로써 무분별한 도시 확장을 피하면서 특정 지역의 건축 밀도를 높이는 개발 형태)을 허용하는 방식으로 신축 주택을 늘리기로 결정하였다. 이렇게 해서 공급이 늘자 부동산 가격은 억제되었다. 분명 가격 상승이 있기는 있었지만, 공격적으로 주택 신축을 제한하는 샌프란시스코와 보스턴 같은 도시들보다는 가격 상승폭이 낮았다. 본질적으로, 이것은 세입자를 집주인보다 우선적으로 배려하는 일종의 재분배 기제機制처럼 작동했다. 그것은 지역 첨단 산업 부문의 발전에 의해 창출된 부의 더 큰 몫이 집주인이 아니라 세입자 집단에게 가는 것을 의미했다.

시애틀에는 운 좋게도 선견지명이 있는 업계 지도자들이 있었다. 대부분의 다른 미국 도시들과는 반대로 시애틀의 주요 유통업자들은 도심에 그대로 남기로 결정했다. 노스트롬 가는 당시 다른 백화점들(가장 중요한 백화점으로 프레데릭 앤드 넬슨이 있다)과 함께 '몰mall로의 집단 탈출 현상'(미국 대도시의 유명 백화점들이 도심을 버리고 교외로 나가 넓은 땅에 새로이 대형 유통시설을 지어 영업하는 것—옮긴이)을 저지하고 싶어 했다. 도심 지역 안팎에 첨단기술 일자리가 늘어나고, 이와 때를 같이해 시내 곳곳의 걸어갈 만한 동네들에 고밀도 주택들이 들어서자 도시를 탈출하던 중산층의 행렬은 걸음을 되돌렸으며, 이는 결국 범죄율 저하, 활기찬 문화행사 개최, 새 식당의 개업을 불러왔다. 새 주민들이 시가지 중심부에 모여들자 공립학교들은 뚜렷한 개선효과를 경험했다. 시험성적이 향상되었는데, 이는 단지 교육 수준이 높은 부모를 둔 아이들뿐만 아니라 부모의 교육 수준이 낮고 부모가 첨단기술 분야에 일자리를 갖고 있지 않은 집의 아이들도 마찬가지였다.

결론적으로 도시의 관점에서 주택 고급화는 좋은 일이다. 주택 고급화는 경제적 성공과 일자리 성장의 표상이기 때문이다. 퇴락하고 있는 수십 개 도시들이 이러한 현상을 갖고 싶어 할 것이다. 동시에 주택 고급화에는 심각한 사회적 결과가 따른다. 그 해법은, 제조업 일자리가 마술처럼 되돌아오기를 바라는 마음에서 혁신 부문의 지역 일자리 창출을 막는 데 있지 않다. 경제 성장의 과정을 현명한 방식으로 관리하고, 가장 취약한 주민들에 미칠 만한 부정적 결과를 극소화하며, 모두를 위한 경제적 편익을 극대화하는 데 길이 있다.

6

빈곤의 덫과
매력적인 도시들

Poverty Traps and Sexy Cities

모든 도시가 나름의 MIT를 갖고 싶어 한다.
세계에서 가장 유명한 공학기술 대학
주변에서 혁신 중심지를 재창조하기 위해
끊임없이 머리를 짜내고 있다.

우리는 급속히 격차가 벌어지고 있는 세계에 살고 있다. 번성하는 산업들은 일부 도시들에 몰리는 경향이 있다. 이들 도시는 좋은 일자리를 창출하고 높은 봉급을 발생시키는 반면, 그렇지 않은 다른 도시들은 갈수록 뒤처지고 있다. 사람들은 실패하고 있는 도시들을 떠나 번영하는 도시들로 이동할 수 있다. 하지만 우리가 보았듯이 이동이 만병통치약은 아니다. 문제는, 일자리와 숙련도가 잘못 혼합된 상태에 있는 공동체들을 우리가 어떻게 살릴 수 있는가이다.

도전적인 질문이다. 하지만 이 질문에 답할 한 가지 방법이 있으니, 기존의 혁신 단지들이 어떻게 창설되었는지 되돌아보고 다른 곳에서도 그러한 과정이 일어날 수 있는지 살피는 것이다. 이와 관련해 생명공학 산업의 역사는 우리에게 특히 많은 깨달음을 준다. 1973년 봄 허버트 코언과 스탠리 보이어는 생명과학 연구의 경로를 완전히 바꾼, 재조합형 DNA 기법을 고안해냈다. 거의 즉각적으로 미국 전역에 걸쳐(특히 휴스턴, 롱아일랜드, 신시내티, 몽고메리, 케임브리지, 필라델피아, 북부 뉴저지, 마이애미, 팔로알토,

에머리빌, 로스앤젤레스, 라졸라 등) 민간 생명공학 연구소 수십 곳이 출현했다.[1]

오늘날 민간 생명공학 기업들이 가장 많이 몰려 있는 지역을 세 군데 뽑자면 보스턴-케임브리지 지역, 샌프란시스코 만안 지역 그리고 샌디에이고를 들 수 있다. 이들 지역이 업계에서 차지하는 일자리 비중은 계속 증가하고 있다. 서드 록 벤처 회사의 파트너이자 생명공학 모험자본가인 찰스 홈시 박사는 만안 지역에 대해 이렇게 언급했다. "위대한 과학, 위대한 과학자 그리고 의학에 혁명을 불러올 차세대 혁신 플랫폼을 찾아내는 일을 동시에 할 수 있는 곳을 찾아내기는 힘들다. 그런데 여기가 바로 그 장소다."[2] 하지만 1973년에는 그 산업이 어느 장소에 집결할지 분명하지 않았다. 현재 생명공학 순위표의 맨 위에 있는 도시들이 반드시 승자가 될 것임을 암시하는 요인은 전혀 없었다.

이 세 개 지역 가운데 샌디에이고는, 주로 은퇴한 해군 장병, 어부 그리고 관광객들을 불러 모았던 한적한 공동체였다. 생명공학 단지 후보로는 가장 가능성이 낮은 장소였다. 스탠퍼드대학교의 사회학자 월터 파월은 생명공학 산업의 초창기를 설명하며 이렇게 말했다. "현재 샌디에이고 군 '생명공학 해변'의 중심지인 라졸라의 토리 파인즈 로드는 1980년대에는 연구소들보다 골프장과 멋진 해변으로 더 널리 알려졌던 곳이다."[3] 심지어 케임브리지조차 성공이 보장된 장소는 아니었다. 케임브리지의 켄달 광장에는 이제 초현대적인 생명공학 연구소들이 가득 들어서 있지만, 1985년까지만 해도 그곳은 '퇴락하는 섬유 공장들의 집결지'였다. 케임브리지의 진보적 학계는 주로 유전공학에 대한 자체의 반대 입장을 들어 처음에는 생명공학 산업에 적대적이었다. 생명공학 선도 기업 바이오젠은 어렵게 이를 깨달았다. 케임브리지 생명공학 단지의 역사를 재구성하며 파월은 이렇게 강조했다. "'프랑켄슈타인 공장들'을 둘러싼 엄청난 대중적 소란에 질린 바이오젠 창업자들은 케임브리지에서의 논란을 피하려고 초창기 회사를 스위스에 설립했으며, 이 회사 공동 창업자이자 노벨상 수상자인 월터 길버트는 하버드대학교를 휴직해야만 했다."[4]

그렇다면 생명공학은 어떻게 이들 세 도시에 뿌리를 내리게 되었나. 사회적 통념으론 이들 세 곳 모두에 우수한 대학이 들어선 것을 이유로 볼 것이다. 케임브리지에는 하버드대학교와 MIT가 있으며, 샌프란시스코 만안 지역에는 스탠퍼드대학교, 버클리대학교, 캘리포니아대학교 샌프란시스코 분교가 있고, 샌디에이고에는 캘리포니아대학교 샌디에이고 분교가 있다. 피상적 수준에서 이러한 대답은 일리가 있다. 학문적 연구는 기초과학을 강조하는 생명공학 기업들에게 중요하다. 그러므로 학문적 기관들과 가깝다는 것이 생명공학 기업들의 입지 선정에서 근본적 역할을 했으리라고 추측할 수 있다.

하지만 좀 더 깊이 들여다보면, 이것만이 전부는 아니라는 것을 알 수 있다. 그렇게 보는 방식은 전형적 사후事後 합리화 방식다. 미국에는 4년제 단과대학이 1,764개, 종합대학이 662개 있다. 대도시 지역 한 곳당 평균적으로 단과대학이 다섯 개, 종합대학 두 개가 있다. 대학과 물리적으로 가깝지 않은 상태에서 생명공학 단지는 생겨나기 어렵게 되어 있다. 심지어 첨단기술 단지들을 미국 지도에다 대고 아무렇게나 뿌려본다고 하더라도 그 단지들은 대학 가까운 곳에 착륙하게끔 되어 있다.

명문 대학 또는 명문 대학의 명문 생물학과에 가까이 있어서인가?[5] 이 대답 또한 틀렸다. 1970년대에 생명공학이 출현했을 때, 세계 최상급의 생물학과 또는 연구 병원을 보유한 최소한 20개의 뛰어난 연구 대학은 다음과 같은 도시들에 다양하게 흩어져 있었다. 뉴헤이븐, 뉴욕, 필라델피아, 볼티모어, 애틀랜타, 시카고, 매디슨, 덴버, 클리블랜드, 휴스턴, 패서디나, 앤아버, 로스앤젤레스 등이다.[6] 이들 도시는 모두 매력적인 장소들이었지만 그 도시들 모두가 주요 단지들을 개발한 것은 아니었다.

별들이 가지런해질 때

1998년 사회학자 린 G. 주커와 경제학자 마이클 다비가 놀라운 이론 하나를 제시했다. 이제는 고전이 된 대단히 흥미로운 이 논문과 일련의 후속 연구들에서 두 학자는 민간 생명공학 기업들의 소재지와 성공을 진정으로 설명하는 것은 학문적 스타들(구체적인 유전자 배열 순서를 규명하는 최고의 논문들을 펴낸 연구자들)의 존재라고 주장했다.[7] 최고 대학들 중 어떤 대학들에는 우연히도 생명공학에 중요한 특정 하위 분야subfield를 전공한 스타 교수들이 있었는가 하면, 다른 대학들에는 연구 역량은 비슷했지만 그 특정한 세부 분야를 전공한 교수들이 없었다. 전자 집단은 민간 생명공학 기업들로 지역에서 단지를 만든 반면, 후자는 그러지 않았다. 자료에 따르면 학계 스타들의 자석효과는 대단했다. 주커와 다비가 추정한 바에 따르면, 모험자본 기업들과의 근접성, 우수 대학들의 존재, 또는 정부 자금 지원의 효과보다 스타 학자들이 훨씬 더 중요했다. 스타 학자들은 생명공학 신생 기업들이 언제 어디서 지도 위에 등장하는지를 설명하는 데 그치지 않고, 어떤 신생 기업들이 성공하며 어떤 신생 기업들이 사라지는지에도 영향을 미친다.

주커와 다비가 지적했듯이, 첨단기술에서의 성공, 특히 그 형성 단계에서의 성공은, 비전을 지니고 획기적 기술에 통달한 소수의 비범한 과학자들에게 찾아든다. 사실, 이 흔치 않은 개인들이 도시들과 지역들의 경제 발전에 미치는 영향은 아무리 높이 평가해도 지나치지 않다. 지금까지 세계적으로 총 3,500억 달러가 투자되었으며, 거의 400종의 생명공학 의약품이 개발되었고, 1,000종의 실험 화합물이 현재 임상 시험 단계에 있는 생명공학 산업은 한 공동체에 수천 개의 일자리와 상당한 번영을 가져다줄 수 있다.

스타들의 힘에는 두 가지 이유가 있다. 첫째, 민간 부문 신생 기업들의 과학자들과 연구자들은 그들이 종사하는 분야의 최첨단 상황을 항상 파악해두기 위해 일선의 학문적 연구에 물리적으로 가까이 있을 필요가 있다. 정기적으로 학술 세미나에 출석하고, 비공식 논의에 참여하며, 남들이 연구 중인 것, 남들이 이루어가고 있는 진전에 대해 듣는 것은 새 아이디어를 형성하고 발전시키는 데 대단히 중요하다. 민간 부문 연구 기업의 근무자들은, 그들의 실험실이 학계 최고 권위자들과 물리적으로 가까울 때에만 이러한 지식 전파의 이득을 누릴 수 있다. 둘째, 이러한 스타들이 종종 선도적인 민간 부문 신생 기업의 탄생에 개인적으로 관여한다는 사실이다. 주커와 다비가 파악하기로는 여전히 대학의 교수직을 유지하는 가운데 학계의 기업인이 그가 개척한 유전자 배열 분야의 기업 설립을 지원하는 식이다.

이 이야기의 핵심은 케임브리지, 샌디에이고 그리고 샌프란시스코 만안 지역이 운이 좋았다는 것이다. 1970년대 중반 생명공학이 모습을 드러냈을 때 스타들이 살았던 지역은 어느 정도까지는 마구잡이였다. 종합대학이 있는 187개 미국 도시들 가운데 어느 곳일 수도 있었으며, 최소한 최고의 생물학과가 있는 20개 도시들 가운데 한 곳일 수도 있었다. 하지만 그뒤로는 마구잡이로 발생하지 않았다. 단지들은 자기강화 속성self-reinforcing nature이 있는데, 이는 일단 단지 하나가 출범하면 그 단지가 계속해서 기업과 근로자를 유치하는 것이다. 선발자first mover는 이러한 잠금 효과로부터 이득을 보며, 초기 이득은 시간이 흐르면서 증폭된다.

경제 발전이 지니는 이러한 매력적 속성으로 인해 심지어 오늘날에도 그 산업이 케임브리지, 샌디에이고, 샌프란시스코 만안 지역에서 뭉침을 계속하도록 해준다.[8] 산업이 성숙함에 따라 신생 기업의 창설에 스타들이 미치는 영향력은 시간이 갈수록 시들해지고 있지만 지역 경제에 미치는 그들의 영향력은 오래 지속된다.

생명공학과 할리우드의 공통점

생명공학은 외따로 떨어진 사례가 아니다. 생명공학은 많은 혁신 단지들이 시작하는 방식을 대표한다. 역사를 통틀어 혁신적 활동의 중심지들은 있음 직하지 않은 장소들에서 뭉쳐왔다. 스타들에 성공 여부를 의존하는 또 다른 대표적 산업, 즉 영화를 보자. 20세기 초반, 영화는 인기 있는 새 상품이었다. 당시 영화는 훌륭한 오락 매체로 위상을 확립하기 위해 연극과 경쟁하고 있었으며, 모든 신흥 산업에 공통적인 어마어마한 기술과 경영 관련 도전에 직면해 있었다. 촬영에서 편집, 제작, 배급에 이르기까지 영화의 모든 것이 처음부터 발명되어야만 했다.

제1차 세계대전이 터지기 1년 전인 1913년, 영화 산업은 대체로 주요 영화사들과 대형 스타들이 있는 뉴욕에 집중되어 있었다. 그리고 이보다 작은 영화 거점들은 시카고, 필라델피아, 잭슨빌, 산타바바라, 로스앤젤레스에 있었다.[9] 제2차 세계대전이 끝나고 1년 뒤인 1919년, 미국 영화의 80퍼센트는 캘리포니아에서 만들어졌다. 찰리 채플린과 수많은 스타들이 서쪽으로 이동했으며, 로스앤젤레스에는 뉴욕보다 세 배 많은 영화사들이 자리 잡았다. 할리우드의 황금시대가 시작된 것이다. 1920년대 중반이 되자 로스앤젤레스는 세계 최고의 영화 산업 소재지로 그 위상을 한층 더 다졌으며, 할리우드라는 이름은 더는 도심 서쪽의 한적한 동네를 가리키는 게 아니었다. 전체 영화 제작 세계를 뜻하는 포괄적 용어로 사용되기 시작했다. 전례 없는 예술적 성취와 상업적 성공을 이룬 이 시대는 1940년 절정에 이르렀다. 당시 할리우드 영화사들은 한 해 약 400편의 영화를 제작했고, 9,000만 명의 미국인이 매주 영화관을 찾았다. 그때에 이르러 로스앤젤레스의 경제, 사회, 문화는 영원히 변했다. 영화는 대형 사업이 되어 수만 개의 지역 일자리를 발생시켰으며, 로스앤젤레스 번영의 상당 부분을 떠맡았다.

모든 사람들과 모든 것들에서부터 외진, 작은 지방 소도시 로스앤젤레스가 예술 창조의 세계적 중심지로 변모한 것은 참으로 숨이 멎는 듯한 이야기이다. 바로 이러한 박력있는 궤적이 현재 혁신단지들에서 벌어지고 있음을 우리는 두 눈으로 확인한다. 갈수록 더 많은 배우들, 영화사들, 전문적인 서비스 제공자들(무대 기술자, 음악가, 촬영장소 발굴자, 의상 디자이너 등등)이 할리우드에 집결해 뭉침의 힘이 점점 더 빠르게 뻗어나가는 상승 궤도를 떠받쳤다. 이러한 뭉침이 로스앤젤레스를 영화 제작의 적지適地로 만들었고, 갈수록 다른 장소들이 로스앤젤레스와 경쟁하기 어렵게 만들었다. 실리콘밸리와 시애틀이 오늘날 최고의 실력을 갖춘 중국인 및 인도인 기술자들을 유치하는 것과 정확히 같은 방식으로, 당시 할리우드는 재능 있는 이민자들을 끌어당기는 자석이 되었다. 이들 이민자는 대부분 유럽인이었으며 그중 많은 사람이 유대인이었다. 에른스트 루비치, 앨프리드 히치콕, 프리츠 랑, 마이클 커티즈 같은 위대한 감독들과 루돌프 발렌티노, 마를렌 디트리히, 로널드 콜맨 같은 위대한 배우들 모두 유대인이었다.

로스앤젤레스의 급속한 발전을 이끈 경제적 힘들은 분명히 드러나지만, 그 최초의 씨앗이 무엇이었는지는 분명하지 않다. 왜 로스앤젤레스였던가? 통념상으로는 영화 산업이 날씨가 좋은 로스앤젤레스에 자리 잡을 필요가 있었다고 설명하기도 한다. 뉴욕의 추운 겨울은 야외 촬영을 하는 데 기술적으로 어려움이 많았다는 것이다. 날씨가 중요하기는 하지만 결정적 요인이 될 수는 없었을 것이다. 이런 분석은 또 하나의 사후 합리화 사례에 불과하다. 로스앤젤레스가 좋은 기후를 갖춘 미국 유일의 도시였던가. 게다가 베를린, 런던, 파리, 모스크바(어느 곳도 겨울 날씨가 온화하지는 않다)는 모두 영화의 본산本山으로 남았다.

2006년 UCLA의 지리학자 앨런 스콧이 더 적절한 설명을 내놓았다. 1915년 상업적 힘과 문화적 힘이 강력히 결합해 로스앤젤레스를 변모시킨 어떤 사건이 일어났다. 이 일로부터 비롯됐단 것이다.[10] 할리우드의 상승을 촉발시킨 사건은 선구적인 진짜 스타 감독 D. W. 그리피스와 관련이 있다. 클로즈업, 플래시백, 페이드아웃 등 수십 년간 영화제작을 규정해온 수많은 새 기법들을 창안한 장본인인 그리피스의 영향력은 너무도 대단해져갔다. 찰리 채플린은 그를 "우리 모두의 스승"이라고 불렀다. 할리우드의 결정적 순간은 그리피스가 역사상 처음으로 많은 예산을 투입한 대작 〈국가의 탄생〉을 찍은 1915년에 찾아들었다. 제작비 8만 5,000달러(과거 제작된 고예산 영화 제작비의 다섯 배)를 쏟아 부은 〈국가의 탄생〉은 1,800만 달러가 넘는 흥행수익을 올렸는데, 이는 무성영화 시대의 다른 어떤 작품보다 훨씬 많은 액수였다. 〈국가의 탄생〉은 영화를 확실하게 주류에 편입시킨 작품이었으며, 그 시점까지 영화가 연극보다 못하다고 여기던 중산층 관객들에게 영화를 매력적이게 만들었다. 그 과정에서 〈국가의 탄생〉은 로스앤젤레스의 미래 성공을 위한 씨앗을 심었다. 그 영화가 만들어지고 3년 뒤 로스앤젤레스에서는 이미 뉴욕보다 두 배 많은 사람들이 영화 산업에서 일했으며, 그 격차는 그로부터 20년간 해마다 커져갔다. 뭉침의 과정이 시작됐고, 되돌아감은 없었다.

사정을 다 알고 난 덕에, 이제 우리는 각 산업들이 제 위치에 있는 게 지당하게 보인다. 오늘날 우리는 로스앤젤레스 하면 영화를, 뉴욕 하면 금융을, 실리콘밸리 하면 컴퓨터를, 시애틀 하면 소프트웨어를, 롤리-더햄 지역이라고 하면 의학연구를 즉각 떠올린다. 하지만 이들 산업이 제각기 지금의 도시에 정착하기 전에는 이런 방식으로 산업과 도시의 연관성을 파악하진 않았었다.

1910년 로스앤젤레스에는, 이 도시가 장차 세계의 영화 수도가 될 것임을 시사한 사람은 거의 없었다. 1960년대 롤리-더햄 지역에는, 이 도시가 의생물학醫生物學 연구의 수도가 될 것임을 가리키는 어떤 것도 없었다. 1970년대 시애틀은, 소프트웨어 개발의 세계적 중심지가 되기에는 전혀 어울리지 않는 곳으로 보였다. 케임브리지, 샌디에이고, 샌프란시스코는 어쩌다 보니 알맞은 시기에 알맞은 종류의 스타들을 갖게 되었다. 이에 반해 전통적 제조업의 위치는 설명하기가 한결 더 쉽다. 왜냐하면 항구와의 접근성이나 천연자원과의 근접성 같은 물리적 요인들에서 흔히 기원을 찾을 수 있기 때문이다. 예를 들어 시카고, 디트로이트, 톨레도, 버펄로, 클리블랜드가 19세기와 20세기에 방대한 제조업 단지들로 성장한 것은 수로水路를 통해 무거운 물질들을 싸게 수송할 수 있었던 것과 관계가 있다.

첨단기술 단지들의 내력을 보면, 단지들이 자리를 잡고 난 뒤에 일어나는 일은 우리가 이해하기 쉽지만, 예측하기는 어려우며, 그 단지들을 창설하기는 더더욱 어렵다는 것을 알 수 있다. 미국에서 가장 중요한 단지인 실리콘밸리조차 전혀 계획된 것으로는 보이지 않는다. 군사적 연구가 그 단지의 시작과 관계가 많았지만, 군대 고위 간부들이 논의 끝에 그 지역에 혁신 중심지를 창설하기로 결정했기 때문에 실리콘밸리에 첨단기술 단지가 뿌리를 내린 것은 아니다. 1940년 샌프란시스코 반도 남부는 과일 재배에 비교우위를 지닌 한적한 농업 지역이었다. 트랜지스터를

277

6
빈곤의 덫과 매력적인 도시들

발명한 전설적인 첨단기술 선구자 윌리엄 쇼클리가 과수원이 많은 이 지역에 도착한 것이 현지의 혁신 산업을 촉발시킨 씨앗이었다. 쇼클리의 제자들 가운데 일부가 페어차일드 반도체 회사 Fairchild Semiconductor에서 최초의 집적회로集積回路를 만들었을 때, 그 씨앗이 싹텄음이 분명해졌다. 뭉침의 과정이 시작된 것이었다. 그 뜻밖의 묘목은 결국 수많은 일자리를 그 지역에 가져다준 경제 기적의 시작점이었다.

쇼클리가 스탠퍼드대학교와 연결돼 있었다는 것은 맞지만(스탠퍼드대학교가 있었기에 실리콘밸리가 있었음은 실리콘밸리의 역사가 증명해준다), 당시 스탠퍼드는 단지 미국의 수많은 대학들 가운데 하나였을 뿐이며 더더구나 최고 대학은 아니었다. 물론 스탠퍼드는 분명 일정한 역할을 했다. 하지만 많은 사람들이 생각하는 것만큼 결정적이지는 않았다. 실리콘밸리의 탄생과 성장에 연구 대학은 필요조건이었지만 충분조건은 결코 아니었다. 예컨대 쇼클리가 당시 팔로알토보다 산업 기반이 훨씬 더 발달되어 있었던 프로비던스에 자리 잡기로 결정했더라면, 실리콘밸리는 오늘날 로드아일랜드에 그 단지가 차려져 있을 것이다. 그렇게 되면 우리는 아마도 브라운대학교가 단지를 초래한 방법에 관해 쓰인 책 수십 권을 읽고 있을 것이다. 선지자들은 사람들이 도시에서 살기 시작한 그 시점부터 번영하는 도시를 건설하기 위해 노력해왔다. 유토피아적인 공동체들은 개화된 기획과 강력한 가치관을 통해 사회적 병폐를 치유하겠다는 약속을 제시하며 언제나 사람들의 상상력에 불을 지펴왔다. 대부분의 경우 이들 공동체는 오래 가지 않았다. 1928년, 헨리 포드는 '포들란디아'라는 새로운 산업 중심지 설립하려고 시도했다. 처녀지에 아무런 사전 준비 없이 단지를 건설하려 한 것이다. 포드의 꿈은, 포드 자동차 회사 공학기술의 합리적 효율성을 적용해 브라질 열대우림 지역 한복판에 이상적 공동체를 건설해 거기에서 포드 자동차의 타이어에 들어가는 고무를 수확하는 것이었다. 뒤에 밝혀졌듯이, 유토피아를 꾀하는 것 자체가 어려운 일이었다. 포드의 실험은 주민들과 투자가들 모두에게 재앙으로 판명되었다. 그 프로젝트는 대대적인 축하 행사와 함께 착공된 지 불과 17년 만에 엄청난 손실을 기록한 채 매각되었다.

미국 각지에서 고전 중인 공동체들은 현재 자신들의 달라진 모습을 보여주며 좋은 일자리를 유치하기 위해 노력하고 있다. 주정부들은 이러한 노력을 어떻게 도와야 하는가? 마이클 포터(하버드대학교 경영대학원 교수로서 기업 전략, 국가와 지역의 경쟁력에 관한 이론의 대가이다—옮긴이)가 1990년대 초 '단지 구축cluster building'이라는 기억하기 쉬운 개념을 유행시킨 이래, 도시들과 주들은 경제학자들이 공간 기반place-based 정책이라고 부르는 다양한 시책들을 통해 단지를 구축하려 노력해왔다. 그 시책들은 사실상 복지의 형태를 띠었지만 개인이 아니라 도시를 표적으로 삼는다. 이러한 시책에 연간 약 600억 달러(이는 한 해 동안 실업 보상에 지출되는 돈보다 많다)가 주정부들과 연방정부에 의해 지출된다. 그런데도 그와 같은 시책들의 배경을 이루는 경제 논리는 좀체 논의에 붙여지지 않으며 심지어 자주 알려지지도 않는다.

이런 정책들이 효과가 있는가? 이 질문에 대답하기 위해 우리는 근본적인 아이디어를 더 면밀하게 조사하고 그 아이디어의 경제적 근거를 철저하게 평가해야 할 것이다. 헨리 포드가 아무런 사전 준비 없이 도시를 건설하다 시험대에 올랐듯이, 지방정부들은 지역 경제학에 새로운 방향이 필요한 상황에 맞닥뜨리리란 사실을 우리는 알게 될 것이다. 정부 개입이 어떤 상황에서 타당하며 언제 타당하지 않은지를 바로 아는 것이, 건전한 정책을 수립하는 데 중요한 첫 걸음이다.

가난하지만 재미있는

성공하는 도시의 경제를 보면 노동력의 공급과 수요 사이가 놀랍도록 균형을 잡고 있고 이에 기반한다. 혁신적 기업들(노동력 수요)은 필요한 숙련 근로자들을 찾을 것임을 알기에 그 도시에 있으려 하며, 숙련 근로자들(노동력 공급)은 그들이 구하고 있는 일자리를 찾을 것임을 알기에 그 도시에 있으려 한다. 고전 중인 도시의 경제는 정반대이다. 비록 부동산이 엄청 쌀지라도 숙련 근로자들은 그곳에 가지 않으려 한다. 일자리가 없음을 알기 때문이다. 또한 혁신적 기업들도 숙련 근로자들이 없음을 알기에 그곳에 가지 않으려 한다. 다른 집단이 이동한다면 한 집단을 위하는 일이 될 것이다. 하지만 어느 집단도 먼저 가지 않으려 한다. 사면초가다.

고전 중인 도시 지역에 새로운 활기를 불어넣는 데에는 두 가지 접근법이 있다. 하나(필자는 이것을 수요 측면의 접근법이라고 부른다)는 근로자들이 따라오리라는 희망에서 고용주들을 유치하려 노력하는 것이다. 이 방식에는 한 장소를 기업에게 매력적이게 하려고 인센티브와 세금 우대 조처를 제공하는 것이 포함된다. 필자가 공급 측면의 접근법이라고 부르는 다른 하나는, 고용주들이 따라오리라는 희망에서 근로자들을 유치하려 노력하는 것이다. 이 방식에는 재능 있는 근로자들을 유혹하기 위해 그 도시의 현지 생활 편의시설들을 개선하는 것도 포함된다. 요약하자면, 첫 번째 전략은 기업들을 매수하는 것이고, 두 번째 전략은 사람들을 매수하는 것이다.

10년 전, 생활 편의시설들을 재활성화하는 구상이 갑작스레 대단히 유행한 적이 있다. 리처드 플로리다의 영향력 있는 저서들이, '창의적 계층'은 삶의 질에 특히 민감하며, 지역의 경제 성장은 주민들에게 도시를 재미있고 신나는 곳으로 만드는 데 전적으로 달려 있다는 관념을 널리 퍼뜨렸다. 플로리다는 이렇게 썼다. "시애틀은 마이크로소프트와 아마존뿐만 아니라 지미 헨드릭스 그리고 나중에 나온 너바나와 펄 잼의 고향이기도 했다. 오스틴은, 마이클 델이 이제는 너무 유명해진 그의 텍사스대학교 남

학생 클럽으로 걸어 들어가기 전에는, 컨트리 음악의 대가 윌리 넬슨과 기막히게 멋진 음악 무대 6번가를 배출한 곳이기도 했다."[11] 도시는 번영하기 위해서 문화와 진보적 자세를 갖출 필요가 있다.(한마디로 쿨할 필요가 있다.) 공적인 재개발 자원이 '창의적인 사람들'을 유치하기 위해 주로 도시 생활 편의시설을 개선하는 데 집중되어야 한다는 이 구상은 수십 명의 공공 기관 간부들과 현지 정책 당국자들에게 수용되었다. 그러자 플로리다의 처방은 인기 있는 치료약이 되었다. 피츠버그에서 디트로이트, 클리블랜드에서 모바일에 이르기까지 미국 전역에서 수억 달러가 지출되었으며 지금도 지출되고 있다. 2003년 미시간 주는 플린트와 디트로이트 같은 옛 공업도시들을 창의적 계층에게 흥미롭고 살 만한 곳으로 브랜드 이미지를 새롭게 해보려는 노력으로 야심 찬 캠페인을 시작했으며 '쿨한 도시들Cool Cities'이라는 번지르르한 웹사이트를 개설했다. 포드 재단은 '주변 지역의 경제 발전을 자극하는' 문화 공간을 재정적으로 지원하기 위해 1억 달러를 출연했다. 캐리 제이콥스는 최근 〈메트로폴리스〉에서 이렇게 말했다. "예술은 경제 발전을 위한 기본적인 수단이 되었다."[12] 동성애자들에게 공동체가 얼마나 문을 열어놓고 있느냐를 보면 그 공동체의 경제적 성공은 잘 예측할 수 있다는 주장으로 플로리다의 명성은 한층 더 높아졌다.

혁신 부문에서 경제적 기반을 굳건히 구축한 도시들이 흔히 활기차고 재미있으며 문화적으로 개방적이라는 것은 확실히 맞다.

하지만 원인과 결과를 확실하게 구분해야 한다. 성공적 혁신 단지들의 내력을 똑바로 보자. 많은 경우 도시들이 굳건한 경제적 기반을 구축하는 데 성공했기 때문에 매력적이 된 것이지 그 역逆 또한 마찬가지이지는 않다. 예를 들어 오늘날 시애틀을 방문하는 사람들은 멋진 식당들과 관대한 사람들이 있는 도시가 문화적으로 활기차다는 것을 발견할 것이다. 그들은 창의적인 사람들이 그곳에 살고 싶어 했기 때문에 시애틀에서 혁신 부문이 성장한 거라고 결론짓고 싶을 수도 있다. 하지만 우리가 앞에서 살펴본 바와 같이 그것은 정확히 반대이다. 지미 헨드릭스와의 그 모든 연고에도 불구하고, 1980년 시애틀은 그다지 매력적이지 않았다. 먼지투성이였고 분위기는 가라앉아 있었으며, 주민들은 수천 명씩 도시를 떠나고 있었다. 그 모든 첨단기술 일자리들을 유치하기 시작한 뒤에야 시애틀은 활기차고 국제적인, 고학력 전문직 종사자들의 놀이터가 되었다.

최고의 교향악단과 미술관, 말쑥하게 단장된 도심을 포함해 클리블랜드에는 매력적인 문화적 편의시설들이 들어서 있다. 하지만 이 도시는 여태까지 새로운 경제 기반을 수립하지 못해왔다. 미국에서 가장 빠르게 성장하는 혁신 중심지들 가운데 하나인 오스틴은 무척 쾌적하지만 산타바바라만큼 사랑스럽지는 않다. 그런데 이상적 기후, 아름다운 주변 경관, 느긋한 도시 분위기를 가지고 있음에도 산타바바라의 지역 경제는 사실상 첨단기술 일자리가 전혀 없는 나른한 상태이다. 미국에는 문화와 아량을 잔뜩 갖추고도 혁신 부문에서 좋은 일자리들을 발생시키지 않는 매력적인 도시(마이애미, 산타페, 뉴올리언스)들이 곳곳에 있다. 이탈리아는 멋진 생활방식을 자랑하지만 선진국들 가운데 혁신적 산업의 침투가 가장 낮은 편에 속한다. 이탈리아의 문제는 창의적 인재의 공급(똑똑하고 야심적이며 대학교육을 받은 젊은이들이 부족하지 않다)이 아니라 창의적 인재를 담는 수요에 있다. 이탈리아 젊은이 수백만 명이 실업 상태이거나 불완전 고용 상태에 놓여 있는데, 이는 대체로 이 나라 경제 시스템이 탄탄한 혁신 부문을 유치하는 데 실패했기 때문이다.

물론 예외도 있다. 뉴욕이 가장 중요한 사례이다. 뉴욕은 언제나 좋은 전문직 일자리의 굳건한 기반을 유지해왔다. 하지만 높은 범죄율, 낮은 생활의 질, 빈약한 공공 서비스 때문에 30년간 이 도시는 제 실력을 발휘하지 못하고 있었다. 뉴욕의 경제 르네상스는 삶의 질 개선, 많은 숙련된 전문직 종사자들의 뉴욕 귀환 의지에서 그 동인을 찾을 수 있다.

오늘날 세계에서 가장 멋진 도시들 가운데 하나가 베를린이다. 베를린 장벽이 무너진 지 23년 만에, 베를린은 유럽 전역에서부터 창의적 인재들을 끌어당기는 자석이 되었다. 이탈리아, 스페인, 프랑스에서 해마다 수천 명의 젊은 대졸 남녀가 베를린으로 이동한다. 세계 최상급 문화적 환경, 수많은 미술관과 믿기 어려울 만큼 많은 대중예술 전시 행사, 고급 음악과 얼터너티브 음악 공연들의 멋진 혼합, 새벽 1시에야 문을 여는 댄스클럽들, 적당한 가격의 고급 식당들, 갈수록 다양해지는 민속 음식들이 이들에게 매력을 뿜어낸다. 베를린 사람들의 안정된 진보적 자세, 투박하되 재미있는 건축, 험난했던 역사는 누군가의 말처럼 1980년대의 뉴욕을 연상시키는 실험정신을 고취시킨다. 베를린에는 또 유럽에서 가장 가격이 알맞은 주택시장, 정부 보조금이 들어간 고품질의 보육기관들, 좋은 학교들이 있으며, 유리와 철강으로 새로 지은 대형 중앙역사와 최신 공항 같은 뛰어난 사회 기반시설도 있다. 이상하게도 이 도시는 한때 분단되었던 과거로부터도 이득을 본다. 동물원 두 곳, 대형 오페라 하우스 세 곳, 교향악단 일곱 개, 미술관 수십 곳은 40년에 걸친 냉전 시대 동서독 간 경쟁의 산물이다. 역사적으로 중요한 도심의 아름다운 거리를 걷다 보면, 창의성과 높은 삶의 질이 어우러진 이 독특한 혼합은 좀체 다른 도시들이 따라잡을 수 없겠다는 인상을 지울 수 없다. 통일 이래 100만 명이 넘는 사람들, 그중에서도 많은 고숙련 인력이 베를린으로 이주했다는 사실은 그리 놀랍지도 않다.

이러한 베를린에도 유일한 문제가 있다. 일자리가 거의 없다는 것이다. 지난 10년에 걸쳐 베를린의 실업률은 독일에서 가장 높았으며(전국 평균의 두 배) 1인당 소득 증가율은 끝에서 두 번째였을 정도로 낮다. 단연코 독일에서 가장 흥미롭고 창조적인 도시이며, 멋진 유럽의 수도 가운데 하나인 베를린이건만, 지금까지도 확고한 경제적 기반을 유치하지 못한 것이다. 이 도시의 보헤미안 같은 모습을 옹호하는, 동성애자임을 당당하게 밝힌 진보적 시장이 베를린을 "가난하지만 재미있다"고 단언한 일화는 유명하다.

마이클 부르다는 하버드대학교에서 공부한 미국 경제학자로서 베를린에서 가장 역사가 깊고 가장 명문인 훔볼트대학교에서 학생들을 가르친다. 부르다는 독일 통일 4년 뒤인 1993년 베를린으로 이주한 이래 현지 경제를 관찰해왔다. 필자와 부르다는 수천 개에 달하는 베를린의 노천카페 중 한 곳에 앉아 맛있는 포도주를 홀짝거리며 천천히 흐르는 강과 활기찬 거리의 아름다움을 감상했다. 부르다는 그 자리에서 통계수치를 인용해 관광이 베를린 일자리의 주요 원천 가운데 하나라고 말했다. 독일 대기업 중 일부가 베를린에 본사를 두고 있으며(주로 베를린이 수도라는 이유 때문에) 패션과 언론 분야에 일자리들이 일부 있기도 하다. 최근 인터넷 신생 기업들로 구성된 단지가 생겨났지만, 그 규모가 너무 작아 거의 400만 주민이 사는 지역에 영향을 미치지 못한다. 대체로 세계적 혁신 기업들의 진출은 제한적이며, 소득은 독일 여타 지역들보다 낮고, 민간 부문의 좋은 일자리는 베를린 장벽 붕괴 이후 줄곧 침체되어왔다. 실제로 베를린이 생존하는 것은 주로 역사 덕에 이 도시가 관광 명소가 되었기 때문이며, 새 설비들과 공공 부문 일자리들에 대한 직접투자의 형태로 베를린이 독일 여타 지역들에서부터 엄청난 송금을 받기 때문이다. 바이에른과 뷔르템베르크같이 더 부유한 주들은 수십 년에 걸쳐 베를린의 고용을 위해 보조금을 지급해오고 있다. 이는 워싱턴 D.C.의 경우와 뚜렷한 대조를 이룬다. 워싱턴 D.C.는 지난 20년에 걸쳐 자체 공공 기관들에 덧붙여, 민간 기업들로 튼튼하고 자립 가능한 첨단기술 단지를 창설했다.

그야말로 창의적 계층의 구미를 맞춰줘야 혁신 중심지가 성장할 수 있다는 생각을 시험하기에 베를린만 한 장소가 또 있을까 싶다. 리처드 플로리다의 주장은, 창의적 계층을 위한 생활 편의 시설의 증대는 노동력 공급의 증가로 이어지며, 이것이 결국 한 도시의 경제를 끌어올린다는 것이다. 하지만 멋있는 것으로 일관한 베를린의 20년 세월 끝에, 고학력의 창의적인 노동력의 공급은 수요를 훨씬 능가한다. 한 연구에 따르면, 무려 사회과학자의 30퍼센트와 예술가의 40퍼센트가 실직 상태이다.[13] 독일은 번영하는 첨단기술 부문과 발전하는 고급 제조업 부문을 보유하고 있지만, 그 가운데 아주 작은 일부만 베를린에 소재하고 있다. 이 도시가 제2의 실리콘밸리로 변신할지 여부는 오직 시간만이 말해줄 것이다. 하지만 지금으로서는 그런 일은 일어나지 않고 있다.

화려함은 지역 경제를 지탱하기에 충분하지 않다. 결국 도시는 일자리를 유치할 필요가 있다. 이것은 삶의 질이 중요하지 않다는 말이 아니다. 샌프란시스코에 본사가 있는 옐프 사의 공학기술 담당 부사장 네일 쿠마르는 〈유에스에이 투데이〉 신문에서 이렇게 말했다. "우리 회사 소재지는 두뇌가 명석하고 교양 있고 다양한 노동력을 유치하는 데 도움이 되었다." 그는 이어 공학기술 인재를 유치하기 위한 치열한 경쟁에서 도시 그 자체가 핵심적인 구인활동 수단이라고 덧붙였다.[14] "샌프란시스코에 있기 때문에 우리는 창의적이고 기술에 능한 인재를 유치할 수 있다." 역시 샌프란시스코에 본사를 둔 거대 소셜게임 회사 징가의 임원 콜린 캐크리어리의 말이다. "샌프란시스코에 둥지를 튼 게 제일가는 요소는 아니라 해도 전체적인 상황을 파악해볼 때 이 요소는 확실히 중요하게 작용했다."[15] 실리콘밸리에서 비교적 덜 매력적인 지역들에 자리 잡은 경쟁 회사들은 샌프란시스코 주민들을 직장까지 태워주는 무료 버스 서비스(현지에서는 '구글 버스'로 알려져 있다)를 제공하는 것으로 대응했다. 구글, 애플, 야후, 제네테크는 모두 근무자들을 반도 지역의 본사로 태워 가는, 와이파이가 장착된 바이오디젤 통근 버스들을 갖추고 있다. 근무자들은 버스를 타고 출근하는 동안 작업하고, 인터넷 검색을 하며, 공짜로 저지방 카푸치노 커피를 즐긴다. 통근 버스에는 자전거와 애완견도 대환영이다.

삶의 질이 좋은 것은 도시에 인재를 유치하고 경제적으로 성장하는 데 분명 도움이 된다. 하지만 좋은 삶의 질, 오직 그 힘만으로 고전 중인 공동체를 혁신 단지로 전환시키는 원동력이 될 수는 없다. 또한 좋은 삶의 질이 베를린에서 효과를 내지 못하고 있는 터에 플린트에서 어떻게 효과를 낼 수 있을지 알아내기도 어려울 것이다.

대학이 성장엔진일 수 있는가?

모든 도시가 나름의 MIT를 갖고 싶어 한다. 세계에서 가장 유명한 공학기술 대학 주변에서 번창한 놀라운 혁신 중심지를 재창조하기 위해 도시 계획자들, 시청 간부들, 지역 정치인들은 끊임없이 머리를 짜내고 있다.

그들은 옛밍창Yet-Ming Chiang과 다르메시 샤Dharmesh Shah 같은 혁신가들을 염두에 두고 있다. 창은 53세의 재료과학 교수이다. 학생들을 가르치고 '리튬철인산염 배터리 전극의 과전압 의존 단계 변환경로Overpotential-Dependent Phase Transformation Pathways in Lithium Iron Phosphate Battery Electrodes' 같은 호감 가는 제목의 학술 논문들을 집필하는 창은 연쇄 창업가serial entrepreneur(새로운 기업을 계속해서 설립하는 기업가―옮긴이)로도 활동하고 있다. 그는 학문적 연구로써 첨단기술 기업을 네 개나 창업하는 데 기여했다. 가장 유명한 것으로는 청정기술의 세계적 선두 기업 'A123 시스템', 입고 다닐 수 있는 약물 투여 체계(환자에게 입으로 약을 먹게 하는 대신 배터리 기술을 이용해 피하皮下에 지니고 다니게 하는 기술―옮긴이)를 설계하는 '스프링리프 세라퓨틱스SpringLeaf Therapeutics'가 있다. A123 시스템은 효율이 더 큰 전기 자동차 배터리를 만들기 위해 나노 기술을 사용하기 때문에 언론에 자주 소개된다. 창은 수천 개의 지역 일자리를 직접 만들어냈으며(A123 한 회사의 종업원만 1,700명이다), 승수효과를 통해 수천 개의 추가 일자리를 간접적으로 만들었다. 두뇌가 극도로 뛰어난 것 말고도 그는 보스턴-케임브리지 혁신 중심지가 제공하는 비교우위를 활용하는 데에 매우 능하다. "나는 MIT에 있는, 내 전공이 아닌 분야의 전문가 파트너들, 사업 쪽에서 함께 일할 선도적 기업가들을 찾으려 노력한다." 이것은 그가 2011년 보스턴의 10대 혁신가로 선정되었을 때 언론 인터뷰에서 한 말이다. "그런 다음 우리는 벤처 공동체와 대화하고, 최고의 젊은 경영인과 기술 인재를 채용한다. 나는 우리 생태계를 최대한 이용한다."[16] 다르메시 샤가 대학 기숙사에서 '허브 스폿HubSpot'을 창업했을 때 그는 MIT 학생이었다. 소기업들을 위한 온라인 마케팅 수단인 그 회사는 이제 케임브리지 도심에서 200명을 고용하고 있다.

그런데 대학들이 진정 공동체 경제를 변화시키는가? 지역 발전에 대학들이 담당하는 역할은 복잡하다. 앞에서 살펴보았듯이, 대졸 근로자들 수는 도시의 경제적 성공을 추동하는 핵심 요인이다. 하지만 대졸자들은 매우 이동성이 높은 집단이며, 그래서 그들은 시장 여건이 매력적이지 않으면 그들이 학교를 다닌 도시에 반드시 그대로 주저앉지 않는다. 뉴욕 대졸자의 다수는 콜롬비아 대학교, 뉴욕대학교, 뉴욕시립대학교가 아니라 다른 도시나 주에서 대학을 다닌 사람들이다.

필자의 연구에 따르면, 도시에 단과대학이나 종합대학이 존재하면, 학생들 일부의 교육을 담당하고 외부에서 다른 학생들을 유치함으로써 대졸자의 공급을 늘리며, 그들을 더 생산적으로 만듦으로써 대졸자 수요를 늘린다.(대학의 효과를 다 밝히기는 어렵다. 대학은 그 필요성이 인지되는 곳에 등장하는 경향이 있다. 따라서 대학의 존재는 숙련된 구성원의 원인이 아니라 단지 결과일 수 있다. 역인과성逆因果性 가능성을 다루기 위해 필자는 정부에서 무상으로 토지 따위가 주어져 설립된 대학들에 관한 자료를 사용했다. 미국 고등교육을 지원하는 최초의 주요한 연방 프로그램을 의회가 창설한 연도인 1862년에 이들 대학은 설립되었다. 이 프로그램에 따라 주마다 최소 한 개 이상씩 모두 73개 단과 대학이 설립되었다. 19세기에 토지 무상 제공 프로그램으로 대학을 건립해 현재 종합대학을 보유한 도시들과 종합대학이 없는 도시를 비교했다. 이것은 연방정부가 한 일이고 지역 여건에 의존하지 않았기 때문에, 무상 토지 단과대학이 있는 도시들은 종합대학이 있는 도시들보다 비교집단으로 더 적합했다. 무상 토지 단과대학이 있는 도시들과 없는 도시들은 무상 토지 단과대학이 세워지기 전에는 비슷해 보였다. 하지만 오늘날에는 현저하게 다르다. 대도시 지역에서 무상 토지 단과대학이 존재하면 대졸자가 25퍼센트 더 많고 눈에 띄게 임금이 더 많았다.)

수요효과는 세 가지 경로를 통해 생긴다. 첫째, 어떤 기업들은 학문적 연구의 결과로서 직접 창설된다. 옛밍창이 설립한 기업들이 이에 속한다. 최근 연구에 따르면, 대학이 혁신을 상업적으로 활용하는 것을 장려하는 베이-돌법 제정(1980년)은 대학 인근 공동체들의 일자리 성장을 가져왔다. 1980년 이래 MIT는 특허 3,673건을 생산했다. MIT 졸업자들과 교수들에 의해 시작된 기업들은 매년 2조 달러의 매출을 올린다. 스탠퍼드대학교와 버클리대학교도 비슷한 주장을 뒷받침한다. 래리 페이지와 세르게이 브린이 스탠퍼드대학교 공학기술 학과의 대학원생이었을 때, 그들은 구글의 전설적인 검색엔진을 뒷받침하는 기술을 개발했다. 초창기에 구글은 스탠퍼드대학교 웹사이트에서 'google.stanford.edu'라는 도메인으로 운영되었다. 구글의 첫 고용인은 페이지와 브린의 동료 학생이었는데, 그는 그 행운 덕분에 지금 백만 장자가 되어 있다.

둘째, 학문적 연구가 앞서 논의되었던 종류의 지식을 전파시키며, 이것이 현지의 혁신 부문을 한층 더 발전시킨다. 애덤 자페가 연구한 바에 따르면, 이러한 지식 전파효과와 특히 관련된 분야는 약학, 의학기술, 전자공학, 광학, 핵기술이다.[17] 지식 전파는 일부분 장소와 상관없이 기업들에 두루 영향을 주지만, 규모에서는 상당 부분 지역적이다.

셋째, 의과 대학과 그 부속 병원을 통하는 것이다. 연중 내내 문을 열며 대단히 노동 집약적이고 숙련 집약적인 서비스를 제공하기 때문에, 병원은 수백 개 또는 심지어 수천 개의 고임금 지역 일자리를 발생시킨다. 의료 서비스는 대부분 지역 번영의 원인이라기보다는 결과가 되는 지역 서비스이다. 하지만 병원은 때로는 지방 차원의regional(현지 차원을 넘어 광역 차원에서라는 의미로 쓰임—옮긴이) 또는 전국 차원의 서비스 제공자가 된다. 메이요 병원Mayo Clinic이 있는 미네소타 주 로체스터, 피츠버그, 휴스턴은 전국에서 그리고 세계에서 환자들을 유치한다. 이들 병원은 지역 경제 바깥으로 수출되는(마이크로소프트나 애플과 다르지 않다) 교역적 서비스를 효과적으로 생산하고 있으며, 그들의 존재는 지역에 부를 가져오는 중요한 동인이다.

필자의 연구를 종합해 살펴보면, 대학의 존재가 더 잘 교육받은 노동력과 더 높은 현지 임금과 대체로 관련되어 있음을 알 수 있다. 하지만 동시에 대학이(심지어 명문 대학조차) 경제적 성공을 보장하지는 않는다는 사실을 시장市長들과 지역 정책 당국자들은 깨달아야 한다. 대부분의 대도시들에 대학이 있지만 혁신적 산업의 대규모 집중은 단지 몇 안 되는 대도시 지역들에 국한된다. 세인트루이스의 워싱턴대학교Washington University는 시애틀의 워싱턴대학교University of Washington보다 더 명문이지만 세인트루이스에는 그런 결과를 보여줄 첨단기술 일자리가 거의 없다. 사실 세인트루이스는 지난 50년에 걸쳐 인구 감소를 겪어왔다. 반면 시애틀은 이제 세계에서 가장 역동적인 혁신 중심지이다. 애리조나주립대학교와 플로리다대학교는 미국 최대 고등교육 기관에 속하지만, 피닉스와 게인즈빌은 혁신 중심지 명단에서 아랫부분에 속한다. 코넬대학교와 예일대학교는 세계 대학 순위에서 상위권을 휩쓸지만 이들 대학에 직접적으로 연결된 고용주들을 빼면, 이타카와 뉴헤이븐에는 세계 수준의 첨단기술 단지를 떠올리게 하는 것이 거의 없다.

그러므로 연구 대학과의 근접성은 중요하지만, 그것 하나만으로 지속 가능한 혁신적 기업들의 단지를 형성하기는 아직 부족하다. 이것이 핵심적 차이이다. 라스베이거스에서 디트로이트까지혹은 이탈리아에서 중국에 이르기까지, 이 부족한 자원을 메워야함에도, 연구센터를 만드는 데 필요한 투자를 가볍게 여긴 지방정부는 무수히 많았다. 대학은 혁신 활동의 더 큰 생태계, 즉 전문적인 노동력과 전문적인 중간 서비스의 두꺼운 시장이 포함된생태계의 부분이고, 지역 경제를 형성하는 데 가장 효과적이다.단지가 일단 설립되면, 단과대학들과 종합대학들은 그 단지의 성장을 촉진하는 데 중요한 역할을 하며, 많은 경우 그 단지를 지원하고 성공시키는 생태계의 핵심적 부분이 된다.

빈곤의 덫과 대대적 지원의 경제학

우리는 방금 하나의 도시에서 숙련 근로자의 공급을 늘림으로써 지역의 경제 성장을 촉진하는 정책을 펼칠 때 거기에 따르는가능성과 위험성을 살펴보았다. 대안으로 고용주들을 유치함으로써 노동에 대한 수요를 늘리려 노력하며 접근할 수도 있다. 이것은 흔히, 장기적으로 자립하는 단지를 형성하겠다는 희망에서,고전 중인 공동체들이 자리 잡는 혁신적 기업들에 계획적으로 인센티브를 제공하는 행위로 나타난다. 일단 산업 단지가 성공적으로 가동되면, 시간이 흐르면서 그 흐름은 강해지는 경향이 있다.

그 단지의 노동시장과 전문적인 사업 서비스 시장은 더더욱 두꺼워지며, 그 단지의 지식 전파는 더더욱 강력해진다. 물론 그 단지의 시작에 많은 힘을 기울이는 부분이 가장 힘들다.

2005년 핑왕은 비슷한 문제에 직면해 있었다. 그는 불과 몇 달간 세인트루이스에 있는 워싱턴대학교 경제학과의 학과장을 맡았을 뿐이었지만, 그 학과가 곤경에 처해 있음을 재빨리 깨달았다. 워싱턴대학교는, 이 대학의 학부 순위가 아이비리그 대학들 바로 아래일 정도로 뛰어난 학부 과정을 운영하며, 미국 전역에서부터 머리 좋은 학생들을 유치한다. 하지만 아이비리그 대학들과 달리 워싱턴대학교는 한번도 경제학에서 강세를 보인 적이 없었다. 핑왕이 학과장이 되었을 때, 경제학과는 전국 대학 경제학과 순위표에서 여러 해 동안 밑바닥 근처를 맴돌고 있었다. 경제학과에는 정말이지 연구에 적극적으로 참여하는 교수가 많지 않았다.

대학은 경제학과가 강하면 이득을 볼 일이 많다. 경제학은 취업 전망이 밝기 때문에 인기 있는 전공과목이다. 다른 학문 분야와 달리 경제학은 학계 바깥의 사람들에게 중요하며 경제학자들의 연구는 종종 신문과 TV에 보도된다. 대학에서 일하는 경제학자들의 봉급은 이를테면 물리학자나 생물학자들의 봉급보다 높지만, 대학 당국 입장에서는 싼 편이다. 그들에게는 비싼 실험실이나 정교한 과학기기들이 필요하지 않기 때문이다.

생기를 잃은 삼류 경제학과를 일류 연구 집단으로 탈바꿈시키는 문제를 놓고 고심하던 핑왕은, 학자들이란 어느 정도 첨단 기업들과 같다는 사실, 즉 학자들은 아이디어를 교환할 만한 우수한 동료들에 둘러싸여 있을 때 생산적이고 혁신적인 경향이 있음을 재빨리 깨달았다. 혼자 내버려두면 학자들은 침체되는 편이다. 따라서 이미 강한 학과들은 시간이 흐르면서 더 강해지는 경향이 있는데, 생산적인 연구자들의 존재가 다른 생산적인 연구자들에게 매력적이며, 약한 학과들은 같은 이유로 더 약해지기 때문이다. 훌륭한 학자는 절대 먼저 약한 학과로 이동하지 않으려한다. 단지 위신 때문이 아니라 실제로 생산성 때문에 그렇다.

개발도상국들을 연구하는 경제학자들은 이러한 현상을 빈곤의 덫이라고 부른다. 핑왕은 이러한 덫에서 탈출하는 단 하나의 길이 있음을 인식했다. 그에게는 '대대적 지원' 전략이 필요했다. 그가 한 일은 전례 없는 것이었다. 그는 각기 다른 대학에 있는 두 명의 학계 스타들에게 전화를 걸어 그들이 절대 거절할 수 없는 매력적인 제안을 했다. 60만 달러에 가까운 연봉을 제시한 것이다. 그 도박은 성공했다. 스타 학자 두 사람은 재직하던 일류대학을 그만두고 세인트루이스로 이동했다. 경제학과에 스타 두명이 있었으므로, 다른 경제학자들도 그 학과를 매력적이라고 보기 시작했으며 정상적인 봉급을 받고 있었음에도 이 대학으로 옮기라는 핑왕의 제의를 수락했다. 좋은 경제학자들이 점점 많이 그곳으로 이동함에 따라 경제학과는 더더욱 매력적인 곳이 되었다. 워싱턴대학교의 순위는 껑충 뛰어올랐다. 핑왕은 빈곤의 덫에서 탈출한 것이다. 그러나 안타깝게도 이러한 양의 피드백 회로positive feedback loop는 금융위기를 맞아 워싱턴대학교에 오는 기부금이 크게 줄고, 이에 따라 경제학과가 교수 채용을 축소할 수밖에 없었던 2008년 끊어지고 말았다.

본질적으로 빈곤의 덫에 갇힌 도시도 같은 도전에 직면한다. 도시는 그 과거에 의해 덫에 빠진다. 도시를 나쁜 평형 상태에서 좋은 평형 상태로 옮기는 유일한 방법은 대대적 지원을 하는 것이다. 이것은 교착 상태를 끊고 숙련 근로자들, 고용주들, 전문적인 사업 서비스 업체들을 동시에 새로운 장소로 데려오는 합동 정책이다. 오직 정부만이 이러한 대대적 지원 정책들을 주도할 수 있다. 정부만이 개별적 행위자들(근로자들과 고용주들)을 조직화해 뭉침의 과정을 작동시킬 능력이 있기 때문이다. 이 정책은 먼저 이동할 용의가 있는 사람들에게 공적 보조금을 제공하되, 그 과정이 자동으로 굴러가게 되면 보조금을 끊는 방식이다. 이것은 워싱턴대학교가 최초로 채용한 두 학자에게는 연봉을 초과 지급할 용의가 있었지만 그 뒤에 온 학자들에게는 그렇지 않았던 것과 흡사하다. 대대적 지원 정책의 이득은 잠재적으로 엄청난데, 쇠퇴하는 공동체들이 원칙적으로 되살아날 수 있기 때문이다.

하지만 이러한 정책들의 실적은 엇갈린다. 성공하려면 그 지원이 진짜 어마어마하게 클 필요가 있다. 또한 단호하고도 지속적이어야 하며, 가장 중요하게는, 보조금은 알맞은 수혜자들을 대상자로 삼아야만 한다. 워싱턴대학교의 사례가 보여주듯이, 비용은 높을 수 있으며 성공은 단지 일시적일 수도 있다.

미국 역사상 시도된 최초이자 가장 중요한 대대적 지원은 대공황 와중에 극도로 가난한 지역을 빈곤에서 벗어나게 하려고 창안된 테네시 강 유역 개발 공사TVA였다. 프랭클린 루스벨트 대통령(결코 과소평가되는 경향이 없는)에 따르면, 그 사업은 '모든 형태의 인간 관심사들을 건드리고 그것들에 생기를 불어넣음으로써' 지역 경제를 현대화하려는 의도에서 추진되었다. 실행의 면에서 이것은 대규모 사회 기반시설, 특히 해당 지역에 전력을 공급하고 지역의 생산성을 끌어올릴 현지의 수력발전용 댐들, 광범한 새 도로망, 1,000킬로미터 이르는 운하, 학교들, 홍수 통제 시스템에 대한 투자를 의미했다. 사업기금 가운데 그보다 더 작은 부분은 말라리아 예방, 숲 재건, 교육 프로그램들, 보건소 확충에 쓰였다. 그 사업의 규모는 전무후무할 정도로 어마어마했다. 1933~1958년 기간 중 미국 납세자들이 낸 돈 300억 달러가 그 지역에 투입되었다.[18] 사업이 절정에 달했던 1950년, 그 지역에 쏟아부은 연방 보조금은 가구당 625달러였다. 1958년 이후 연방 정부는 투자 규모를 줄이기 시작했으며, TVA는 자립 기관이 되었다.

이런 식으로 경제 개발에 접근하는 건 공적 자금이 빈곤의 덫에 갇힌 지역 경제를 활성화시킬 수 있다는 직관적 생각에 기초한 것이었다. 하지만 좌파와 우파 진영의 비판자들은 모두 그러한 방식을, 큰 정부의 도가 지나친 행동 또는 지역 공동체들에 대한 상의하달上意下達 식 통제라며 맹공격했다. 진보적 도시 사상가 제인 제이콥스는 1986년 〈뉴욕 리뷰 오브 북스New York Review of Books〉(미국의 격주간 서평지로서 도서 안내서라기보다는 평자의 논의에 중점을 두고 있다—옮긴이)에 영향력 센 기사를 내며, TVA 등 대대적 지원 정책에 대해 통렬한 비판을 가했다. 그는 이 글에서 이것이 지역 경제를 살리는 데 부자연스러운 방법이라고 주장하고 "실제 그 효과는 비참할 정도이다"라고 결론지었다.[19]

장소에 기초한 정책들을 제대로 엄격하게 살펴보려면 우리는 어떡해야 할까? 그 정책들로 인해 지원 기간 동안 일자리가 생겼느냐의 여부가 진짜 테스트는 아니다. 자금 유입 때문에 일시적으로 한 지역의 경제 활동이 활발해지는 게 그 자금이 잘 쓰인 징표는 아니다. 대신 우리는 공적으로 조달된 그 종잣돈이, 결국 혼자 자립할 수 있을 만큼 충분히 많이 그 단지를 긴밀하게 지원하여 급기야 이뤄냈느냐의 여부를 주목해야 한다. 요는, 정부가 투자를 해 지역 경제를 티핑 포인트 넘어서까지 끌고 가되, 더 이상은 끌고 가지는 말아야 하는 것이다. 그 지점에서 뭉침의 힘이 자리를 넘겨받아, 보조금이 없더라도 그 뒤로도 오랫동안 계속 기업들과 근로자들을 유치한다.

동료 팻 클라인과 필자는 TVA 사업을 면밀하게 연구한 끝에 다음과 같은 사실을 발견했다. TVA 사업은 그 시점까지 전반적으로 농촌이었던 한 지역에서 산업혁명을 발생시키는 데 성공했다.[20] 대대적 지원이 이루어졌던 1933~1958년 기간 중, 기업들이 값싼 전력과 편리한 수송을 매력적 요소들로 파악함에 따라 그 지역의 제조업 일자리는 전국의 여타 지역들보다 훨씬 빠르게 성장했다. 제조업 일자리는 연방 보조금이 고갈된 뒤에도 계속 빠르게 성장했다. 심지어 연방 보조금이 종료된 지 40년이 넘은 지난 2000년에도 그 지역의 제조업 일자리는 비교 가능한 남부의 다른 지역들보다 빠르게 성장하고 있었다. 물론 그 효과는 이제 둔화되고 있으며 아마 얼마 안 있어 사라질 것이다. 그 사업은 그 지역을 저생산성 부문(농업)에서부터 고생산성 부문(제조업)으로 이동시키는 데 성공했지만, 지역의 임금을 눈에 띨 정도로 높이는 데에는 닿지 못했다. 그 이유는 단순하다. 일자리가 갈수록 더 많이 창출되면서 갈수록 더 많은 근로자들이 개선된 경제적 여건을 이용하기 위해 남부의 여타 지역들로부터 그곳으로 이동했기 때문이다. 이러한 노동력 공급의 증가가 사실상 수요의 증가를 상쇄했다.

TVA 같은 정책들 앞에 놓인 근본적인 관건은, 그런 정책들이 성공하려면 지역의 정책 당국자들이 투자할 전망이 있는 기업들을 골라낼 능력이 있어야만 한다는 것이다. 당국자들은 어느 정도 모험자본가들을 닮을 필요가 있다. 이러한 점에서 프랭클린 루스벨트 대통령은 편하게 지낸 셈이다. 제조업이 일자리 성장의 엔진이며 번영이 사회 기반시설과 값싼 에너지에 의존하던 시절, 개발을 위한 처방은 명백했다. 테네시 강 유역은 산업 개발 수준이 너무 낮았기 때문에 알루미늄 제련소나 철강 공장, 또는 화학 공장이 그 초입에 들어서는지는 그다지 중요하지 않았다. 하지만 오늘날 지역 공동체들에게 가장 중요한 성공 결정 요인은 인적 자본이며, 올바른 결정을 내리기가 훨씬 더 어렵다. 한 군郡이 나 노기술 연구소를 유치하느라 그 재원財源을 몽땅 지출해야 하는 가? 아니면 그 군이 아마존의 최신 전산소를 끌어들여야 하는가? 태양 전지판 R&D 시설? 아니면 생명공학 연구소? 전문적인 모 험자본가들조차 어떤 산업들과 어떤 기업들이 성공할지 예측하 는 데 애를 먹는다. 고전 중인 시, 읍, 면의 장長들에게 이러한 도 전은 감당 못할 일일 수 있다.

사실 지도에서 미국의 주요 혁신 단지들을 보노라면 대대적 지 원에 의해 탄생된 사례를 찾기는 어렵다. 어떤 지방 정치인도 자 진해서 실리콘밸리 창설에 나서지 않는다. 시애틀, 보스턴, 샌디 에이고, 로스앤젤레스 사례에서 보았듯이, 독창적 중심 기업 하 나가 대체로 씨앗이 되었고 그 씨앗이 자라 첨단기술 단지가 되 었다.

현실적으로 고투 중인 공동체들이 더 심혈을 기울이고 있을 소 규모, 전문적 단지들에 있어서도 사정은 마찬가지이다. 오리건 주 포틀랜드, 아이다호 주 보이시, 캔자스 주 캔자스시티를 보자. 소규모 첨단기술 중심지들인 이 세 곳은 차례로 반도체, 일반 첨 단기술, 동물보건과 영양학에 기반을 두고 있다.[21] 비록 작지만 이곳들은 역동적인 중심지들이다. 포틀랜드와 보이시는 인구 비 례로 따져 거의 보스턴만큼 특허를 많이 생산한다. 이들 중심지

가운데 어느 곳도 계획적으로 건설되지는 않았다. 1976년 인텔의 반도체 공장 가동이 포틀랜드의 첨단기술 부문에 시동을 걸었다. 보이시의 씨앗은 휴렛패커드가 자사의 프린터 사업부를 그곳으로 이전한 1973년에 심어졌다. 캔자스시티의 생명과학 R&D는 에윙 마리온 카우프먼이 그의 제약 연구소를 시작한 1950년대로 거슬러 올라간다. 최근 브루킹스연구소의 연구에서 지적되었듯이, 이들 도시에 존재하는 첨단기술 가운데 현지 정부들이 적극적으로 기업을 유치하려고 노력하여 이뤄진 것은 거의 없다.[22]

세계의 여타 지역에서는 대대적 지원이 성공한 사례도 일부 있다. 아일랜드는 의도적으로 대대적 지원 정책을 사용해 이전에 존재하지 않았던 인적 자본 집약적인 부문들을 구축했다. 적극적인 세금 혜택과 기타 유인책들을 통해 아일랜드는 첨단기술과 금융에서 중요한 단지들을 창설했다. 물론 이 나라에 최근 닥친 금융위기는 그러한 정책들의 지속 가능성에 의문을 갖게 하기는 한다. 세계에서 가장 역동적인 편에 속하는 이스라엘의 첨단기술 단지는 이 나라의 군대에 크게 의존한다. 이스라엘 정부가 자진해서 현지의 첨단기술 부문을 창설한 것은 아니지만, 혁신적인 국방기술과 전문적인 인적 자본에 대한 필요성 때문에 간접적으로 민간 부문을 발전시켰고, 민간 부문은 뒷날 세계적 경쟁력을 갖추게 되었다.

대대적 지원을 통해 성공을 거둔 가장 뚜렷한 사례는 아마도 대만일 것이다. 대만은 1960년대와 1970년대 정부 주도의 연구를 통해 자국의 농촌 경제를 역동적인 혁신 부문을 갖춘 선진 경제로 탈바꿈시키는 정책을 펼쳐 성공했다. 이 정책을 통해 대만은 중국인 과학자들을 미국에서부터 데려오는 데 성공했고, 공적 지원을 받는 R&D 단지를 설립했다. 이 단지는 결국 민간 기업들을 지탱할 정도로 충분히 확대되었다. 정책 당국자들이 훌륭한 모험자본가들임이 판명된 드문 사례 가운데 하나이다. 그들이 몇몇 실패한 기술에 기대를 걸었던 것도 사실이지만, 그들은 또한 아주 일찍부터 반도체에 기대를 걸었다. 반도체는 신속하게 대만 첨단 부문의 핵심이 되었으며 주장하건대 대만 번영의 엔진이 되었다. 더 최근에 와서 대만의 첨단기술 단지는 생명과학을 포함한 신기술들을 수용해오고 있다. 하지만 대만은 규칙을 증명하는 '예외'('예외 없는 규칙은 없다'라는 규칙이 맞음을 보여주는 사례가 대만이라는 의미―옮긴이)일지 모른다.

산업 정책, 녹색 일자리 그리고 승자를 골라내는 어려움

캘리포니아 주 프리몬트 사례는 대대적 산업 지원 정책의 가능성과 함정을 극명하게 보여준다. 전통적 제조업에서 일자리가 계속 줄어들자 일부 공동체들은 태양광·풍력 발전, 전기 자동차, 더 효율적인 배터리 분야에서 혁신으로 구동되는 녹색 일자리의 창출을 모색했다. 그 바통 이어받기가 가장 분명한 곳이 바로 프리몬트 시이다. 프리몬트는 소득이 천차만별인 주민들이 사는 공동체로서 녹색 R&D 중심지라는 다른 모습을 보여주려 노력하고 있다.

최근까지 프리몬트의 경제엔진은 자동차였다. 이 도시의 최대 고용주는 '뉴 유나이티드 자동차 제조회사NUMMI'였다. 이 대형 자동차 공장에서는 도요타 자동차의 선두 모델 가운데 두 종류, 즉 코롤라 승용차와 타코마 픽업트럭을 생산했다. 프리몬트 대로를 따라 자동차를 몰고 가다 보면 대형 공장들, 창고들, 화물열차로 가득 찬 조차장操車場, 트럭에 기름을 넣어주는 주유소들을 지나치게 된다. 청소하지 않은 창窓과 빛바랜 노란 간판을 단 현지의 작고 값싼 식당에서는 베이컨과 달걀을 곁들인 3달러짜리 아침식사를 판다. 프리몬트는 미국 전역의 숱한 공동체들에서 흔히 볼 수 있는 전형적인 산업 도시의 풍경을 지니고 있다. 드문드문 서 있는 야자수가 없다면 지금 디트로이트에 와 있는 것이 아닌가 하는 생각이 들 정도이다.

지난 20년에 걸쳐 제조업 일자리들이 줄어들자 프리몬트 경제의 미래는 갈수록 휘청거리기 시작했다. 뉴 유나이티드 자동차 제조사가 마침내 문을 닫고 일자리 5,000개가 사라졌을 때, 주민 대부분은 최악의 상황에 대비했다. 하지만 디트로이트와는 달리 프리몬트는 수많은 청정기술 기업들을 유치할 수 있었다. 이들 기업 가운데 일부는 옛 제조업 공장들에 들어섰다. 옛 NUMMI

공장은 이제 테슬라모터스Tesla Motors가 차지하고 있다. 이 회사는 미국에서 처음으로 연속 생산된, 고속도로 주행이 가능한 전기 자동차 로드스터로 가장 잘 알려져 있다. 한동안 이 도시의 미래는 암울해 보이지 않았다. 태양광 회사 솔라리아의 최고경영자 댄 슈거가 2010년 언론 인터뷰에서 "프리몬트에서 플라스틱 원반을 던지면 반드시 태양광 회사에 가서 떨어진다"라고 말할 정도였다.[23] 또한 당시 프리몬트 시의 경제개발국장 로리 테일러는 청정기술 기업들이 결국 그 도시의 새 성장엔진이 될 것이라고 낙관했다.

그러나 프리몬트의 최대 고용주 가운데 하나인 태양 전지판 회사 솔린드라가 파산을 신청한 2011년, 이 도시는 심각한 차질을 겪었다. 솔린드라는 진보한 산업 정책의 간판스타가 되기로 되어 있었지만, 그러기는커녕 고통스러운 경계警戒의 사례로 변해버렸다. 2009년 미국 에너지부는 그 회사에 약 5억 3,500만 달러의 지급보증을 해줬다. 이 돈으로 솔린드라는 주요한 생산시설을 프리몬트에 건설할 수 있었고 태양 전지판을 만들 근로자를 1,000명 넘게 고용할 수 있었다. 왁자한 테이프커팅 행사들이 뒤를 이었고, 오바마 대통령도 이곳을 방문해 자신 있는 목소리로 솔린드라를 "더 밝고 더 번영하게 될 미래의 얼굴"이라고 소개했다. 숱한 언론이 미국 '선진 제조업'의 유망한 미래를 장담하며 보도했다. 하지만 솔린드라의 사업 모델은 심각한 결함을 내재한 전제에 기초하고 있었다. 이 회사는 실리콘에 기초한 태양광 전지보다 더 싸게 전력을 생산하려고 했던 새로운 형태의 태양 전지판의 경쟁력에 전적으로 의존했다. 실리콘이 비쌌을 때 그 기술에 착안한 것으로 보인다. 그런데 심지어 그때에도 머리 좋은 분석가라면 실리콘 가격이 영원히 높게 유지되지 않으리라는 점을 인식했을 것이다. 높은 가격은 필연적으로 다른 생산자들이 시장에 진입할 강력한 인센티브를 창조하고, 공급을 확대하며, 결국 가격을 끌어내리기 때문이다. 연방정부가 지급보증을 승인한 2009년, 실리콘 가격은 곤두박질치고 있었다.(정부 보조금이 많이 들어간 실리콘 기반의 태양 전지판으로 시장을 넘치게 하겠다는 중국 정부의 결정 때문에 차질을 빚기도 했다.) 마침내, 가격 경쟁력이 뒤처지는 바람에 솔린드라는 파산했다.

솔린드라가 도산하자 언론은 지급보증의 배경에 정치헌금이 있었느냐 여부에 열광적으로 주 초점을 맞추었으며, 가장 중요한 교훈 두 가지를 간과했다. 첫 번째는, 하나의 실수로 계획 자체를 비난하려는 건 아니지만, 공적 보조금을 산업에 투입했을 때의 궤적을 보면 미국이나 유럽이나 신통치 않다는 것이다. 정책 당국자들, 심지어 가장 똑똑하고 최선을 다하려는 의도를 가진 당국자들이라도, 그 산업들이 실제로 승자가 되기 전에 승리하는 산업들을 알아내기란, 정말이지 너무 어렵다. 2000년대 초 청정기술은 금방이라도 폭발할 산업인 것처럼 보였다.[24] 성장이 있기는 했지만 고용 증대는 두드러지지 않았다. 2003년 이래 이 부문의 일자리는 경제 여타 부문들의 일자리보다 덜 성장했다.[25] 어느 산업이 미래 성장을 이끌 것인가가 분명하더라도, 그 산업 내부에서 승리하는 기업들을 골라내기는 여전히 어렵다. 솔린드라의 경우, 에너지부는 그 회사의 사업 전망이 급속히 악화되고 있을 때조차 그 회사가 공공 투자를 받을 만하다고 보았다.

두 번째 중요한 교훈은, 민간 기업을 지원하기 위해 공적 자금을 투입할 때면 언제든, 그러한 결정을 내릴 경제적 근거가 타당한지를 잘 알아봐야 한다는 것이다. 태양광 기업들에 미국이 초창기 재정을 지원하자 기업들은 이를 미국 내에 단지를 형성하기 위한 씨앗을 뿌리는 방법으로 보게 되었다. 궁극적으로 이 단지가 그 혁신 분야에서 고용 가능한 세계의 인력들을 끌어들이게 되어 점차 그 몫을 나눠 갖게 되리라 여겼던 것이다. 이 생각은, 핵심적으로 에너지를 대상으로 하는 산업 차원을 대대적으로 지원하는 것이었다. 한 산업이 강력한 뭉침의 힘이라는 특성으로 무장하고 대규모 초기 투자를 요구하면, 국제 경쟁은 승자독식勝者獨食 경주가 된다. 이 경주에서는 초기 시장 진입자가 시장을 전부 차지한다. 이러한 경우, 초기의 정부 보조금은 그 산업을 미국에 정착시키는 데 도움을 줄 수 있었을 것이다. 기업들이 일단 시장 점유율을 높이면 보조금은 철폐될 수 있지만, 필자의 동료 세베린 보렌스타인이 지적했듯이, 독일과 스페인은 이 분야에서 자체적으로 대대적 지원을 이미 시도했었다.[26] 두 나라는 태양 전지판의 생산과 설치에 막대한 투자를 했지만, 보조금이 증발하자마자 시장 점유율이 내려가는 것을 경험했다. 이것은 태양 전지판의 생산과 설치가 강한 뭉침의 힘으로 특징지워지지 않으며(만약 그렇다면 이 산업은 독일과 스페인에 집중될 것이다), 따라서 이 경우에는 대대적 지원이 경제적으로 판단하건대 그다지 타당하지 않다.

내 집 지붕 남쪽 경사면은 대형 태양 전지판의 집합체가 온통 덮고 있다. 하루 중 태양이 강한 한낮에 전력 미터기를 보면 우리 집 전지판이 전기를 도로 전기회사에 파느라고 미터기가 거꾸로 돌아간다. 캘리포니아의 전력 소비가 절정에 이르는 한낮에 화석 연료의 필요성을 줄이는 데 한몫하고 있다고 생각하면 뿌듯하다. 우리 집 전지판은 10년 묵은 것으로, 미국산이다. 하지만 더 신형의 전지판들은 점점 더 다른 곳들에서 만들어진다. 많은 미국 기업들이 본사와 연구소는 미국에 두면서도 전지판은 필리핀이나 중국 같은 곳에서 제조한다.[27] 이것이 아이폰 이야기처럼 들린다면, 글쎄다.

환경적 관점에서 태양 전지판 산업의 세계화는 좋은 소식이다. 태양 에너지를 화석 연료에 비해 더 경쟁력 있게 만들기 때문이다. 우리 집 태양 전지판을 지금 산다면, 베트남산이라는 부분적 이유가 포함되어 10년 전의 반값에 구입이 가능할 것이다. 고용 관점에서 진정한 질문은 어떤 종류의 대대적 지원이 오늘날 미국을 위해 타당한가이다. 정부가 산업 정책에 관여하려 한다면, 정부는 주로 어떤 형태의 시장 실패를 바로잡아야 한다. 녹색기술의 경우, 이것은 생산 단계가 아니라 혁신 단계와 관련된 외부효과를 의미한다. 곧 살펴보겠지만, 이 연구는 대규모 지식 전파를 발생시키기 때문에, 정부가 녹색기술의 기초 연구와 응용 R&D에 보조금을 줄 탄탄한 경제적(그리고 환경적) 이유가 있다. 하지만 독일과 스페인의 경험에 비추어보면, 태양 전지판의 실제 생산에 보조금을 줄 만한 타당한 이유는 거의 없다.

이 모든 것은 프리몬트에 무엇을 남겨주었는가? 이 도시는 여전히 청정기술 고용주들의 환심을 사려고 노력 중이며, 청정기술 기업들에게 지불 급여세를 면제시켜주었다. 비록 솔린드라의 폐업으로 중대한 차질이 발생했지만, 이 지역은 근년 들어 역시 불쑥 나타난 생명공학과 첨단기술 기업들과 더불어 R&D 집약적인 청정기술 기업들에 의해 여전히 굴러가고, 성장하고 있다. 2006년 여섯 개에 불과하던 프리몬트에 위치한 청정기술 기업은 현재 스물다섯 개나 된다.[28] 그 가운데 일부는 적어도 부분적으로 연방 보조금에 의존하지만, 다른 기업들은 순전히 민간의 모험자본으로 운영되고 있다. 프리몬트의 전략이 장기적으로 지속 가능한가를 지금 말하는 것은 시기상조이다. 하지만 현재로서는 최소한 일자리가 창출되고 있으며 이 도시는 플린트나 디트로이트보다 전망이 밝다.

기업 혜택과 근로자 고용

테네시 강 유역 개발 공사에 들어간 규모의 대대적 지원 프로그램은 오늘날에는 아마 상상할 수 없을 것이다. 하지만 이보다 좀 더 작은 규모의 대대적 지원은 종종 보이는데, 고전 중인 공동체들이 민간 투자를 유치하기 위해 주는 무수한 연방·주 보조금이라는 형태를 띤다. 기업이 새 본사, 새 연구소 또는 새로운 대규모 생산시설을 미국 어딘가에 설치하겠다는 계획을 발표할 때마다 사실상 매번 빠짐없이 입찰이 시작된다. 주들은, 세금 우대 조처, 보조금 제도, 현지 사회 기반시설 제공, 수출 지원, 자금 지원, 근로자 훈련 지원, 지역 마케팅area marketing(전국을 동일한 성질을 지닌 하나의 시장으로 보고 전개하는 마케팅 수법에 대응되는 개념으로, 각 지역의 특성을 파악해 그에 알맞은 치밀한 마케팅 수법을 통틀어 일컫는 경영학 용어—옮긴이) 지원이라는 형태로 점점 더 큰 유인책을 제시함으로써 치열하게 경쟁한다.

이러한 보조금들은 믿기 힘들 정도로 대규모일 수 있다. 파나소닉은 최근 자사의 북미 본사를 뉴어크로 옮기며 1억 달러 이상(일자리 하나당 12만 5,000달러)을 받았는가 하면, 일렉트로룩스 Electrolux(스웨덴에 본사를 둔 세계적 가전업체—옮긴이)는 멤피스에 새 시설을 설치하며 1억 8,000만 달러(일자리 하나당 15만 달러)의 과세 경감 혜택을 받았다. 벤츠는 앨라배마 주 밴스에 진출하는 대가로 2억 5,000만 달러(일자리 하나당 16만 5,000달러)의 각종 인센티브를 받았다. 주 정부들이 지역의 경제 개발을 위해 지출하는 돈은 연간 400억 달러에 이르는데, 이 액수는 연방정부가 30년에 걸쳐 테네시 강 유역 개발 공사에 지출한 보조금 합계보다 훨씬 많다. 이러한 보조금은 드물게도 민주당과 공화당이 합의하는 경향이 있는 사안 가운데 하나이다. 비록 정부 개입에 대한 그들의 수사修辭는 서로 다르게 들리지만, 민주당 지지 주들과 공화당 지지 주들 모두가 기업들에 뇌물을 주어 자신들의 관할 구역으로 오게 하려 노력한다. 텍사스 기업들을 위한 릭 페리(텍사스 주지사—옮긴이)의 2억 달러짜리 '유망기술기금Emerging Technology Fund'은 캘리포니아 주, 뉴욕 주, 매사추세츠 주의 계획과 비슷하다. 솔린드라가 이용한 연방 지급보증 프로그램은 조지 W. 부시 대통령 시절인 2005년 시작되었으며 2009년 버락 오바마 대통령에 의해 확대되었다.

정치인들과 그들이 보조금을 주는 기업들은 대개 이러한 거래의 이득을 극찬하는 반면, 비판자들은 엄청난 공적 자금의 낭비라고 깎아내린다. 일자리 하나당 15만 달러를 지출하는 것이 진정 멤피스 주민들을 돕는 최선의 방법인가? 그 대신 주민들에게 아예 수표를 끊어주는 것이 어떤가? 필자는 동료 두 명과 함께 지역 공동체들이 보조금을 제공함으로써 대규모로 고용주들을 유치하려는 노력이 성공을 거두면 그 공동체들에 무슨 일이 발생하는지를 연구했다.[29] 대규모의 공장을 세울 입지를 검토할 때 기업들은 대체로 가능한 후보지 수십 곳을 조사하는 것으로 그 일을 시작한다. 기업들은 후보지를 대충 열 곳으로 압축하며, 그 중에서 두 곳 또는 세 곳을 최종 후보지로 선정한다. 우리는 연구 과정에서 기업이 최종적으로 선택한 군郡들(승자)을 2위에 머문 군들(패자)과 비교해보았다. 예를 들어 BMW가 1990년대 미국에 새 공장을 짓기로 결정했을 때 최종 후보지는 두 곳, 즉 사우스캐롤라이나 주의 그린빌-스파턴버그와 네브래스카 주의 오마하로 압축되었다. BMW는 그린빌-스파턴버그를 선택했는데, 그렇게 한 이유 가운데 일부는 1억 1,500만 달러에 달하는 각종 인센티브 때문이었다. 이 사례를 비롯해 여러 사례들에서 보듯, 패자 지역군들은 기나긴 선정 과정에서 살아남았지만 근소한 차이로 경쟁에서 탈락한 군이었다. 이러한 승자 군의 지역들은 만약 패자 지역들과 경쟁하지 않기로 했더라면('그래서 결과적으로 패자들과 같은 처지에 머물렀더라면'이라는 의미를 내포하고 있음—옮긴이) 그 군에 어떤 상황이 벌어졌을지에 대해 우리에게 알려주고 있다.

우리가 확보한 자료에 따르면, 그와 같은 입찰 전쟁에 이르기까지 몇 년에 걸쳐 승자들과 패자들은 고용, 봉급, 생산성 면에서 비슷했다. 하지만 승자들은 곧 생산성이 크게 높아졌다. 지식 전파를 반영한 것으로 보이는 이러한 생산성 향상은 새 공장과 비슷한 노동력 풀pool과 기술 풀을 공유하는 기존 공장들에 특히 크게 나타났다. 우리는 다음과 같이 결론지었다. 새 공장은 기존 생산자들을 더 생산적으로 만듦으로써, 해당 군의 나머지 기존 설비들에 중요한 이득(양적 외부효과)을 가져다주었다. 이렇게 해서 높아진 생산성은 일자리 증대와 임금 인상으로 이어졌다. 그러므로 보조금 제공은 이러한 외부효과를 내면화하는 방법으로 비칠 수 있다.

이론이야 명료하지만, 실제 정책들이 언제나 당초 기대했던 대로 효과를 발휘하는 것은 아니다. 보조금 제공은 사회적 편익의 규모에 상응해야 한다. 하지만 비슷한 군 수십 곳이 외부 투자 유치에 혈안이 되다 보면, 그들이 내거는 조건이 왕왕 너무 후해서 그 조건이 공동체에 대한 사회적 편익을 초과할 수 있다. 시장들과 주지사들로서는 비용에 상관없이 새 기업을 자기들 지역으로 끌고 올 유인이 있다. 그들이 성공을 거두면 지역 언론들은 기업에 제공될 금융 패키지의 세부 항목들이 아니라 장차 생겨날 지역 일자리 수백 개에 초점을 맞추어 톱기사를 내보내는 경향이 있다. 반면, 그들이 성공하지 못하면 지역 정치인들은 지역 경제를 위해 최선을 다하지 않았다는 질책을 받는다. 이 모든 것들이 지방정부들로 하여금 남보다 비싸게 값을 부르도록 유도할 수 있다. 그러한 경우, 유일한 승자는 구애받고 있는 기업의 소유자들이다. 주 정부와 지방정부가 결국 부담을 떠안기 때문이다. 심지어 이러한 보조금은 어느 특정한 군에 있어 경제적으로 타당하더라도, 국가 전체로 보면 타당하지 않을 수도 있다. 왜냐하면 주어진 하나의 기업을 놓고 지방정부들끼리 경쟁을 벌이기 때문에 나라 전체로 보아서는 결국 제로섬 게임일 수 있다.

동네 살리기

고전 중인 공동체들을 도와 일자리를 만들어내고 임금 수준을 높이는 데 성공한 공간기반 정책의 한 사례로써 '개발 진흥지구 프로그램Empowerment Zone Program'을 들 수 있다. 클린턴 1기 행정부 시절인 1993년 마련된 이 프로그램은 '고통받는' 도시 지역들에 고용 촉진 지원금과 재개발 기금을 제공했다. 이 프로그램은 전체 지역들을 대상으로 삼는 대신 애틀랜타, 볼티모어, 시카고, 디트로이트, 뉴욕 시, 필라델피아, 로스앤젤레스, 클리블랜드의 가난한 동네들에 초점을 맞추었다. 연방 보조금은 경제적·사회적 투자를 장려할 목적으로 설계되었다. 이 보조금은 이들 가난한 동네에 살며 일하는 개인들을 위한 일자리와 교육 프로그램에 지급되었으며, 이와 함께 기업 지원, 사회 기반시설 투자, 동네 개발 자금으로도 사용되었다. 개발 진흥지구 자금을 받은 동네 가운데 가장 눈에 띄는 사례는 할렘 가 125번지 일대 지역이다. 문제가 많고 범죄에 찌들어 있던 이 지역은 이 프로그램 덕분에 뉴욕 시에서 가장 살기 좋은 지역 중 한 곳으로 변했다.

2010년 팻 클라인의 주도 아래 세 명의 경제학자로 구성된 팀이 그 프로그램에 대한 심층 평가를 완료했다.[30] 그들은 개발 진흥지구로 지정된 지역들을, 지방정부들에 의해 지정되었으되 자금 지원을 받지 않는, 똑같이 가난한 지역들과 비교했다. 그들이 알아낸 것은 고무적이었다. 그 프로그램이 시행된 지 5년 안에 개발 진흥지구 동네들은 지역 일자리에서 현저한 증가를 경험했다.(여타 동네들보다 약 15퍼센트 늘었다.) 주민들에게 지급되는 시급도 상당히 높아져 약 8퍼센트 인상률을 나타냈다.

다른 많은 공간기반 정책들이 실패했는데 왜 이 프로그램은 성공했을까? 산업 단지의 성장과 꼭 마찬가지로, 동네 재활성화 과정은 많은 외부효과를 발생시킨다. 예를 들어, 판자를 덧대 창을 가려두었던 부동산이 장사하는 가게로 바뀌면 이것은 인근 가게들에 더 많은 고객들을 불러오고, 보행자들의 통행을 늘리며, 전체 동네에서 수상한 사람들의 배회와 범죄를 줄인다. 건물 앞면을 새로 단장하는 사업체는 그 건물 자체뿐만 아니라 그 건물 주변의 모든 부동산들에 이득을 준다. 힘들게 사는 동네에 새로 생긴 일자리 하나는 근로자 한 명에게 돌아가는 일자리 하나 이상의 의미를 갖는다. 그것은 공적 지원 감소와 범죄 감소라는 형태로 사회적 편익을 발생시킨다. 이러한 외부효과들을 다루는 것이 지역 경제개발 성공의 비결이다. 어떤 행동들은 공동체 전체에 이득을 주지만 개인들은 혼자서 그런 행동을 하지 않으려 한다. 비록 사회적 이득이 크더라도 사적 이득은 제한되어 있기 때문이다.

개발 진흥지구의 경우, 정부는 이러한 행동들에 동기를 부여할 수 있었다. 정치적으로 그 프로그램은 단지 가난한 도시 주민들에게 재정 자원을 이전하는 방식이라고 홍보되었지만, 개발 진흥지구 프로그램이 성공한 첫 번째 이유는 그 프로그램을 통해 이러한 집단행동 문제를 해결했기 때문이다. 두 번째 이유는 특정한 기업들이나 부분들을 겨냥하는 산업 정책과 달리 정책 당국자들이 모험자본가들처럼 행동하지 않았기 때문이다. 공적 기금은 공동체에 이득을 안겨줄 수 있다면 투자의 형태를 가리지 않고 투입되었다. 세 번째 중요한 이유는 공적 보조금이 단순한 증여가 아니라 눈에 띄는 민간 투자를 위한 촉진제였기 때문이다. 일부에서 추산한 바에 따르면, 지출된 공적 기금 1달러당 3.5달러가 민간 기업들에 의해 투자되었으며, 이렇게 해서 성장의 선순환이 창출되었다. 이것이 성공적인 장소기반 정책의 진정한 특징이다. 그것은 공적 자금이 끊어지더라도 그 지역의 일자리를 계속 창출하는 것을 의미한다. 마지막 이유는 우대책이 목표를 지니고 잘 설계되었기 때문이다. 투자를 한 군에서 다른 군으로 옮기는 데 그치는 새 제조업 설비에 주는 전형적 주 보조금과는 대조적으로, 이 프로그램의 보조금은 고실업 지역의 주민들을 겨냥했고, 이에 따라 창출된 일자리의 대부분이 다른 지역들의 일자리 창출을 방해하지 않았다.

주택 고급화는 어떤가? 그 프로그램은 원주민들의 이동으로 이어지지 않을 것처럼 보였다. 왜냐하면 그 지역의 세입자들이 그다지 영향을 받지 않았기 때문이다.(할렘은 주요 예외 지역이다.) 그 프로그램이 동네에 이미 거주하며 일하는 근로자들을 겨냥했다는 사실을 반영할 것이다.

지금까지 살펴본 내용을 종합하면, 개발 진흥지구 프로그램은 정부로 보아서는 좋은 투자였다. 이 프로그램은 한 해 약 9억 달러라는 임금 인상효과를 불러왔다. 창출된 일자리의 대부분이 실직 근로자들에게 돌아갔다고 추정한다면, 투자된 공적 자금의 연간 수익률은 15퍼센트였다.[31] 이와 함께 이 프로그램은 일자리를 늘리고, 현지 소득을 높이고, 재활성화와 관련된 필연적 외부효과들을 내면화함으로써 미국에서 가장 가난한 도시 공동체들 가운데 지역 주민들 일부를 도왔다.

변화에는 언제나 고통이 따른다. 경제적 변화는 특히 고통스럽다. 사람들은 취업, 직장 생활, 공동체에 시간과 에너지를 투자한다. 주변의 경제가 변했으니 그들에게 변하라고 하는 것은 너무 많은 걸 요구하는 것이지만, 어떤 경우 달리 취할 수 있는 방법이 없기도 하다.

사람들은 종종 정부에 대해 비현실적 기대를 품는다. 지방정부들이 고투 중인 공동체들에 새로운 활기를 불어넣기 위해 할 수 있는 역할은, 실제로, 대부분의 유권자가 인식하고 대부분의 시장이 인정하고 싶어 하는 것보다 적다. 한 도시의 경제적 운명은 실상 역사적 요인들에 의해 결정되는 부분이 적지 않다. 경로 의존성과 강력한 뭉침의 힘은, 잘 교육받은 노동 인구와 확립된 혁신 부문을 갖추지 않은 공동체들에 심각한 도전적 상황을 만들게 되었다. 지방정부들은 확실히 경제 개발을 위한 초석을 놓을 수 있으며, 일자리 창출에 친화적인 기업 환경을 포함해 도시의 재탄생에 필요한 모든 여건들을 창출할 수 있다. 하지만 경제 부흥을 위한 마법 공식은 없다. 정치와 마찬가지로 모든 혁신은 지역적이다. 각 공동체에는 그 자체의 비교우위가 있다. 지방정부들은 그들의 기존 역량을 기반으로 지역의 힘과 전문성을 활용해야한다. 일자리 창출을 위해 공적 기금을 사용하는 것은, 그러한 사례에서 눈여겨보아야 할 시장 실패 사례가 있었으므로, 그리고 공동체에는 스스로 유지 가능한 단지를 건설할 능력을 분명히 갖추고 있으므로, 신중히 고려돼야 한다. 궁극적으로, 지역의 정책을 운영하는 당국자들은 지역 개발에 관한 한 무임승차는 없다는 사실을 똑똑히 깨달아야 한다.

7

새로운
인적 자본의 세기

The New Human Capital Century

우리의 공동체들은 끊임없이 진화하는
창의적 공유지들이다.
공동체들의 끊임없는 파괴와 재탄생의 과정은
결국, 과거에도 그랬고 오늘날에도 그렇듯
혁신을 구동하는 것이다.

지난 시대에는 좋은 일자리와 높은 소득은 제조물품의 대규모 생산과 연동되었다. 공장이 경제적 가치를 창출하는 장소였다. 하지만 오늘날에는 누구나 만들 수 있는 제품의 생산에는 가치가 거의 남아 있지 않다. 좋은 일자리와 봉급은 점점 더 새 아이디어, 새 지식, 새 기술의 생산에서 나온다. 이러한 변화는 계속될 것이며 아마도 장차 가속화할 것이다. 다가오는 시대에 세계적 경쟁은 혁신적 인적 자원과 혁신적 기업들을 유치하는 것을 둘러싸고 벌어질 것이다. 인적 자원의 소재지를 결정함에 있어 지리의 중요성과 뭉침의 힘은 계속 커질 것이다. 국가 두뇌 중심지들의 수와 힘은 그 국가의 흥망성쇠를 결정할 것이다. 물리적 제품을 생산하는 공장들은 계속 중요성을 상실해가겠지만, 상호 연결되고 고도로 교육받은 근로자들의 비율이 높은 도시들은 아이디어와 지식이 구축되는 새로운 공장이 될 것이다.

미국은 준비되었는가? 대답은 '그렇다'이면서 '아니다'이다. 미국 경제는 여러 면에서 강력하다. 미국 노동시장은 세계에서 가장 효율적이고 유연하며 능력 중심주의적인 편이다. 이 시장은 대개의 다른 나라들보다 더 개인의 노력과 위험 부담에 효과적으로 보상을 제공한다. 이것은 최고 인재들을 유치하는 데 중요한 장점이다. 더욱이 최근 나타난 모든 문제점들에도 불구하고 미국의 자본시장과 모험자본 제도는 어느 나라와 비교하더라도 여전히 가장 효율적인 편이며, 좋은 아이디어와 열심히 일하겠다는 의지를 지닌 혁신적 기업가들에게 자금을 지원한다. 앞에서 살펴본 바와 같이, 이는 지역에 사업체가 생기는 데 엄청난 영향을 미친다. 가장 중요한 점은, 역동적인 두뇌 중심지들 덕분에 미국은 혁신적 활동을 계속 발생시키기에 아주 유리한 입장에 있다는 것이다.

이와 함께 미국 경제에는 몇 가지 심각한 결함이 있다. 이들 결함은 아마 그리 놀라운 것이 아닐지도 모르겠다. 왜냐하면 그것은 어느 정도까지 국가적 특성을 반영하고 있기 때문이다. 우리 사회를 놓고 보면 미래를 희생시켜가며 현재에 너무 많이 집중해 있다. 아시아의 일반 문화와 달리, 중국계·한국계 미국인이 그러하듯이 미국인들은 즉자적 만족과 신속한 결과를 중요시 여기고 장기적 관점에서의 투자는 회피해온 경향이 있다. 정책 수립에 쏟는 에너지와 관심의 대부분이 향후 6개월에 걸쳐 어떻게 경제를 자극할 것인가 또는 금주의 고용 지표를 어떻게 다룰 것인가와 같은 단기적 이슈들과 관계가 있다. 단기적 이슈들은 긴급할 수 있지만, 그 중요성은 장기적 이슈들에 비교하면 낮다. 왜냐하면 장기적 이슈들이야말로 사람들의 생활 수준에 엄청나고도 영구적인 방식으로 영향을 미치기 때문이다. 비록 미미하게 성장을 증대시키는 정책들조차 경제에는 어떤 단기적 땜질보다 대단히 더 중요하다. 즉각적 보상을 바라는 미국인의 기풍, 장기적 문제들에 책임을 지는 일에는 거의 구조적으로 무능력한 것이 미래에 과소 투자하는 쪽으로 국가를 이끌고 있다.

특히, 지난 30년에 걸쳐 생겨난 두 가지 구조적 약점이 미국 경제의 잠재력을 심하게 제한하고 나라에 심각한 사회적 불균형을 초래해왔다. 인적 자본과 연구는 미국 경제와 그 노동 인구를 지탱하는 원동력이다. 앞에서 살펴보았듯이, 미국 도시들은 두 가지 모두 부족하다. 하지만 더 큰 문제는 미국 전체로 볼 때 인적 자원과 연구에 충분히 투자하고 있지 않다는 것이다. 그 결과 봉급은 과거만큼 오르지 않고 있으며 불평등은 증대되고 있다.

앞에서 우리는 장소기반 정책들이 공평한 경쟁의 장을 만듦에 있어 어떤 역할을 할 수 있는지 검토했다. 여기에서는 미국을 20세기의 지배적 경제 주자走者로 만들었던 그 힘을 되찾기 위해 무엇을 해야 할지 살펴보겠다.

연구의 사회적 수익

미국 경제의 첫 번째 문제는 연구에 대한 공공과 민간의 투자가 충분치 않다는 것이다. 미국 대학들과 기업들이 다른 나라들과 비교해 너무 적게 투자한다는 것(비록 이것도 가끔은 진실이지만)이 아니라 그보다는 대학들과 기업들이 사회적으로 최적이라 여겨지는 수준에 비해 너무 적게 투자한다는 뜻이다. 이것은 지식시장의 심각한 실패에서 비롯된다. '끌어당기는 힘'에서 보았듯이, 지식 전파가 상당히 이뤄지면 새로운 아이디어 창조자들의 이득 가운데 일부가 다른 사람들에게 간다. 이는 다른 말로 그 창조자들에게 언제나 그들의 노력에 대한 보상이 충분히 돌아가지 않는 것과 같다. 미국에 국한된 것은 아니지만, 이 문제는 혁신이 미래 성장에 있어 발휘할 역할 때문에 다른 나라들보다 미국에서 더 두드러진다.

학계는 전통적으로, 민간 부문에서 새로운 상업을 응용 구축할 때 토대가 되는 기초과학을 제공해왔다. 이것이 연방정부가 국립과학재단과 국립보건원 같은 기구들을 통해 학문적 연구에 보조금을 지급하는 큰 이유이다. 그런데 문제는, 이러한 자금 지원이 증대하고 있는 지식의 가치를 따라잡지 못해왔다는 사실이다. 앞에서 보았듯이, 세계화와 기술 변화로 인해 새로운 상업적 지식의 창조는 엄청난 수익 증대를 불러온다. 이것은 기초과학에 있어 새로운 발견의 잠재적 경제 가치 또한 증가했음을 의미한다. 투자 수익이 늘면 더 많이 투자하는 것이 합리적 반응일 것이다. 그런데도 연방정부가 기초연구 지원에 충당하는 자원은 실제로 줄었다. 태양광 에너지 사례에서 보았듯이, 연방정부와 주정부들은 가능성이 의심스러운 공장들과 생산설비들은 후하게 지원하지만 기초적인 과학에는 그보다 훨씬 적은 자원만을 배정한다.

지식 전파는 학계에서 민간 기업으로만 흐르는 것이 아니다. 가장 중요한 지식 전파는 민간 기업들 사이에서 흐른다. 연구에 투자하는 혁신적 기업들은 그들의 노력에 의해 생긴 이득 가운데 단지 일부만을 자사 몫으로 책정한다. 전기 자동차에 쓰이는 에너지 절약형 배터리를 새로 개발하는 한 기업을 보자. 특허 제도로 인해 이 기업에게 그 새 기술에서 생기는 이득을 주장할 권리가 생긴다. 하지만 그 특허가 출원되면, 업계의 다른 모든 기업들이 이러한 혁신으로 이어진 그 돌파구를 볼 수 있으며, 그래서 이 지식은 관련된 기술이나 제품을 위한 새 아이디어가 연이어 생기도록 고무할 가능성이 있는 것이다.

새 제품의 개발은 그것이 무엇이든 비슷한 지식 전파를 발생시킨다. 예를 들어 아이패드의 등장을 보자. 아이패드는 완전히 새로운 것이었기 때문에 그 제품의 시장 잠재력을 진정으로 아는 사람은 아무도 없었다. 아이패드 개발에 엄청난 자원을 투자했기 때문에 애플로서는 상당한 위험 부담을 안고 있었다. 사실, 2010년 1월 샌프란시스코에서 개최한 행사에서 앨 고어를 포함해 선택된 언론인들과 여론 주도층 인사들, 몇몇 초청 인사들을 앞혀놓고 스티브 잡스가 그 장치를 공개했을 때, 많은 산업 분석가들은 회의적 반응을 보이며 아이패드는 그냥 비싼 장치일 뿐이어서 틈새시장 제품으로 남을 운명이라고 주장했다. 어떤 사람들은 아이패드를 가리켜 덩치를 키운 아이폰인데 전화 기능은 없다고 놀려대며 별 관심을 끌지 못할 것이라고 예상했다. 하지만 아이패드는 출시되자마자 국제적 센세이션을 일으키리라는 것이 분명해졌다. 많은 경쟁사들은 즉각 그들 나름의 변형 아이패드 제품 개발에 착수했다. 본질적으로, 그 경쟁사들은 애플의 위험 부담에 의해 생겨난 정보로부터 이득을 보았다.

이러한 종류의 지식 전파의 중요도는 상당하다. 지금까지 수행된 가장 철저한 연구 가운데 하나에서 두 경제학자(스탠퍼드대학교의 닉 블룸과 런던정치경제대학교의 존 반 리넨)는 1981년부터 2001년 사이에 수천 개 기업들을 추적했다. 그 결과 두 학자는, 지식 전파가 너무도 커서 한 기업의 R&D 투자가 그 기업의 주식 값뿐만 아니라 동종 업계 다른 기업들의 주식 값까지 끌어올렸다는 사실을 알아냈다.[1] 어떤 지식 전파는 그 범위가 세계적이기도 하다. 예를 들어, 1990년대 미국 기업들에 의한 R&D 투자의 증대는 비슷한 산업에 종사하는 영국 기업들의 현저한 생산성 증가로 전환되었는데, 그 지식 전파의 다수는 미국에 진출해 있던 영국 기업들에 의해 발휘된 것이었다. 하지만 지식 전파의 상당 부분은 지역적이다. 왜냐하면 지식 전파는 지리적으로 가까운 기업들 사이에서 발생하기 때문이다.

본질적으로, 혁신에 대한 민간 투자는 그러한 투자를 하는 기업에 사적 수익을 안겨주지만, 다른 기업들을 이롭게 하는 사회적 수익도 공급한다. 문제는 시장이 사회적으로 바람직한 수준보다 더 적게 혁신에 투자한다는 사실이다. 왜냐하면 그러한 투자에 대한 수익이, 투자에 돈을 지불하는 사람들에게 충분히 돌아가지 않기 때문이다. 이러한 시장 실패를 바로잡는 유일한 방법은 정부가 개입해 R&D에 투자하는 사람들에게 그들이 발생시키는 외부적 이득을 보상하는 것이고, 대부분의 선진국 정부들과 마찬가지로 미국 정부가 세금 우대 조처를 통해 R&D에 보조금을 지급하는 주요한 이유이다. 이것이 공정성에 관한 문제가 아님을 인식하는 게 중요하다.(순전히 경제적 효율에 관한 문제이다.) 정부가 그렇게 할 도덕적 의무가 있어서 혁신가들에게 보조금을 주는 것은 아니다. 정부가 혁신가들에게 보조금을 주는 이유는 그렇게 하는 것이 미국 경제를 위하는 일이기 때문이다.

　문제는 혁신에 대한 사적 수익과 사회적 수익 간의 차이가 현행의 보조금보다 훨씬 크다는 사실이다. 블룸과 반 리넨이 추산한 바에 따르면, R&D의 사회적 수익률은 약 38퍼센트로서 민간 수익률의 거의 두 배이다.[2] 이것이 암시하는 바가 신경에 거슬린다. 미국은 단지 R&D에 과소 투자하고 있는 것만이 아니다. 현재의 R&D 투자 수준은 사회적으로 최적인 수준에 절반도 채 못 미친다. 경제 정책에 던지는 교훈은 분명하다. 기업의 R&D 지출에 미국 정부가 해주는 현재 세액 공제는 바람직한 수준보다 훨씬 적다. 과학과 공학기술 분야의 학문적 연구, 특히 민간 R&D에 대한 연방 지원을 늘릴 필요가 있다. 이것은 결국 비용만큼 돈이 절약되는 탄탄한 투자이다. 다른 수준의 정부들도 역시 그들의 몫을 해야 한다. 지식 전파의 이득이 부분적으로 지역적이기 때문에(어떤 공동체들에게는 도움이 되지만 다른 공동체들에게는 도움이 되지 않는다), 주와 지방정부들 역시 보조금에 기여하는 것이 효율적인 배분 방식이다.

흥미롭게도, 모든 혁신가들이 같은 수준의 보조금을 받을 자격을 갖는 건 아니다. 블룸과 반 리넨은, 특정한 기업들에 초점을 맞추었을 때, 어떤 기업들은 다른 기업들보다 사회적 수익을 더 많이 발생시킨다는 사실을 발견했다. 예를 들어 컴퓨터와 통신 기업들은 제약 기업들보다 사회적 수익을 더 많이 발생시킨다. 제약 부문의 R&D는 종종 다른 기업들이 이미 하고 있는 것을 복제하며, 같은 증상을 치료하는 약을 특허화하기 위해 여러 기업들이 경주를 벌이는 일이 많다. 이 경쟁에서 승자는 이득을 거두며 모든 다른 기업들은 결국 귀한 자원을 낭비한 셈이 된다. 이러한 사업 훔치기는 제약 R&D의 사회적 가치를 낮추는 경향이 있으며, 이 산업에서 R&D 세액 공제가 축소되어야 함을 암시한다.

미국 경제에서 두 번째로 근본적인 문제는 다루기가 상당히 어렵다. 미국은 인적 자원을 충분히 창출하지 않는다. 지난 30년에 걸쳐 미국은, 대학교육을 받은 젊은 성인의 비율을 그다지 많이 끌어올리지 못했다. 기업들(특히 혁신적 산업에 종사하는 기업들)은 적절한 기량을 갖춘 종업원을 고용하는 데 갈수록 애를 먹고 있다. 그리고 근로자들은 소득 불평등의 가파른 증가를 경험하고 있다. 이 두 가지 문제는 미국에서 인적 자원에 대한 수요와 공급 사이의 심각한 불균형을 반영한다.

최근 미국 교육의 위기에 관한 이야기가 많이 들려온다. 모든 미국 어린이들에게 일류 교육을 받을 기회를 주기 위해 우리 모두 노력해야 한다고 필자는 정녕 믿지만, 그렇다고 필자가 여기에서 하고 있는 주장이 단순한 윤리적 주장은 아니다. 실용적인 주장이다. 그것은 우리가 제3의 미국(공동화된 도심, 높은 범죄율, 낮은 임금, 짧은 기대수명의 미국)을 유일하게 선택 가능한 미래의 미국으로 만들 것인가의 문제이다.

불평등이 교육에서 비롯되는 이유

미국을 방문하는 유럽인들에게 가장 신선하고도 고무적으로 다가오는 측면 가운데 하나는, 미국에는 사회적 계급에 대한 의식이 강하지 않다는 것이다. 심지어 오늘날에도 계급에 대한 생각은 영국과 프랑스(그 주민들이 강하게 부인하는 것만큼이나 많이) 같은 나라에 만연해 있다. 블루칼라 근로자들은 사회 속 그들의 위치에 대해 화이트칼라 전문직 종사자들과는 매우 다른 인식을 갖고 있다. 이것은 물론 그들의 자의식뿐만 아니라 그들의 열망과 정치적 성향에도 영향을 미친다. 이와는 대조적으로 계급이라는 개념은 미국에서는 울림이 없다. 실제로, 여론 조사원들에게서 질문을 받으면 대부분의 미국인들(2만 달러를 버는 사람이나 30만 달러를 버는 사람이나 똑같이)은 자신들이 중산층에 속한다고 대답한다. 필자는 이것이 '구舊세계'와 '신新세계'의 근본적인 문화적 차이 가운데 하나, 즉 미국인들이 왜 대체로 기업가 정신이 강하며 소득 불평등 그리고 소득 재분배에 대해 다른 관점을 가지고 있는지 설명해주는 차이라고 늘 생각해왔다.

하지만 미국인의 자의식이 어떻든 상관없이, 소득 수준의 차이는 커지고 있다. 이 책을 통해 내내 살펴보았듯이, 이러한 증가에는 지리적 요소가 강한 힘을 발휘하고 있다. 또한 이것은 숙련도에 기반을 두고 있기도 하다. 표 4는 1980년 이래 정규직 남자 근로자의 시급이 학력 수준에 따라 어떻게 변해왔는지 보여준다.[3] 고졸 미만 학력 남자와 고졸자의 오늘날 임금은 1980년의 임금보다 낮다. 이에 반해 대졸자 임금은 상당히 올랐다. 석사학위나 박사학위가 있는 근로자들의 임금 상승폭은 더더욱 크다.

'대학 프리미엄'(고졸자와 대졸자 사이의 임금 격차)은 노동시장 불평등의 변화를 추적할 때 노동경제학자들이 가장 흔하게 사용하는 척도이다. 왜냐하면 대학 프리미엄이 전형적인 숙련 근로자와 전형적인 비숙련 근로자 간의 차이를 가장 잘 잡아내기 때문

표 4 **학력별 남자 시급 추이**

	1980년	2010년	변화
고교 중퇴	13.7달러	11.8달러	-14%
고졸	16.0달러	14.8달러	-8%
대졸	21.0달러	25.3달러	+20%
대학원 이상	24.9달러	33.1달러	+32%

주 : 25~60세 전일 근무자와 2011년 달러 가치 기준

이다. 이 프리미엄은 1980년에는 상대적으로 작았지만(불과 31퍼센트), 해마다 커져 지금은 1980년대 수준의 두 배가 넘는다. 이러한 격차는 보상의 다른 측면들을 감안하면 더더욱 커진다. 대졸자들은 더 나은 건강보험과 더 후한 연금을 고용주가 부담해 받게 되기 때문이다.(학력 집단들에 걸친 불평등의 뚜렷한 증가에 더해 학력 집단 내부의 불평등도 현저히 증가했다. 예를 들어, 같은 대졸자들 사이에서도 고임금을 받는 사람들과 저임금을 받는 사람들 간의 격차는 급격히 증가했다.)

임금 불평등은 현재 관심이 많은 주제이다. 그런데 널리 퍼져 있는 오해 한 가지는, 미국의 불평등 문제가 온통 최상위 1퍼센트와 나머지 99퍼센트 사이의 격차에 관한 것이라는 주장이다. 엄청나게 부유한 사람들이 일반인들의 상상력을 자극하기야 하겠지만, 그들의 소득이 임금 불평등 관련 수치들을 주로 만들어 내는 것은 아니다. 이러한 수치들은 뉴욕 파크애비뉴에 펜트하우스를 가진 백만장자들이나 수백만 달러의 스톡옵션을 가진 창업의 달인과 나머지 사람들 사이의 격차를 반영하는 것이 아니다. 그 대신 보통의 대졸자와 보통의 고졸자들, 즉 정규직 일자리, 가족, 주택담보 대출을 가진 보통의 사람들 간의 차이를 반영한다. 모든 최고경영자와 금융가들을 자료에서 들어낸다고 하더라도 표는 대체로 변함이 없을 것이다.[4] 오늘날 미국 내 불평등의 가장 중요한 측면은 거물급 인사 수천 명에게 발생하는 일이 아니다. 그들이 가진 부의 비중이 가파르게 증가하는 것은 확실히 문제이

긴 해도, 대학 졸업장을 가진 4,500만 근로자와 대학 졸업장이 없는 8,000만 근로자 간에 급속히 커지는 격차만큼 중대하지는 않다. 이제 밝혀볼 텐데, 임금 불평등은 사람들의 삶에(그들의 생활 수준, 그들의 가계 건전성, 그들의 건강, 심지어 그들 자녀의 건강에까지) 정말 중요한 차이를 만들어낸다.

또 다른 오해는 임금 불평등의 확대가 주로 의도적인 경제 정책 때문에 생긴다는 것이다. 그러면서 사람들은 최저임금의 실질 가치 하락, 노조와 같이 저임금 소득자들을 보호하곤 했던 기관들의 약화, 규제 완화로 나아가는 일반적 추세를 예로 든다. 하지만 자료를 세심하게 살펴보면 제도적 요인들은 단지 부차적 역할밖에 하지 않았음을 알 수 있다. 임금 불평등은 지난 30년에 걸쳐 유럽, 아시아, 아메리카 대륙의 다른 나라들에서도(나라마다 노동 시장 제도, 규제, 조세 정책, 노조 조직률, 최저 임금 수준이 다르다) 확대되었다. 미국의 경우, 임금 불평등은 최저 임금이 높은 민주당 지지 주들과 최저 임금이 낮은 공화당 지지 주들 모두에서 확대되었다.[5] 또한 대부분의 부문들에서도 임금 불평등이 확대되었는데, 노조 조직률이 높은 부문들이나 노조 조직률이 낮은 부문들이나 사정은 매한가지였다.

사실, 임금 불평등의 추세는 더 깊고 더 구조적인 힘들을 반영하는 것이다. 최근 수행된 방대한 연구에 따르면, 이러한 추세를 가장 잘 설명하는 것은 공급과 수요의 변화, 다시 말해 대졸 근로자에 대한 수요의 증대와 공급의 둔화이다. 주목할 만한 저서에서, 하버드대학교의 두 경제학자 래리 카츠와 클라우디아 골딘은 20세기에 있었던 수요와 공급 사이의 이러한 경주競走를 분석하고, 20세기의 대부분 기간 동안 공급이 수요를 앞질렀으며, 이 때문에 불평등이 억제되었음을 실증했다.[6] 대학에 진학하는 미국인들의 비율은 1950년대와 1960년대에 급속한 비율로 늘고 있었다. 그 결과 대졸자와 고졸자 사이의 소득 격차는 안정돼 있었거나 줄고 있었다.

하지만 지난 40년에 걸쳐 수요가 우세했으며 불평등은 폭발적으로 커졌다. 공급의 둔화는 남자의 경우 특히 확연했다. 1980년부터 오늘날까지 젊은 백인 남자 성인들(25~34세)의 대학 졸업 비율은 22퍼센트에서 26퍼센트로 아주 조금밖에 상승하지 않았다. 다행스러운 점은 여자들의 경우 수치가 좀 더 나았다는 것이다. 이 수치 역시 처음에는 둔화되었지만 최근 들어 다시 수치가 올라갔다. 최근의 대학 졸업자 가운데 60퍼센트가 여자이고 40퍼센트가 남자인데, 이는 그 반대 현상이 일어났던 1980년 이래 놀라운 변화이다. 래리 카츠와 클라우디아 골딘의 연구는, 1980년 이래 대졸자 수의 증가 비율이 처음부터 끝까지 그대로 유지되더라면, 미국의 임금 불평등은 지난 30년에 걸쳐 증가한 게 아니라 감소했을 것임을 보여준다.

이에 대해 우리는 어떻게 무엇을 할 것인가? 우리는 숙련 노동력에 대한 수요가 늘어난 이유를 알고 있다. 기술 발전, 세계화, 외주, 전통적 제조 산업에서부터의 이행移行이 그것이다. 그리고 우리는 인적 자본이라는 연료를 공급받아 아이디어로 구동되는 경제로의 변화가 왜 미국에 좋은 것인지 살펴보았다. 그러므로 숙련 노동력을 담을 수요가 늘어난다 해서 정부가 그것을 제한하거나 관리할 필요도 없고 책임도 없다. 반면, 그 공급을 늘리기 위해 우리가 할 수 있는 일이란 상당히 많다.

잠시 약간 거리를 두고 이 문제를 생각해보면, 숙련 노동력 공급이 둔화된 사실은 다소 혼란스럽다. 대졸자들의 임금이 그들보다 덜 배운 근로자들의 임금보다 훨씬 많이 올랐다는 사실이 드러났는데도, 왜 더 많은 젊은이들이 무엇보다도 대학에 진학함으로써 임금 격차를 줄이려 하지 않는 것일까? 이러한 수수께끼에 직면하면 사람들은 전형적으로 비싸진 대학 등록금을 가리키는 것이다. 대학 등록금은 1970년대에는 쌌지만 이후 사립과 공립을 막론하고 엄청나게 올랐다. 예일대학교 등록금은 1980년 6,210달러에서 오늘날 4만 500달러로 올랐고, 버클리대학교 등록금은 1980년 776달러에서 오늘날 1만 3,500달러로 올랐다. 이는 인상률로 따지면 더더욱 가파른 인상이다. 이들 학교만의 경우가 아니다. 일반적인 미국 대학 등록금은 지난 30년에 걸쳐 열 배가량 올랐다. 이러한 인상률은 대부분의 상품이나 서비스의 가격 인상률보다 훨씬 높다. 그렇다면 이것이 문제의 근원인가?

대부분의 17세 청소년은 대학 진학에 대해 부모 슬하에서 빠져나가기, 새로운 경험하기 그리고 아마도 가끔 술 마시기의 한 방편으로 생각한다. 따분하기 그지없는 사람들인 경제학자들은 대학 진학 결정에 대해 순전히 재정적 용어로 분석하는 경향이 있다. 1964년 시카고대학교의 경제학자 게리 베커는《인적 자본》이라는 책을 썼다. 그는 이 책으로 뒷날 노벨 경제학상을 받았다. 이 책의 핵심 아이디어는 단순하지만 강력하다. 대학 진학 결정은, 그 핵심을 살펴보면, 다른 어떤 투자 결정과도 똑같다. 국채를 살 때 당신은 비용을 선불로 지불하며 시간이 흐른 뒤 그 수익을 받는다. 대학 진학도 이와 마찬가지라고 베커는 지적했다. 2011년 그 선불비용은 놀랄 정도로 높았다.[7] 등록금에다 4년간의 근로소득에 해당하는 기회비용을 감안하면, 총 투자비용은 10만 2,000달러에 이른다.

이것은 엄청난 액수이다. 하지만 그 수익은 훨씬 더 크다. 그림 11은 사람의 생애에 걸쳐 일반적인 대졸 근로자와 고졸 근로자의 봉급을 비교한 것이다. 격차는 22세 때 크며 시간이 흐를수록 더 커진다.[8] 그러다 50세 때 절정에 이르는데, 이때 일반적인 대졸 근로자는 대략 8만 달러를 벌며 일반적인 고졸 근로자는 3만 달러를 번다. 만약 17세 어떤 청소년이 대학 진학을 결정하면, 그는 생애에 걸쳐 100만 달러 이상을 벌 것으로 기대할 수 있다. 만약 그가 대학에 가지 않으면, 그는 그 액수의 절반 미만을 버는 데 그칠 것이다.(이러한 차이는 엄청나지만 정말 사실일까? 프린스턴대학교에 진학한 어떤 사람과 고등학교 졸업 직후 동네 슈퍼마켓에 취직한 어떤 사람을 비교하는 일이 가능할까? 여기에서 우리가 주목해야 할 점은, 대졸자의 더 높은 봉급이 자기 선택을 반영하는 통계상의 착각을 낳기 때문에 이로 인해 실제 수익은 훨씬 낮아진다는 것이다. 대졸자들은 대학에 진학하지 않는 사람들보다 지능지수가 더 높으며 가정 형편이 더 나은 경향이 있다. 이런 요인들을 감안하면 대학 졸업장이 없더라도 이 집단에 속하는 사람들은 더 높은 봉급을 받게 되리란 추론이 가능하다. 선택의 중요성을 알아내는 것은 매우 중요하다. 만약 대졸자들이 더 높은 봉급을 받는 게 교육 때문이 아니라 그들이 지능지수가 더 높거나 집안 형편이 더 나아서라면, 대학 진학에 그 모든 돈을 지불하는 것은 이치에 맞지 않다.

이 문제를 조사한 연구는 많다. 자기 선택이라는 문제를 관리하기 위해 이들 연구는 한 도시에 대학이 신설되거나 주 당국이 더 많은 재정지원을 제공하기로 갑작스레 결정한 경우들을 살폈다. 이러한 경우들에서 자기 선택 문제는 덜 심각한 편인데, 대학 진학 결정이 외부적 요인들에 의해 구동되기 때문이다. 이들 연구에서 도출된 압도적 결론은, 대학에 진학하는 사람들이 대학에 진학하지 않은 사람들보다 분석적 능력이 더 높은 경향이 있는 것은 맞지만, 대학은 분명 사람들의 생산성과 봉급을 직접적으로 끌어올린다는 것이다.

물론 모든 사람이 대학에 가야 함을 의미하는 것은 아니다. 기술의 역사를 보면 학교를 중퇴한 우수한 혁신가들이 많다. 만약 당신에게 획기적 아이디어가 있다면, 당신의 꿈을 좇는 것이 분명히 이치에 맞다. 마이크로소프트에서 일하는 것이 하버드대학교를 마치는 것보다 더 중요하다고 본 빌 게이츠의 판단은 소프트웨어 산업의 전환점이 되었다. 만약 그가 대학 졸업을 우선시했더라면 마이크로소프트는 지배적 기업이 되지 못했을 수도 있고, 빌 게이츠 자신은 오늘날 수십억 달러를 덜 벌었을 수도 있다. 만약 마크 주커버그가 대학에 그대로 남았더라면, 그의 강적인 윙클보스 쌍둥이 형제가 사회 관계망 사이트를 그보다 먼저 개발했을지도 모른다. 2010년 모험자본가 피터 틸은 많은 논란을 불러 일으킨 자선기금을 출범시켰다. 이 기금은 특별히 유망한 사업 아이디어를 가진 20세 젊은이들이 대학을 중퇴할 수 있도록 장학금 10만 달러를 제공하는 것이었다. 하지만 어디까지나 예외적 사례일 뿐이다. 보통의 개인에게 교육은 이득이 되며, 오늘날 그 이득은 어느 때보다 크다.)

대학은 좋은 투자일 뿐만 아니라 가장 좋은 투자에 속한다. 17세 청소년의 부모가 이러한 사실에 대한 확신이 충분하지 않다 치자. 그래서 아들의 대학교육에 10만 2,000달러를 쓰는 대

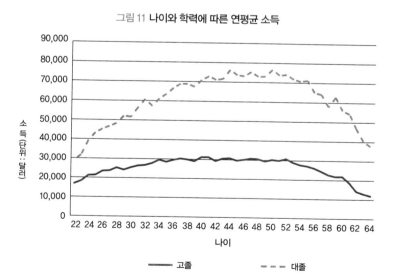

그림 11 **나이와 학력에 따른 연평균 소득**

신 아들에게 주식이나 채권으로 10만 2,000달러를 준다. 그 아들은 대학에 가면 더 잘살까, 그 금융 투자 수익을 얻으면 더 잘살까? 마이클 그린스톤과 애덤 루니는 대학교육을 금융 투자와 비교했다. 그 결과 그들은 금융투자로 더 나은 수익을 올리기 어렵다는 사실을 발견했다.[9] 학사학위에 대한 투자는 인플레를 감안한 연간 수익률 15퍼센트 이상을 내는데, 이는 역대 주식 투자 수익률(7퍼센트), 채권, 금, 부동산 투자 수익률(모두 3퍼센트 미만)보다 현저히 크다. 똑똑한 투자자라면 대학은 반드시 돈을 집어넣어야 할 곳이다. 게다가 위험을 고려할 필요도 없다. 밝혀졌듯이, 인적 자원에 대한 투자는 더 높은 수익을 낼 뿐만 아니라 다른 투자들보다 더 안전한 경향이 있다.

이뿐만이 아니라 대학교육의 이득은 재정적 수익에 국한되지 않는다. 그 이득은 건강, 결혼, 삶의 다른 많은 측면들에까지 영향을 준다. 200만 명이 넘는 어머니들의 대표 표본에 기반을 둔 연구에서, 자넷 쿠리와 필자는 더 잘 교육받은 여성들의 결혼 가능성이 더 높다는 사실을 발견했다. 이 200만 명 중 대졸 여성들의 97퍼센트가 분만기에 결혼한 반면, 고등학교 중퇴 여성들은 72퍼센트만 가임 적정기에 결혼했다. 그리고 결혼한 사람들 가운데 전자 집단의 남편들이 후자 집단의 남편들보다 훨씬 더 높은 소득 잠재력을 지니고 있었다.[10] 좋은 교육은 개인을 받아들이는 데뿐만 아니라 그녀의 자녀를 받아들이는 데에도 이득을 준다. 우리가 발견한 바에 따르면, 대졸 어머니들 가운데 단지 2퍼센트만 임신 중에 흡연했다. 고졸 어머니들은 17퍼센트가 흡연했으며, 고등학교 중퇴 어머니들은 34퍼센트가 흡연했다. 대졸 어머니들은 미숙아나 체중 미달 아기를 출산할 가능성이 훨씬 낮았다. 이 두 가지는 해당자의 건강 문제를 예측할 수 있는 중요한 변수이다. 대졸 부모의 자녀들은 출생 시점에 더 건강할 뿐만 아니라 그들 스스로가 더 많은, 더 나은 학교교육을 받는 경향이 있다. 이는 그들의 건강과 소득 잠재력을 추가로 증대시킨다. 그런데 이러한 차이가, 대학에 가는 여자들이 양육이나 기타 사회경제적 요인들의 결과로써 대학 진학 전에 좋은 습관을 들였다는 사실로 단순히 설명되는 상관관계가 아니라는 점에 주목해야 한다. 이러한 차이는 바로 인과관계를 반영하는 것이다. 이전에는 없었다가 그들이 거주하는 군에 대학이 신설된 직후 여자들에게 커다란 이득이 생겼음을 우리가 관찰했기 때문이다.

랜스 로크너와의 공동 연구에서 필자는 교육에 추가적 이득이 있음을 알아냈다. 교육이 범죄행위에 연루될 확률을 낮춘다는 것이다.[11] 백인 남자들 중에서 범죄를 저질러 투옥될 가능성은 정규교육을 더 받은 개인들이 훨씬 낮았으며, 그 효과는 아프리카계 미국인들의 경우 더더욱 컸다. 재미있는 점은 교육이 단지 그 당사자뿐만 아니라 사회 전체에 이득을 준다는 사실이다.

교육은 분명 개인, 가정, 공동체에 많은 멋진 일을 하며, 아마 우리가 할 수 있는 최선의 투자 중 하나일 것이다. 그러니 미국의 십대 가운데 대학에 가지 않는 사람들이 많아진다는 것은 참으로 놀랍다. 미국의 인적 자원 확대를 제한하는 요인은 무엇인가?

첫 번째 장애물은 많은 미국 가정들이 정말이지 대학교육의 선불비용을 충당할 만큼 충분한 돈을 갖고 있지 않거나 빌릴 수 없다는 사실이다. 어떤 사람이 좋은 투자 아이디어가 있는데 현찰이 없을 경우, 대체로 그는 은행으로 가서 대출을 요청한다. 해마다 수백만 개의 소기업이 이런 식으로 탄생한다. 그런데 이것이 인적 자원에 대한 투자가 다른 종류의 투자와 다른 점이다. 기업을 시작하려면 기계나 부동산처럼 담보로 사용될 수 있는 재화에 대한 투자가 수반된다. 이에 반해 인적 자본은 완전한 실체가 없다. 이는 민간 부문이 사람들의 대학 진학을 돕는 일에 뛰어들지 않는 이유를 설명해준다. 기존 기업에 투자하는 대신 젊은이들이 마침내 노동시장에 진입했을 때, 그들의 더 높은 봉급 가운데 일정 비율을 받는 조건으로 젊은이들의 교육에 투자하는 헤지펀드에 대해 한번 생각해보라. 럼니라는 한 사회적 기업이 바로 그런 일을 하려고 노력하고 있다. 이 기업은 미국과 라틴아메리카 저소득 학생들의 교육을 재정적으로 지원하기 위해 1,500만 달러를 마련했다. 하지만 담보가 없다면 이런 사업모델이 규모가 커질 수 있을 방법을 찾기는 어렵다. 럼니는 돈을 빌려준 학생들에게 졸업한 뒤 10년간의 봉급에서 고정적으로 돈을 떼어 갚으라고 실제로 요구한다. 하지만 이것은 주로 도덕적 의무를 담보로 잡고 있다. 실제로 그것을 집행하는 데에는 비용이 많이 들 뿐만 아니라 시간도 많이 걸린다. 민간 부문의 관여는 여전히 한계가 있다. 그래서 정부가 나서서 자격 있는 학생들에게 보조금이 얹혀진 대출을 제공한다. 상대적으로 덜 부유한 가정들 사이에서 낮은 대학 등록률에 대출 제약이 정확히 얼마나 큰 역할을 하는지를 놓고 경제학자들 간에는 견해가 엇갈린다. 하지만 많은 가정들에 있어 그것이 중요한 원인임은 분명하다.

두 번째 장애물은 교육 수준 선을 따라 심화된 미국의 지리적 분리이다. 앞에서 살펴보았듯이, 성인 가족들이 대졸자인 가정들은 점점 더 다른 대졸자 가까이에 살며, 성인 가족들이 고졸자인 가정들은 갈수록 다른 고졸자들 근처에 산다. 이것은 자녀들에게도 중요한데, 동료효과peer effect가 대학 등록의 결정요인으로 작용하기 때문이다. 대학에 관심이 없는 친구들과 함께 성장하는 자녀들은 대학으로 향하는 친구들과 함께 성장하는 자녀들보다 대학에 갈 가능성이 낮다. 이러한 '사회적 승수'는 다른 사회경제적 집단들 사이에서 교육의 차이를 필연적이다시피 악화시킨다.(세 번째 요인은 대졸자들이 직면하는 더 비싼 생활비인데, 이 문제는 우리가 앞서 검토했다. 대졸자들의 일자리가 생활비가 비싼 대도시 지역들에 집중되는 경향이 있는 반면 고졸자들의 일자리는 생활비가 더 적당한 지역들에 집중되는 경향이 있음을 우리는 살펴보았다. 이것이 대학교육에 대한 투자를 다소 덜 매력적이게 만든다. 물론 대학교육은 여전히 다른 대안들보다 훨씬 가치가 높다.) 그리고 이것은 우리에게 가장 중요한 요인, 즉 조기 교육을 상기시킨다. 노벨 경제학상 수상자인 제임스 헤크먼은 숙련의 축적은 동적인 과정이라고 오랫동안 주장해왔다. "숙련이 숙련을 낳는다. 조기 투자가 후기 투자를 촉진한다."[12] 대학에 대한 투자의 부족을 진정으로 이해하려면 우리는 고등학교로, 더더욱 멀리 돌아가보아야만 한다.

수학 경주

필자는 최근 실리콘밸리의 어느 첨단기술 기업을 방문했다. 인도 태생의 기술자로서 그 회사 임원이기도 한 니미시 모디에게 왜 그 회사의 기술자들 중 다수가 외국인인지 물어보았다. 그는 "미국 태생 기술자들의 부족은 고등학교로 거슬러 올라갑니다. 그것은 미국 고등학교들 전체와 기술교육에 대한 집중 부족과 관련이 있습니다"라고 대답했다. 그는 낭패라는 듯이 이렇게 덧붙였다. "나는 내 아들과 매일 같은 문제를 놓고 입씨름하고 있지요. 그 아이는 이곳에서 태어났는데 도통 수학에 관심이 없어요."

이 문제가 정확히 얼마나 심각한지 알아보기 위해 국제학업성취도평가PISA의 결과를 보자. PISA는 70개국 15세 학생들을 대상으로 실시되는 수학과 과학의 표준시험이다. 모든 학생들이 같은 내용의 문항을 접하기 때문에 이 시험은 전 세계의 수학과 과학 수준을 비교할 수 있는 좋은 방법이다.(수학과 과학이야말로 혁신의 양대 핵심 요소이다.) 표 5에 나타난 PISA 결과는 상당히 걱정스럽다. 명단의 맨 위에는 상하이(중국의 여타 지역과 분리해 시험

표 5 국제학업성취도평가(PISA) 국가별 점수

	수학	과학		수학	과학
중국 상하이	600	575	덴마크	503	499
핀란드	541	554	프랑스	497	498
중국 홍콩	555	549	아이슬란드	507	496
싱가포르	562	542	스웨덴	494	495
일본	529	539	오스트리아	496	494
한국	546	538	포르투갈	487	493
뉴질랜드	519	532	이탈리아	483	489
캐나다	527	529	스페인	483	488
에스토니아	512	528	러시아	468	478
호주	514	527	그리스	466	470
네덜란드	526	522	터키	445	454
리히텐슈타인	536	520	칠레	421	447
독일	513	520	세르비아	442	443
대만	543	520	불가리아	428	439
스위스	534	517	루마니아	427	428
영국	492	514	우루과이	427	427
슬로베니아	501	512	태국	419	425
중국 마카오	525	511	멕시코	419	416
폴란드	495	508	브라질	386	405
아일랜드	487	508	콜롬비아	381	402
벨기에	515	507	튀니지	371	401
헝가리	490	503	아르헨티나	388	401
미국	**487**	502	인도네시아	371	383
체코 공화국	493	500	페루	365	369

(2009년 기준)

을 실시했다)가 있다. 바로 아래에 핀란드, 홍콩, 싱가포르가 있으며 일본, 캐나다, 호주를 포함한 여러 부자나라들이 포함해 있다. 본질적으로 이것은 충격적인 깨달음을 준다. 상하이는 비록 개발도상국에 속하지만, 그곳 학생들은 교육에 많이 투자하고 훌륭하게 조직된 균질적인 북유럽 국가들을 포함해 세계의 모든 부자나라 학생들보다 성적이 높다. 최상위 국가들 바로 아래 집단에는 네덜란드, 독일, 영국을 포함해 여타 유럽 국가들이 속해 있다. 밑바닥에는 튀니지, 페루, 인도네시아 같은 빈국들이 있다. 미국은 무리의 중간에 위치하는데, 헝가리와 체코공화국 사이에 끼어 있으며 폴란드, 슬로베니아보다 한참 아래에 있다. 과학 과목에서 미국은 실제로 꼭대기보다는 밑바닥에 더 가깝다. 마찬가지로 실망스러운 성적은 독해력과 문제 해결력 시험에서도 발견될 수 있다. 빈약한 것은 단지 학교교육의 질만이 아니다. OECD에 따르면, 다른 선진국 30개 나라와 비교할 때 미국은 정규교육 이수에서 11위이다.

또 다른 걱정거리는 PISA 성적의 불평등 정도이다. 미국은 브라질, 인도네시아, 멕시코 등과 더불어 최상위 학생들과 최하위 학생들 간의 성적 격차가 가장 큰 국가에 속한다. 미국의 교육제도는 단지 보통 학생들에게만 도움을 못 주는 것이 아니다. 사회적으로 혜택을 받지 못한 학생들에게 가장 심하게 도움을 주지 못하고 있다. 이것은 미국 사회가 집안 배경과 상관없이 동등한 기회를 보장한다고 기초한 사회계약social contract의 기반을 약화시킨다.

이처럼 걱정스러운 수치들을 놓고 사람들이 흔히 보이는 반응은, 그 수치들이 그다지 중요하지 않다고 가식적으로 행동하는 것이다. 따지고 보면 미국은 여전히 세계 최고의 연구 대학들을 보유하고 있고, 혁신 부문은 학사, 석사, 박사 들이 내놓는 획기적인 연구 결과들에 의존한다. 하지만 그런 반응은 근시안적인 것이다. 일련의 연구 논문들에서 헤크먼이 주장한 바에 따르면, 미국 고등학생들의 중퇴율은 최근의 대졸 근로자 증가세 둔화의 상당한 이유가 되고 있다. 20세기 전반부를 통틀어, 새로이 등장하는 세대는 그 직전 세대보다 고등학교를 졸업할 확률이 더 높았다. 고등학교 졸업률은 1960년대 말 80퍼센트로 절정에 이르렀다. 믿기 어렵지만, 그러다 고등학교 졸업률은 하락하기 시작했다. 비록 그 하락세는 억제되었지만 오늘날의 졸업률은 1970년의 졸업률보다 그다지 높지 않다. 그해 미국의 고등학교(그리고 대학) 졸업률은 세계에서 가장 높았다. 현재 미국은 이 분야에서 수십 개국에 추월당한 상태이다. 기본적으로 고등학교에 관한 한, 지난 40년은 엄청난 기회 상실기였다. 헤크먼은 이렇게 썼다. "1970년 이래 고등학교 졸업률의 하락은 미국 노동 인구의 숙련 수준 성장뿐만 아니라 대학 진학률을 납작하게 만들었다. 미래 노동 인구의 숙련 수준을 높이기 위해 미국은 심각하며 심화되고 있는 고등학교 중퇴 문제에 정면으로 맞설 필요가 있다."[13] 이러한 중퇴율 증가는 미래에 생산성 저하와 불평등 심화를 초래할 것이 분명하다. 미국이 대졸 숙련 근로자의 수를 상당한 수준으로 늘리지 않는다면, 이 나라의 인적 자원 공급은 수요를 충족할 수 없을 것이며 미국 사회의 불평등은 계속 심화될 것이다.

사회적 불균형만이 문제는 아니다. 혁신적 기업들이 적절한 기량 조합을 갖춘 근로자들을 찾기가 갈수록 버거워지고 있다. 우리는 대졸자를 충분히 배출하지 못하고 있을 뿐만 아니라 적절한 종류의 대졸자도 배출하지 못하고 있다. 어느 경제학자가 지적했듯이, 지난 25년에 걸쳐 시각예술과 공연예술을 전공하는 학생들의 수는 두 배로 늘어난 반면 컴퓨터 과학, 화학공학, 미생물학 전공 학생의 수는 제자리걸음을 했거나 줄었다. 3M 사의 최고경영자 조지 버클리는 최근 연구자들을 만난 자리에서, 3M이 과학자들과 기술자들을 더 채용할 필요가 있지만 그런 사람들을 미국인 가운데서만 찾기는 불가능할 것 같다고 불평을 털어놓았다. 캐터필러 사의 최고경영자 더그 오버헬만의 불평은 한층 더 노골적이다. "자격을 갖춘 시급 생산 인력을 도통 찾을 수 없다. 게다가 그 문제에서는 많은 기술자, 기술 지원요원들도 마찬가지이다. 미국의 교육 제도는 기본적으로 그들을 제대로 길러내지 못하고 있다. 그래서 우리는 채용하는 사람마다 재교육해야만 한다." 그는 이것이 명백하게 미국의 생산기반을 훼손하고 있다고 덧붙였다.[14] 최근의 한 조사에서 생명공학 분야 최고경영자들 가운데 47퍼센트가 숙련 근로자의 부족이 미래와 관련한 3대 골칫거리 가운데 하나라고 말했다.[15] 필자 또한 실리콘밸리의 수많은 인사부장들에게서 같은 불평을 들었다. PISA 성적을 보면, 실리 콘밸리가 캘리포니아 대신 싱가포르나 슬로베니아에 자리 잡지 않은 것이 놀라울 뿐이다.

미국에서 인적 자본을 늘리는 데에는 두 가지 방법이 있다. 하나는 학사학위를 가진 미국인의 수를 늘리기 위해 교육의 질(특히 고등학교 수학과 과학)을 획기적으로 개선하는 것이다. 다른 하나는 숙련된 이민자들의 입국을 허용함으로써 인적 자원을 국외에서 수입하는 것이다. 이러한 두 가지 방법에는 재정적 투입이 크게 수반되겠지만, 미국 사회의 장래에 엄청나게 다른 영향을 줄 것이다.

소수민족 발명가들

미국 태생으로서 두뇌가 명석하고 의욕적인 개인들을 비율로 따지자면 미국 이외 지역 태생들의 비율과 같다. 하지만 두뇌가 명석하고 의욕적인 개인들이 미국에서 일하는 비율은 아마 좀 더 높을 것이다. 미국이 지닌 결정적 장점 가운데 하나는, 언제나 독창적이며 의욕적인 외국인들을 자국으로 끌어들이는 능력이었다. 이러한 능력은 대체로 문화와 관련이 있는데, 다른 나라들에서는 그토록 많은 외국인들을 흡수할 만큼 개방적인 곳이 거의 없었기 때문이다. 하지만 이것은 경제학에도 강고한 원인이 있다. 비록 미국이 자국의 독창적 노동 인구를 적절하게 교육하는 일을 사실상 포기했지만, 이 나라는 여전히 기량에 대해 보상한다. 이것이 재능 있는 이민자들이 미국으로 오는 이유이다. 미국의 혁신 중심지들은 근면하고 의욕적인 외국 태생 기업가들과 과학자들을 끌어들이는 자석이며, 미국에서 탁월한 근로자들(더 나은 성과를 내기 위해 더 많이 노력하는 사람들, 또는 더 창의적이며 더 나은 아이디어를 내는 사람들)이 인정받고 보상받을 가능성이 있다는 사실을 반영한다.

다른 나라들의 경우는 늘상 그렇지는 않다. 예를 들어, 유럽 대륙의 근로자들은 매우 다른 인센티브를 경험한다. 융통성 없는 노조협약이 봉급, 근무 시간, 승진을 제약한다. 의사결정은 수직적이며, 승진은 대체로 연공서열에 따라 이루어진다. 출세에는 상당히 오랜 시간이 걸린다.(강등도 마찬가지이다.) 봉급 차이는 작지만, 노력과 능력에 보상이 주어질 가능성은 더 낮다. 만약 당신이 평균 이하의 근로자라면 유럽이 더 나은 고용보장을 제공할 것이다. 하지만 당신이 대단히 능력이 뛰어난 사람이라면 미국이 더 많은 것을 제공한다. 당신의 직장생활은 더 빠르게 발전할 것이며 당신의 봉급은 훨씬 더 높을 것이다. 미국은 선진국 가운데 교육의 수익률이 가장 높은 편이다. 이것은 세전稅前 기준으로도 그렇고, 대부분의 다른 나라들에서 세금이 더 높다는 것을 고려하면 특히 그렇다. 확실히 미국 노동시장은 최고의 인재들에게 매우 매력적이다.

그러므로 이민자들이 갈수록 숙련도가 높아진다는 것은 놀라운 일이 될 수 없다. 학사학위를 가진 이민자와 대학원 교육을 받은 이민자(석사학위 또는 박사학위 소지자)의 비율이 1980년 이래 상당히 높아졌다. 이러한 추세는 지난 10년에 걸쳐 가속화되었다. 이 기간 중 저숙련 이민자의 누적 수치는 떨어졌으며, 고숙련 이민자의 누적 수치는 계속 강하게 유지되었다.(2008~2011년의 불황기에 두 집단 모두 규모가 상당히 줄었는데 이는 미국 노동시장의 전반적 약세 때문이다.) 오늘날 이민자가 석사나 박사 학위를 소지할 가능성이 본토 태생의 미국인보다 훨씬 높다. 이민을 주제로 한 토론에서 이 부분을 흔히 놓치곤 한다. 이민자가 4년제 대학 졸업장을 소지할 가능성은 본토 태생 미국인과 같다.(하지만 이민자가 매우 낮은 수준의 정규교육을 이수했을 가능성 또한 훨씬 높다. 따라서 이민 인구는 토착 인구보다 훨씬 더 양극화되어 있다.)[16]

숙련 이민자들의 비율이 전국적으로 증가하고 있지만, 이러한 추세는 미국 내 지역에 따라 방대하게 달라 보인다. 어떤 도시들은 석사 이상 학위를 가진 고학력 전문직 종사자들을 끌어들이는 반면, 다른 도시들은 무학無學의 노무자들을 끌어들인다. 첫 번째 집단에서 이민자들은 토착민들보다 교육 수준이 높은 편이다. 그래서 그들의 미국 도착은 공동체의 평균 인적 자원을 늘린다. 두 번째 집단에서 이민자들은 토착민들보다 교육 수준이 낮은 경향이 있다. 그래서 그들의 도래는 평균 인적 자본을 희석시킨다. 그 중간에 있는 도시들에서는 이민자들과 토착민들의 교육 수준이 비슷하다. 토착민들에게 세 개의 미국이 있는 것과 꼭 마찬가지로, 이민자들에게도 세 개의 미국이 있다.

브루킹스연구소에서 작성한 지도 5를 보자. 대학교육을 받은 이민자들이 고등학교 중퇴 이민자들보다 최소한 25퍼센트 많은 도시들과 그 반대 현상의 도시들을 나타낸다. 뉴헤이븐, 미니애폴리스, 필라델피아, 샌프란시스코, 워싱턴 D.C., 뉴욕은 고숙련 이민자들의 대표적 목적지들이다. 놀랍게도, 이 집단에는 피츠버그, 올버니, 버펄로, 클리블랜드 같은 옛 제조업 중심지들도 몇 군데 포함되어 있다. 전반적으로 대도시 지역 44곳이 고숙련 이민자들을 유치하는 반면, 30곳이 저숙련 이민자들을 유치한다. 이 후자 집단에는 서부와 남서부 국경 부근의 도시들이 포함된다. 이를테면 애리조나 주 피닉스, 캘리포니아 주 베이커즈필드, 텍사스 주 엘패소 그리고 이민자의 다수가 학교를 고작 몇 년간만 다녔거나 아예 정규교육을 받지 않은 텍사스 주 매캘런이다. 이 집단에는 또 대평원 지대의 도시들, 이를테면 오클라호마시티, 오마하, 털사, 위치타도 포함되어 있다. 이러한 도시들 간의 차이는 지난 30년에 걸쳐 확대되고 있다. 주목할 만한 것은, 심지어 이민에서도 대분기가 발생하고 있다는 점이다.

이 방대한 지리적 차이는, 혁신 부문의 지리적 차이의 원인이자 결과이다. 혁신 중심지들은 고등교육을 받은 이민자들을 유치한다. 왜냐하면 그들에게 적합한 일자리를 갖고 있기 때문이다. 이와 동시에 현지의 인적 자원을 늘림으로써 고등교육을 받은 이

지도 5 대도시 이민자 교육 수준

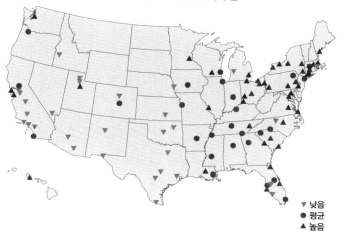

▼ 낮음
● 평균
▲ 높음

민자들은 혁신 중심지들을 더 생산적이고 창의적으로 만든다. 2010년 출간한 세심한 분석 논문에서 제니퍼 헌트와 마리올레인 고티어-루이셀은 지난 60년에 걸쳐 다른 미국 주들에서 생산된 특허의 수를 숙련 이민자들의 유입에 연관시켰다.[17] 그렇게 해서 그들이 발견한 것은 대학교육을 받은 이민자의 비율이 가장 빠르게 증가한 주들이 특허 수에서도 가장 많은 증가를 보인다는 사실이었다. 그 효과는 무척 크다. 외국 태생 대졸자의 수가 1퍼센트 증가하면 인구 대비 특허가 9~18퍼센트 증가한다. 이처럼 큰 효과의 원인이 되는 것은 고숙련 이민자들이 토착민들보다 혁신에 더 많이 직접적으로 기여한다는 점이다. 그들은 두 배의 비율로 특허를 생산하기 때문이다. 이에 더해 교육 수준이 높은 이민자들은 지역의 인적 자본을 늘림으로써 역동적인 혁신 중심지들을 지속시키고 지식 전파를 확산시키는 데 필요한 임계질량을 주들이 획득하도록 돕는다. 이렇게 해서 이민 흐름은 지난 30년에 걸쳐 일어나고 있는 미국 공동체들 간의 격차를 더 확대하고 있다.

최근까지만 해도 다른 소수민족들의 혁신 기여도를 측정하기가 어려웠다. 왜냐하면 특허청이 이 문제를 추적하지 않기 때문이었다. 하지만 2011년 경제학자 윌리엄 케르가 마케팅 담당자들이 사용하는 것과 비슷한 소수민족 명부 데이터베이스를 사용해 어느 소수민족이 미국의 기술 발전에 가장 많이 기여하는지를 정확하게 측정했다.[18] (기본적으로 어느 발명가의 성이 '창'이면 케르는 그 사람을 중국인으로 분류했다. 만약 성이 '굽타'라면 그는 인도인으로 분류되었다.) 케르가 발견한 바에 따르면, 소수민족 발명가들, 특히 중국계와 인도계 발명가들에게 1990년대에 교부된 특허의 비율 증가는 놀라운 수준이었다. 소수민족 발명가들의 특허는 컴퓨터와 제약 같은 첨단기술 산업들에 집중되어 있는 반면, 토착민들의 특허는 전통적 제조업 분야들에 상대적으로 더 많이 집중되어 있었다.

모든 기존 연구들은 이민자들이 미국의 기술 발전에서 갈수록 더 큰 비중을 차지함을 보여준다. 필자는 이런 통계에 익숙하다. 오랫동안 이를 연구해왔기 때문이다. 그런데도 필자가 실제로 실리콘밸리의 첨단기술 기업들을 방문해 목격한 것은 정말이지 의외였다. 미국 경제에서 이민자들이 차지하는 역할에 대해 의구심을 가진 사람이 있다면, 이들 기업 가운데 한 곳을 방문해 회사 구내식당에서 점심을 먹으며 근무자들과 대화하면 된다. 비미국 태생 미국인들에 의해 미국의 혁신이 얼마나 많이 창조되고 있는지를 정말로 이해할 수 있는 장소가 바로 거기다.

일자리와 비자

1990년대에 100만 명이 넘는 소련 이민자들이 이스라엘에 도착했다. 그들 대부분은 교육 수준이 높은 사람들이었다.[19] 이스라엘의 나라 크기를 감안하면 이는 인적 자본의 전례 없는 증가를 의미했다. 비록 현지 제조업에 미친 영향은 기대에 못 미치는 수준이었지만, 첨단기술 부문은 생산성과 혁신성에서 괄목할 만한 향상을 경험했다. 숙련된 개인들의 다른 대규모 이주 사례에서도 같은 패턴이 나타난다. 1997년 7월 1일 영국은 홍콩을 중국에 반환했다. 중국 치하에서 사는 것에 불안을 느낀 부유하고 교육 수준이 높은 사람들이 많이 포함된 홍콩 주민 수천 명이 반환을 앞두고 여러 해에 걸쳐 밴쿠버로 이주했다. 초기에는 당연히 약간 문화적 긴장이 감돌기도 했다. 모든 홍콩인이 밴쿠버에 계속 남은 것은 아니지만, 결국 이 도시는 인적 자본과 금융 자본이라는 면에서 홍콩인의 유입으로 이득을 보았다. 이민자들은 예금을 가져왔으며, 현지 경제는 수백만 달러를 신규 투자로 받아들였다. 많은 이민자들은 홍콩을 연상시키는 고밀도의 고층 아파트에 정착했으며, 이렇게 해서 도심의 경제력 활성화를 극적으로 가속화했다. 이러한 변화는 밴쿠버를 문화적 다양성을 지닌 세계적 대도시로 변모시키는 데 도움을 주었다.

일본은 정반대의 경험을 가지고 있다.[20] 일본의 첨단기술 기업들은 1980년대에 세계시장을 휩쓸었지만, 지난 20년에 걸쳐 이들 기업은 특히 소프트웨어와 인터넷 관련 사업들에서 대거 우위를 상실해갔다. 이처럼 놀라운 운명의 반전에는 많은 원인들이 있지만, 그중 으뜸가는 요인은 대체로 이민자들의 부족 때문에 일본 기업들이 미국 기업들보다접근 가능한 소프트웨어 기술자 풀이 상당히 작았다는 것이다. 대부분의 외국 태생 소프트웨어 기술자들에게 미국은 자석인 반면, 일본은 법률적·문화적·언어적 장벽으로 인해 지구촌 인적 자본의 유입이 제한적이었다. 이는 실질적으로 일본으로 하여금 첨단기술 부문의 가장 역동적인 부분들 가운데 일부 주도적 지위를 내주게 만들었다. 우리가 앞에서 보았듯이, 전문적인 직종들을 위한 노동시장의 두께는 혁신 부문의 성공을 결정짓는 핵심적 요인이다.

오늘날 벌어지는 이민 관련 토론은 다음과 같은 요점을 놓치고 있다. 고숙련 이민자 한 사람에게 발급되는 비자가 반드시 미국 시민 한 사람의 일자리 하나를 줄어들게 하는 건 아니라는 사실이다. 반대로 그것은 미국 시민들에게 많은 추가 일자리를 의미할 수 있다. 외국 태생 근로자들은 미국 노동 인구의 15퍼센트를 차지하지만 모든 엔지니어들 중에서는 3분의 1, 박사학위가 있는 노동 인구 중에서는 절반을 차지한다. 이민자들이 없다면 미국은 지금과 같은 방식으로 과학 분야들을 지배하지 못할 것이다. 예를 들어 그들이 없으면, 미국이 받는 노벨상은 훨씬 적어질 것이다. 외국 태생 과학자들은 그들의 미국 태생 동료들보다 미국에 주어지는 노벨상을 받을 가능성이 두 배 높다. 그리고 전미과학 아카데미와 국립공학아카데미에도 인구 대비 높은 비율로 회원 가입되어 있다. 비단 과학 관련 수상 실적과 학계 지위에 있어서만이 아니다. 미국 근로자들 입장에서 더더욱 중요한 것으로, 이민자들은 기업을 창업할 가능성이 비이민자들보다 거의 30퍼센트 더 높다. 또한 그들은 1990년 이래 벤처 지원을 받은 모든 상장기업의 25퍼센트를 차지하며, 매출 100만 달러 이상 신생 첨단기술 기업의 25퍼센트를 차지한다.[21] 스티브 잡스(그의 시리아인 아버지는 박사 과정 공부를 위해 미국으로 왔다), 제리 양(대만 태생의 야후 공동 창업자), 세르게이 브린(러시아 태생의 구글 공동 창업자)은 미국 토착민들에게 수천 개의 새 일자리를 제공한 기업들을 창설한 이민자들 또는 그들의 자녀들로서 전체 사례 중 일부에 불과하다.

이런 식으로 보면, 이민에 관한 현재 벌어지고 있는 토론은 뭔가를 잘못 짚고 있음을 알 수 있다. 이런 토론들은 더 엄격한 규정을 원하는 사람들과 더 완화된 규정을 원하는 사람들 간의 이념 투쟁으로 변질되었다. 하지만 핵심 질문은 얼마나 많은 이민자가 아니라 어떤 종류의 이민자를 받아들일 것이냐이다. 그러한 효과의 정확한 규모가 여전히 현재 경제학자들 사이에서 활발한 토론의 주제가 되고 있다. 아마도 저숙련 이민자들이 저숙련 토착민들의 봉급을 압박하는 경향이 있는 경우일 것이다. 하지만 고숙련 이민자들의 효과는 특히 저숙련 미국인들에게 긍정적인 경향이 있다.

여기에는 세 가지 이유가 있다. 첫째, 고숙련 이민자들은 저숙련 미국인들과 직접 경쟁하지 않는다. 사실 그 두 집단은 서로를 보완하는데, 이는 전자 집단의 증가가 후자 집단의 생산성을 끌어올릴 가능성이 있음을 의미한다. 둘째, 기업들은 고숙련 이민자들의 유입에 대해 투자 증대로 반응하는 경향이 있다. 그리고 이 신규 투자는 저숙련 근로자들의 생산성을 추가로 높일 수 있다. 셋째, 숙련 이민자들은 지역 수준에서 아마도 중요한 지식 전파를 발생시킬 것이다. 왜냐하면 한 도시에서 교육 수준이 높은 개인들의 증가는 지역 경제를 강화하며, 따라서 지역의 일자리를 창출하고 토착민들의 임금을 끌어올리는 경향이 있기 때문이다.

원칙적으로 그 효과는 심지어 숙련 미국인들에게까지 긍정적이다. 두말할 것 없이 고숙련 이민자들은 그들처럼 미국으로 이민 온 상대방들과 경쟁한다. 그리고 이것은 미국인들의 임금을 압박하는 경향이 있지만 다른 두 가지 효과는 숙련 토착민들의 임금을 끌어올리는 경향이 있다. 이것은 잠재적으로 부정적 효과를 상쇄시킨다. 이와는 상관없이 숙련 이민자 수의 상당한 증가는 임금 불평등을 낮추는 데 중요한 역할을 할 수 있다. 전반적으로 미숙련 이민자들의 수를 제한하면 토착민들에게 부정적 효과를 미칠 가능성이 없는 반면, 숙련 이민자들의 수를 제한하면 특히 저숙련 근로자들에게 상당히 부정적인 효과를 미칠 것이다.

제니퍼 헌트는 최근 어떤 종류의 고숙련 이민자가 미국 토착민들에게 이득을 가져다줄 가능성이 가장 높은지를 밝히는 연구 결과를 내놓았다.[22] 대학교육을 받은 이민자들의 상세한 표본을 사용해 그녀가 밝혀낸 바에 따르면, 박사학위 취득 후 연구원 신분과 전공의사 신분으로 미국에 도착하는 사람들이 독창적 연구와 특허를 발생시키는 데 가장 성공적이었으며 이들의 업적은 토착민들의 성과를 크게 능가한다. 이와 대조적으로 이미 미국에 건너와 있는 가족 덕분에 도착하는 이민자들은 토착민과 같은 수준의 성과를 보이는 데 그친다.

학사학위, 석사학위, 박사학위를 가진 이민자들을 선호하는 쪽으로 이민 정책을 급격히 개혁하는 것은 미국에 이익이 된다.

20세기 초, 미국은 역사적으로는 짧고 문화적으로 유럽에 분명히 뒤지는, 여전히 대체로 미개발된 국가였다. 베를린, 파리, 런던, 로마는 서방 세계의 권력 중심지들이었다. 그들 도시는 뉴욕과 시카고를 잘 해봐야 촌스러운 변방 도시쯤으로 간주하는 한편, 미국의 나머지 지역들은 미개척 지대로서 주목할 가치도 없다고 여겼다. 그렇지만 그 무렵 미국은 있어 반박의 여지가 없는 교육 지도국으로 자리를 잡았다. 선진국들 가운데 독특하게도 미국은 고등학교 과정까지 본질적으로 의무교육을 실시하기로 결정했다. 이에 반해 유럽 국가들(전통적으로 매사에 엘리트주의가 강한)은 수십 년이 지나서야 고등학교 과정을 의무교육에 포함시켰다. 게다가 유럽 국가들은 정작 의무교육을 시작했을 때에도 미국보다 훨씬 덜 진보적이고 훨씬 덜 의욕적이었다.

이처럼 멀리 내다본 결정으로 인해 20세기 대부분 기간에 걸쳐 미국은 인적 자본에 대한 투자에서 세계 지도국 지위를 유지했다. 하버드대학교의 골딘과 카츠는 최근 펴낸 저서에서 20세기를 가리켜 "인적 자원의 세기"라고 불렀다. 미국 근로자가 다른 나라 근로자보다 훨씬 더 잘 교육받았기 때문에 미국 근로자는 세계에서 가장 생산적이고 혁신적이며 기업가 정신이 강했다. 그들은 인적 자본의 세기가 미국의 세기이기도 한 것은 우연이 아니라고 강조한다. 세계 주변부의 단순한 변방에서 지구촌의 경제 강국으로 미국이 거침없이 상승한 것은 미국 노동 인구의 우월한 기량과 관계가 많다. 20세기의 대부분을 통해 미국은 교육에 있어 세계 지도국이었다. 미국의 경제적 지배력은 미국의 교육적 지배력에 결코 적게 힘입은 것이 아니다. 하지만 지난 30년에 걸쳐 이처럼 적극적인 교육 확대 정책은 후퇴했다. 미국 대학원들과 연구소들은 여전히 세계 최고 수준을 유지하고 있지만, 미국 초등학교들과 중등학교들은 갈수록 많은 유럽 국가들과 그 수가 늘어나는 개발도상국 학교들에 뒤지며, 대학 졸업률은 둔화되었다.

인적 자본이 20세기에 경제적 번영의 열쇠였다면, 21세기에는 더더욱 중요하다. 다가오는 시대에 성공하는 사회들은 가장 창의적인 기업가들을 유치하고 육성할 수 있어야 할 것이다. 미국은 이 새로운 경제에서 계속 경쟁력을 유지하기 위해 어떻게 자국의 인적 자본을 늘릴 것인지 선택할 필요가 있다. 미국의 혁신적 기업들에 그들이 필요로 하는 교육받은 근로자들을 공급하는 한편 숙련 근로자들과 미숙련 근로자들 사이의 경제적 격차를 줄이는 데에는 두 가지 방법이 있다.

한 가지 방법은, 학사학위와 석사 이상 학위를 가진 근로자들에게 유리하도록 이민 정책을 획기적으로 개혁하는 것이다. 캐나다와 호주 등에서 이미 채택한 이러한 정책은 미국 납세자들에게 많은 비용 부담을 지우지 않고 미국의 인적 자본을 늘리게 될 것이다. 미국인 기술자를 교육하는 대신 인도인 기술자의 미국 이민을 허용하는 것은, 미국 납세자들이 그 사람의 교육에 경비를 대지 않았음에도 미국 기업이 그의 재능을 얻을 수 있다는 걸 의미한다. 이 경우 미국은 본질적으로 인도의 호의 덕분에 인적 자본을 공짜로 받는 것이다. 대안적인 방법은 미국인들을 교육함으로써 미국 내에서 인적 자본을 늘리는 것이다. 이러한 선택 방안에는 단기적으로 미국 납세자들 입장에서는 상당한 비용 부담이 수반된다. 왜냐하면 그 방안에는 고등학교 교육의 개편과 고등교육의 대폭적 확대가 따라와야 하기 때문이다. 하지만 그 방안에는 또한 교육을 더 잘 받게 되어 결국 좋은 직업을 얻게 되는 미국인들 입장에서 상당히 많은 장기적 이득도 수반된다. 아무것도

하지 않는 방법도 확실히 하나의 선택이기는 하지만 이것은 끔찍한 선택이다. 아무것도 하지 않는 것은 혁신과 관련해 미국이 장점을 상실함을 의미한다. 설상가상으로 그것은 정체와 돌이킬 수 없는 위축으로 이어질 게 분명하다.

교육과 이민 사이의 선택은 중립적인 것이 아니다. 구글 입장에서는 최고의 인재를 선발할 수만 있다면 자사 기술자들이 미국 여권을 소지하느냐 인도 여권을 소지하느냐는 문제가 되지 않을지 모른다. 그러나 미국 근로자들 입장에서는 대단히 중요한 문제이다. 그 첨단기술 일자리의 상당한 보상이 미국 근로자가 아니라 인도 근로자에게 간다는 것을 의미하기 때문이다. 그렇게 되면 혁신적 일자리들을 교육 수준이 높은 외국인들에게 주고 정작 자신들에게는 승수효과로 인해 창출된 서비스 일자리들을 남겨줄 것이다. 이것이 바로, 아이폰이 쿠퍼티노에서 중국인 또는 인도인 박사들에 의해 설계되고 제작된 다음 토착 미국인 근로자들이 그들을 지원하는 웨이터, 목수, 간호사로 일하는 세계이다. 오늘날 이 나라가 직면한 가장 중요한 전략적 결정은 바로 교육에 대한 것이다

지역적이고 지구적인 경제

위대한 도시 사상가 제인 제이콥스가 50년 전에 인식했듯이,

자연 생태계와 꼭 마찬가지로 공동체들도 정지 상태의 존재들이 아니라 그 주민들의 독창성에 따라 팽창되거나 수축되는, 끊임없이 진화하는 창의적 공유지들이다. 공동체들은 인간 생태계들이다. 공동체들의 끊임없는 파괴와 재탄생의 과정은 결국, 과거에도 그랬고 오늘날에도 그렇듯, 혁신을 구동하는 것이다. 혁신은 일부 활동과 직종 들을 한물간 것으로 만드는 한편 새로운 활동과 직종들을 창조한다. 창의적 불꽃은 제이콥스가 '새 일new work'이라고 명명한 것을 끊임없이 발생시킨다. 그녀는 1960년대와 1970년대에 저술활동을 한 사람이다. 그러므로 그녀가 제시한 혁신 사례들은 구식이지만, 사회를 활기차고 번영하게 만드는 일에 대한 그녀의 인식은 오늘날에도 여전히 진리로 울려 퍼진다. 사람들이 비옥한 도시의 환경에서 상호작용하고 그들의 아이디어가 예상 밖의 충돌을 일으켜 이전에 존재하지 않았던 뭔가를 창조할 때, 혁신은 발생한다.

우리는 역설로 가득 찬 세계에 살고 있다. 이것은 때로 그 세계를 이해하기 버겁게 만들지만 대단히 흥미롭게도 만든다. 가장 흥미로운 역설 가운데 하나는, 우리의 지구촌 경제가 갈수록 지역적이 되어가고 있다는 것이다. 폭발적 상호 연결, 거리의 종말에 주목하는 온갖 호들갑에도 불구하고, 우리가 살고 일하는 장소는 그 어느 때보다 더 중요하다. 우리의 최고 아이디어는 여전히, 우리가 마주치는 사람들, 우리 주변에 바로 펼쳐져 있는 사회 환경에서 우리가 얻는, 일상적이며 예측 불가능한 자극을 반영한다. 우리의 중요한 상호작용 가운데 대부분은 여전히 얼굴을 마주하고 나누는 대화에서 비롯된다. 우리가 배우는 가치 있는 것의 대부분은 위키피디아가 아니라 우리가 아는 사람들에게서 나온다. 세계의 전화통화, 웹트래픽(웹사이트를 방문하는 사용자들이 주고받는 데이터의 양―옮긴이), 투자의 방대한 다수는 여전히 지역에서 이뤄진다. 재택근무는 지금도 매우 드물다. 화상 회의, 이메일, 인터넷 통화는 혁신적인 사람들이 나란히 근무할 필요를 떨어뜨리는 데 어떤 영향도 미치지 못했다. 사실 이것은 그 어느 때보다 더 중요하다. 상품과 정보가 지구촌 구석구석까지 갈수록 빠른 속도로 여행하는 바로 그 시점에, 우리는 어떤 핵심적인 도시의 중심부로 향하는 정반대의 중력을 목격하고 있다. 세계화와 현지화는 동전의 양면처럼 보인다. 점점 더, 지역 공동체들이 경제적 성공의 비결이 되고 있다. 최근 자신의 신생 기업을 실리콘밸리로 이전한 이스라엘 기업인 야니브 벤사돈의 말마따나, "인터넷을 통해 어디서든 일이 이루어질 수 있다는 말은 맞다. 하지만 결국 가장 중요한 것은 여전히 사람이 하는 일이다."[23] 21세기의 이러한 두 가지 주요 추세(세계화 심화와 지역화 심화)는 우리의 작업 환경과 공동체들의 구조 자체를 개조하고 있다.

　진지한 강단講壇 경제학자들은 책을 내게끔 되어 있지 않다. 그들은 전문적인 논문을 쓰게 되어 있다. 정말이지, 그런 논문들을 쓰는 것이 지난 15년간 나의 주된 일이었다. 일부 다른 학문 분야들과 달리, 경제학이라는 학문은 대중적 저술에 대해 보상을 베풀지 않는다. 여기에는 여러 타당한 이유들이 놓여 있다. 하지만 노동경제학과 도시경제학의 교차점에 존재하는 여러 문제들에 관해 연구하느라 15년을 보내고 나니, 필자의 전문적인 논문들을 읽는 소수의 독자들보다 범위가 더 큰 독자들에게 다가가고 싶다는 욕망이 갈수록 커졌다. 매튜 칸과의 숙명적 대화와 안식년이 촉발 요인이 되어 필자가 몇 년간 검토해온 프로젝트를 마침내 시작하게 되었고, 막상 해보니 놀랄 만큼 기분 좋은 경험을 했다. 뜻밖에 재미있는 것을 발견한 식으로, 큰 그림을 보며 한 해를 지내다 보니 앞으로의 연구를 위한 새로운 아이디어를 많이 얻었다. 그래서 이를 논문에 담을 수 있게 될 때까지 못 기다릴 정도가 되었다.

　이 프로젝트가 그토록 재미있었던 이유 중 하나는, 이 프로젝트 덕분에 필자의 사고에 영향을 미치는 많은 사람들과 대화할 기회를 누릴 수 있었다는 사실이다. 스탠퍼드대학교 경제학과와 스탠퍼드 경제정책연구소에서 안식년을 보내며 이 책의 대부분을 집필했다. 필자에게 정말 잘해주었을 뿐만 아니라 일부러 시간을 내 필자를 실리콘밸리의 뛰어난 혁신가들에게 연결해준 존 쇼벤에게 감사드린다. 많은 친구들과 동료들이 뛰어난 제안을 해주었다. 특히 창타이 쉬에, 폴 오이어, 팻 클라인, 조반니 페리, 제시 로스타인, 알렉스 마스, 마이클 얀, 빌럼 브로는 전반부 초고(또는 전반부 초고의 일부)를 읽고 통찰력 있는 논평과 건설적 비판을 아끼지 않았다. 브루스 만과 맷 와닝은 정말 친절하게도 필자에게 시애틀의 역사에 관해 유용한 정보를 제공해주었다. 프로젝트를 진행하는 기간 내내 닉 블룸, 존 반 리넨, 세베린 보렌스타인, 와드 핸슨, 마크 브리드러브, 에드 글레이저, 자크 로와르, 제럴드 오틀러, 마크 뱁신, 벤 폰 자스트로, 마르코 타르치니, 테드 미겔로, 안토니오 모레티, 닉 샌더스와의 대화는 참으로 유익했다. 말할 수 없을 정도로 총명하고 호기심 많으며 성실한 버클리대학교의 두 학생 알렉스 윌린스키와 조이스 리우는 이 연구에 탁월한 지원을 하고 원고를 개선하도록 도와주었다. 노련한 지도 제작자 마이크 웹스터는 본문에 쓰인 지도를 만들어냈다.

　필자의 출판 대리인 조에 파그나멘타는 전문가답게 출판사 물색 과정에서 필자를 이끌었다. 필자가 휴턴 미플린 하코트 출판사에 마음이 끌린 이유 하나는 아만다 쿡이 거기 있어서다. 그녀는 출판업계 최고의 편집자 가운데 한 사람이라고 들었다. 그녀는 나를 실망시키지 않았다. 그녀가 세세한 논평과 큰 그림에 근거한 제안 형식으로 보내준 피드백은 필자가 본문을 형성하고 개념을 정교하게 다듬는 데 도움이 되었다. 이 책의 본문 편집자 리즈 두발은 두 차례에 걸친 꼼꼼한 편집과 많은 유용한 제안들로 본문을 또 한번 개선해주었다.

무엇보다 일라리아에게 감사드린다. 그녀는 신기한 낙관주의를 지니고 있어 필자가 뭔가 다른 것을 시도해보려는 생각을 언제나 지지해주었다. 심지어 필자가 이유 없는 비관주의에 빠져 일을 미루고 싶었을 때에도 마찬가지였다. 그녀 말은 언제나 옳았다.

2013년 국내에서 번역 출간된 이케다 준이치池田純一의《왜 모두 미국에서 탄생했을까》는 구글, 애플, 페이스북, 트위터, 아마존, 이베이 같은 정보통신 업계 주요 기업들이 왜 모두 미국에서 태어났는지에 관한 배경을 설명한 책이다. 미국 캘리포니아대학교 버클리캠퍼스 경제학 교수 엔리코 모레티가 저술한《직업의 지리학》은 이케다의 질문에 대해 노동경제학과 사회학적 분석에 기초한 통찰력 있는 답을 제공한다.

모레티 교수의 답변은 간결하다. 미국은 누가 뭐래도 기술 혁신에서는 세계 최고이기 때문에 제조업이 종말을 맞이하고 있음에도 미국 경제의 미래는 밝다는 것이 저자가 이 책에서 내리고 있는 결론이다. 그렇지만 미국이 혁신에서 세계 최고 자리를 계속 지켜나가려면 보통교육을 일대 개혁해야만 하며, 이것이 여의치 않다면 교육 수준이 높은 이민자들을 적극적으로 받아들여야 한다고 주장한다. 이가 없으면 잇몸으로 썹듯, 필요한 인적 자원을 자국민 가운데에서 충분히 조달할 수 없으면 외국에서 '비싼 그 나라 세금으로 길러놓은' 핵심 인재들을 데려다 쓰자고 강조하는 것이다. 이런 이민 정책을 쓰지 않거나 하지 못해서 유럽은 기술 혁신에서 미국에 뒤졌으며, 그 극단적 사례가 바로 일본이라고 저자는 지적한다.

이렇듯 《직업의 지리학》의 핵심 메시지는 세계화와 기술 발전으로 인해 세계 경제의 지형은 어마어마하게 달라졌고, 이제 남들도 만들어낼 수 있는 일반 제조물품에 매달려서는 미국 같은 선진국이 더는 먹고살 수 없으니 남들이 도저히 흉내 낼 수 없는 혁신적 첨단기술을 속속 개발해야 한다는 것이다.

이탈리아에서 성장한 모레티 교수는 이탈리아가 생활방식에서는 세계에서 둘째가라면 서러울 정도로 멋진 나라이지만 이탈리아 사람들의 적극성, 이동성, 탐구심 등은 별로라고 소개한다. 특히 이탈리아에서 다 큰 남자들이 죽어라고 부모 곁을 떠나지 않으려 하는 성향은 이 나라 경제 발전에 마이너스 요인이 되고 있으며, 혁신에 크게 주목하지 않는 이 나라 산업계와 정치계의 풍토는 이탈리아에 혁신 부문이 거의 존재하지 않는 주요 이유라고 지적한다. 한국에 관해서는 중국과 더불어 단기적 성과에 매달리는 경향이 있는 예외적 아시아 국가라고 평가한다.

또 미국에서 구상하고 설계한 제품을 단순 생산하는 데 싫증을 느낄 다른 나라들이 앞으로 점차 늘어날 테지만 그렇다고 해서 이들 나라가 미국의 혁신성을 뛰어넘거나 미국과 대등한 위치에 오르기는 어려울 것이라고 자신 있게 의견을 밝힌다. 그 근거로는 미국 고등학생들의 수학과 과학 실력이 한국 고등학생들에 한

참 못 미칠 정도로 미국 보통교육 과정은 황폐화되었지만 많은 외국 태생 미국인들, 순전한 외국인들, 토착 미국인들이 함께 수많은 대학과 연구소, 기업에서 수행하고 있는 혁신 활동들을 예로 들어 자세하게 설명한다. 이러한 자신감 넘치는 주장은 학문적 근거 없는 자만심과 다르다는 점에서 저자의 경제 지형을 읽어내는 힘을 느끼게 해준다.

노동경제학과 도시경제학의 교차점에 서서 폭넓은 시각으로 일자리의 새로운 지형을 밝힌 이 책을 통해 우리만의 생존 전략을 모색해보기를 바라며 역자 후기를 마친다.

들어가는 글

1. Interview in "Former Sun CEO Worries About Region's prospects", *WSJ* bay Area section, Feb 10, 2011.
2. Atkinson and Gottlieb, "The Metropolitan New Economy Index", 2001.

1 제조업의 흥망

1. U.S. Bureau of Labor Statistics, "Industry Output and Employment Projections to 2018."
2. Jacoby, *Made in the USA.*
3. Glaeser, *Triumph of the City.*
4. Fallows, *China Makes, the World Takes.*
5. Autor, Dorn, and Hanson, *The China Syndrome.*
6. Bloom, Draca, and Van Reenen, "Trade Induced Technical Change?"
7. Karrie Jacobs, "Made in Brooklyn", *Metropolis,* June 2010.
8. Ibid.
9. Broda and Romalis, "The Welfare Implications of Rising Price Dispersion."
10. Basker, "Selling a Cheaper Mousetrap."
11. The author's analysis is based on data from "County Business Patterns", U.S. Census Bureau.
12. Fallows, *China Makes, the World Takes.*
13. Autor, "The Polarization of Job Opportunities in the U.S. Labor Market."

14. Autor, Levy, and Murnane, "The Skill Content of Recent Technological Change."

15. Autor, "The Polarization of Job Opportunities in the U.S. Labor Market."

2 스마트 노동 : 마이크로칩, 영화, 승수효과

1. World Intellectual Property Indicators, World Intellectual Property Organization, 2010.

2. Data come from the author's analysis of data from the U.S. Patent and Trademark Office.

3. Grove, "How America Can Create Jobs."

4. The author's analysis is based on data from "County Business Patterns", U.S. Census Bureau.

5. Hann, Viswanathan, and Koh, "The Facebook App Economy."

6. Alexopoulos, "Read All About It!"

7. Manyika and Roxburgh, "The Great Transformer."

8. 노동통계국에 따르면, "이 산업의 근로자들은 경제 분야에서 과학적 연구 및 R&D의 전부는 아니지만 많은 부분을 수행한다. 광범한 산업 부문들(제약, 화학, 자동차, 항공우주 산업)에서 기업들에 의해 수행되는 R&D의 많은 부분은 과학적 R&D 서비스 산업 내부에서 수행된다. 왜냐하면 많은 기업들이 유지하는 실험실과 기타 R&D 시설이 생산 공장과 이들 산업 특유의 기타 시설과 떨어져 있기 때문이다." (From Bureau of Labor Statistics, "Career Guide to Industries, 2010–2011 Edition.")

9. Bureau of Labor Statistics, "Occupational Employment Projections to 2018."

10. Balasubramanian and Sivadasan, "What Happens When Firms Patent?"

11. Calvey, "Bay Area Startups Court Cash-Strapped, Credit-worthy."

12. "Yoga in America", *Yoga Journal*, February 2008.

13. Bureau of Labor Statistics, "Occupational Outlook Handbook, 2010–2011."

14. 교역적 일자리라고 해서 다 똑같은 것은 아니다. 교역적 부문의 근로자들이 더 생산적이고 더 높은 소득을 올리는 도시들은 더 큰 비교역적 부문을 지원

할 수 있다. 자료에 따르면, 미국의 경우 교역적 부문에 보수가 더 후하고 더 많은 일자리를 가진 도시들은 비교역적 일자리 또한 더 많이 갖고 있다.

15. Moretti, "Local Multipliers."

16. Ibid.

17. Wessel, "The Factory Floor Has a Ceiling on Job Creation."

18. Eicher, "The Microsoft Economic Impact Study."

19. Pélissié du Rausas et al., "Internet Matters."

20. Helft, "In Silicon Valley, Buying Companies for Their Engineers."

21. Barboza, "As China Grows, So Does Its Appetite for American-Made Products."

22. Wessel, "Big U.S. Firms Shift Hiring Abroad."

23. Fallows, *China Makes, The World Takes.*

24. 더 정확하게 말하자면, 당시 인도는, OECD '우수실험실관리기준GLP' 작업 반이 정의한 일련의 실험실 시험 규정에 전면적으로 충실하다고 판정받기 위해 노력하고 있었다. 인도는 2011년 3월 3일 OECD의 GLP 작업반에 전체 의무를 지는 정회원으로 가입하는 것이 허용되었다. 이것은 다음과 같은 의미를 갖는다. GLP 인증을 받은 인도 내 실험실에서 사전임상시험을 통해 생성된 안전성 데이터는 이제 유럽 전역, 미국, 일본을 포함한 모든 OECD 회원국에서 남아프리카공화국과 싱가포르 같은 비회원국에서도 받아들여질 것이다. 여기에는 기원이 합성물이거나 생물학적인 것일 수 있는 의약품, 공업 약품, 식품 및 식품 첨가물, 농약에 대한 시험이 포함된다.

25. Cockburn and Slaughter, "The Global Location of Biopharmaceutical Knowledge Activity." Hanson, Mataloni, and Slaughter, "Expansion Abroad and the Domestic Operations of U.S. Multinational Firms."

26. National Academy of Engineering, "The Offshoring of Engineering."

27. Balasubramanian and Sivadasan, "What Happens When Firms Patent?"

28. Van Reenen, "The Creation and Capture of Rents."

29. 혁신활동의 경제적 지대를 근로자들이 일부 점유한다는 사실은 이치에 맞다. 결국 혁신에서 가장 중요한 요소는 물리적 자본이 아니라 인적 자본이다. 기업들이 R&D에 투자할 때 그 지출의 다수는 R&D 근로자들의 급여이다. 실험실과 기계도 중요하지만, 사람은 훨씬 더 중요한 요소이다. 근로자들은 혁

신에 의해 창출된 경제적 지대의 대단히 많은 부분을 차지한다. 왜냐하면 혁신 부문의 일자리는 다른 일자리들과 다르기 때문이다. 그 일자리는 창의성과 독창성을 포함한다. 통상적 보수 체계를 사용해서는 창의성을 고취하기 어렵다. 창의와 혁신은 표준적이고 덜 창의적인 일자리들에 비해 근로자 쪽에 훨씬 더 많은 몰입을 요구하기 때문에 근로자와 고용주 사이의 지대 공유는 기업이 그 종업원들에게 더 열심히 일하라고 촉구하는 하나의 방법이다.

3 거대한 분리의 물결

1. "City of Despair", *The Economist*, May 22, 1971, pp.57-58.
2. 이 수치들은 〈인구 조사 보고서〉와 〈미국 공동체 조사 보고서〉의 자료를 사용해 필자가 산출했다. 대졸 근로자에는 석사 이상 학위 소지자도 포함된다.
3. Tice, "Geeks of a Feather."
4. Moretti, "Local Multipliers."
5. My analysis is based on data from the U.S. Patent and Trademark Office.
6. The calculations are based on data from the U.S. Patent and Trademark Office, "Extended Year Set-Patents By Country, State, and Year All Patent Types", December 2010.(Hunt and Gauthier-Louiselle, "How Much Does Immigration Boost Innovation?" 참조.)
7. U.S. Patent and Trademark Office, "United States Patent Grants-Number of Grants per 100,000 Population, by Metropolitan Area, 1998."
8. Data are from PricewaterhouseCoopers, "MoneyTree Report." The earliest available year is 1995.
9. Echeverri-Carroll, "Economic Growth and Linkage with Silicon Valley."
10. 미국 IPUMS(세계 최대의 개인 차원 인구 데이터베이스-옮긴이)에서 입수한 〈2006, 2007, 2008년 미국 공동체 조사 보고서〉에 나온 연간 근로소득(세전)을 가중평균했다. 추정의 정밀도를 극대화하기 위해, 직업별 소득 분석을 할 때, 해당 직업에 적어도 100개의 관찰 대상이 있는 도시들만을 분석 대상으로 삼았다. 예를 들어, 변호사에 대해 조사하는 경우, 필자는 〈미국 공동체 조사 보고서〉에서 변호사 소득 자료를 적어도 100개 제시한 도시들만을 조사 대상으로 삼았다. 공업 생산 관리자들의 경우, 해당 직업에 적어도 20개의 관

찰 대상이 있는 도시들만을 분석 대상으로 삼았다. 유효한 관찰 대상이 100개 있는 도시가 너무 드물기 때문이다.

11. My analysis is based on data from "the American Community Survey", U.S. Census Bureau.

12. 미국 인구조사국이 2006~2008년을 대상으로 작성한 〈인구 조사 보고서〉와 〈미국 공동체 조사 보고서〉에서 얻은 자료를 사용해 필자가 계산한 것을 표로 옮겼다. 표본은, 모든 해당 연도에 파악된, 대도시 지역(근로 인구 10만 명 이상)에 사는 25~59세의 모든 근로자를 포함하며, 그들의 교육과 수입에 관한 정보를 망라한다. 수입은 세전 근로 소득을 말한다. 가중치가 〈미국 공동체 조사 보고서〉에 의해 제공된 적절한 '개인 가중치'인 경우 가중 평균을 나타냈다.

13. My calculations are based on data from the Census of Population and the American Community Survey, U.S. Census Bureau.

14. My calculations are based on data from the Census of Population and the American Community Survey, U.S. Census Bureau.

15. Moretti, "Estimating the Social Return to Higher Education"; Moretti, "Workers' Education, Spillovers and Productivity."

16. Lucas, "On the Mechanics of Economic Development."

17. Moretti, "Estimating the Social Return to Higher Education."

18. Lin, "Technological Adaptation, Cities, and New Work."

19. My analysis is based on data from "the Census of Population and the American Community Survey", U.S. Census Bureau.

20. 미국 인구조사국이 발간한 〈1980년, 1990년, 2000년 인구 조사 보고서〉, 〈2006년, 2007년, 2008년 미국 공동체 조사 보고서〉에서 상세한 자료를 얻어 산출했다. 25~60세 근로자들을 포함했고, 연도별로 상위 10개와 하위 10개의 대도시 지역을 뽑아 추정치를 계산했다. 따라서 상부 집단과 하부 집단에 속하는 대도시 지역들은 연도에 따라 다르고, 그래프에 나타난 추세는 전체를 대표하는 단면의 불평등으로 해석되어야 한다. 그렇지 않으면 상부 집단과 하부 집단을 1980년의 대학 비율에 기초해 정의할 수도 있다.(즉, 1980년 현재 대학 비율이 가장 높은 도시들과 가장 낮은 도시들로 구분.) 그럴 경우 각 집단에 속하는 도시들의 정체성이 고정된다. 그림 12에서 보듯이 질적으로

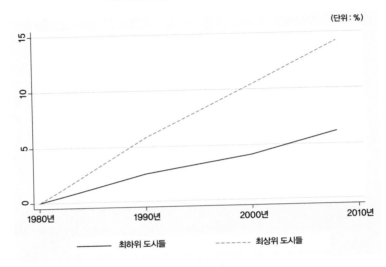

그림 12 1980년 이후 대졸자 비중 증가 추이

(단위 : %)

최하위 도시들 ———   최상위 도시들 - - - - - -

비슷할 것이다.

21. Glaeser and Vigdor, "The End of the Segregated Century."

22. 이전 그림과 마찬가지로 이 그림도 필자의 계산에 기초한 것이다. 미국 인구 조사국이 발간한 〈1980년, 1990년, 2000년 인구 조사 보고서〉, 〈2006년, 2007년, 2008년 미국 공동체 조사 보고서〉에서 상세한 자료를 얻어 산출했다. 25~60세 근로자들을 포함했고, 먼젓번처럼 연도별로 상위 10개와 하위 10개의 대도시 지역을 뽑아 추정치를 계산했다.(다시 말해, 그림은 전체를 대표하는 단면의 불평등의 변화를 보여준다.) 따라서 최상부 집단과 최하부 집단에 속하는 대도시 지역들이 연도별로 다르다. 만약 최상부와 최하부 집단이 1980년의 대학 비율에 기초해 정의된다면(즉, 1980년 현재 대학 비율이 가장 높은 10개 도시와 가장 낮은 10개 도시), 그림 13에서 보듯이 질적으로 비슷할 것이다.

23. My analysis is based on data from "the Institute for Health Metrics and Evaluation", University of Washington.

24. Kulkarni, Levin-Rector, Ezzati, and Murray, "Falling Behind."

직업의
지리학

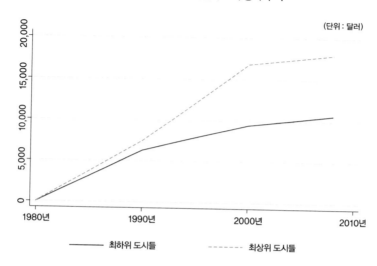

그림 13 1980년 이후 대졸자 소득 증가 추이

(단위 : 달러)

―― 최하위 도시들   ------ 최상위 도시들

25. 워싱턴대학교 건강 계량 및 평가연구소에서 작성한 미국 3,147개 군의 남자와 여자의 기대수명 자료를 바탕으로 필자가 분석했다. 교육과 수입에서의 분기를 나타내는 그림들에 대해서 말하자면, 이 추정치는 연도별 상위 10개 군과 하위 10개 군에 기초했다. 따라서 최상부 집단과 최하부 집단에 속하는 군들은 해마다 다르다.

26. Carrell, Hoekstra, and West, "Is Poor Fitness Contagious?"

27. Fletcher, "Social Interactions and Smoking."

28. Ludwig et al., "Neighborhoods, Obesity, and Diabetes-A Randomized Social Experiment."

29. 이 수치는 현재의 혼인 여부와 상관없이 모든 성인을 포함한 것이다.(따라서 여기에는 조사 시점에 이미 재혼한 사람들도 포함된다.) 자료는 〈인구 조사 보고서〉와 〈미국 공동체 조사 보고서〉에서 얻었으며 조사 대상은 18~70세의 모든 개인이다.

30. U.S. Census Bureau, "the Census of Population and the American Community Survey."

31. Moretti, "Does Voting Technology Affect Election Outcomes" and "Racial Bias in the 2008 Presidential Election."

32. Milligan, Moretti, and Oreopoulos, "Does Education Improve Citi-zen-ship?"

33. Friedman, *Capitalism and Freedom*.

34. Dave Leip, "Atlas of U.S. Presidential Elections and CNN."

35. 필자의 계산은 미국 국세청 소득통계 부서에 기다란 양식의 신고서를 제출하는 501c(3) 단체들에 기초한다. 여기서 얻은 자료는 "The Geography of Giving"(Card, Hallock, and Moretti)에 사용되었다.

36. 인구 대비 비영리단체의 수가 가장 많은(또는 인구 대비 기부금이 가장 많은) 10대 도시와 인구 대비 비영리단체의 수가 가장 적은(또는 인구 대비 기부금이 가장 적은) 10대 도시 사이의 격차는 1990년보다 오늘날 훨씬 더 크다.

4 끌어당기는 힘

1. Hoge, "Help Desk Firm Solves Problem of How to Grow."

2. Tam, "Technology Companies Look Beyond Region for New Hires."

3. Kane, "Overseas Start-Ups Move In."

4. Baumgardner, "Physicians' Services and the Division of Labor Across Local Markets."

5. 최근 한 인터뷰에서 주커버그는 그가 좋아하지 않는 실리콘밸리의 몇 가지 측면을 비판했지만 "만약 내가 보스턴에 머물렀더라면 페이스북은 작동하지 않았을 것"이라고 인정했다.

6. Wheeler, "Local Market Scale and the Pattern of Job Changes Among Young Men"; Bleakley and Lin, "Thick-Market Effects and Churning in the Labor Market."

7. Costa and Kahn, "Power Couples."

8. Clark, "Overseas Tech Firms Ramp Up Hiring in Silicon Valley."

9. Sorenson and Stuart, "Syndication Networks and the Spatial Distribution of Venture Capital Investment."

10. Delo, "When the Car-Rental Fleet Is Parked in Your Driveway."

11. Gelles, "All Roads Lead to the Valley."

12. Interview, "The Changing Role of the Venture Capitalist," *Marketplace*, NPR, January 18, 2011.

13. Kissack, "Electric Vehicles Companies Tap Silicon Valley Cash."

14. Jaffe, Trajtenberg, and Henderson, "Geographic Localization of Knowledge Spillovers as Evidenced by Patent Citations."

15. Ibid.

16. Thompson, "Patent Citations and the Geography of Knowledge Spillovers."

17. Lohr, "Silicon Valley Shaped by Technology and Traffic."

18. Belenzon and Schankerman, "Spreading the Word."

19. Adams and Jaffe, "Bounding the Effects of R&D."

20. Azoulay, Graff Zivin, and Wang, "Superstar Extinction."

21. Lee, Brownstein, Mills, and Kohane, "Does Collocation Inform the Impact of Collaboration?"

22. 이 대목은 샌프란시스코 크로니클 건물 프로젝트의 일부인 사회적 기업 허브 소마의 홈페이지에서 따온 것이다.

23. Markusan, Hall, Campbell, and Deitrick, "The Rise of the Gun Belt", pp.187-189.

24. Grove, "How America Can Create Jobs."

25. Klepper, "The Origin and Growth of Industry Clusters."

26. Lindsay Riddell, "'Anti-Growth' Company Shooting for the Stars", *San Francisco Business Times*, July 1, 2011.

27. Mattioli, "As Kodak Fades, Rochester Develops Other Businesses."

5 이동성과 생활비의 불평등

1. Manacorda and Moretti, "Why Do Most Italian Youths Live With Their Parents?"

2. Ferrie, "Internal Migration."

3. Ibid.

4. Micro data, 2000 Census.

5. Wozniak, "Are College Graduates More Responsive to Distant Labor

Market Opportunities?"

6. Gregg, Machin and Manning, "Mobility and Joblessness."

7. Machin, Pelkonen, and Salvanes, "Education and Mobility."

8. Data from the U.S. Bureau of Labor Statistics.

9. 여기에서의 시장 실패는 무엇보다 실업을 초래하는 구직 과정에서의 마찰로 나타난다.

10. Kain, "Housing Segregation, Negro Employment, and Metropolitan Decentralization."

11. Bound, Groen, Kézdi, and Turner, "Trade in University Training."

12. Mallaby, "More Money Than God."

13. Sieg, Smith, Banzhaf, and Walsh, "Estimating the General Equilibrium Benefits of Large Changes in Spatially Delineated Public Goods."

14. Moretti, "Real Wage Inequality."

15. Moretti, "Local Labor Markets."

16. Krueger, Perri, Pistaferri, and Violante, "Cross-Sectional Facts for Macroeconomists."

17. Moretti, "Real Wage Inequality."

18. 당신은 "이 대졸자들이 모두 엄청나게 높은 주택 담보대출 원리금과 집세를 지불하더라도 최소한 그들은 큰 도시에 살고 있다. 더 높은 생활비는 그런 도시에 더 나은 생활 편의시설들이 있음을 반영한다"고 생각할지도 모른다. 필자의 연구에 따르면, 대졸자들이 도시 생활을 무작정 동경한 나머지 생활비가 비싼 해안 도시들로 이주한 것은 아니다. 도시 생활은 1980년대보다 확실히 더 좋아졌지만, 그것은 원인이라기보다 결과이다. 대졸자들이 비싼 도시 지역으로 이주한 주된 이유는 일자리와 관계가 있다. 대졸자 일자리, 특히 금융과 첨단 기술 분야 일자리는 비싼 해안 도시들에서 더 많이 증가했다. 그래서 대졸자들이 그런 도시들로 간 것이다. 대졸자들은 샌프란시스코와 보스턴 같은 곳들에 사느라 비싼 대가를 치르고 있다. 그것은 그들의 일자리가 그런 곳들에 있기 때문이지 1980년에 그들이 고졸자들보다 샌프란시스코와 보스턴을 더 좋아했기 때문이 아니다.

19. Glaeser and Ward, "The Causes and Consequences of Land Use Regulation"; Glaeser and Tobio, "The Rise of the Sunbelt"; Glaeser, Gyourko,

and Saks, "Why Is Manhattan So Expensive?"

6 빈곤의 덫과 매력적인 도시들

1. Powell, Whittington, and Packalen, "Organizational and Institutional Genesis."
2. Leuty, "SF Life Science Hub Lures East Coast Venture Firms."
3. Powell, Whittington, and Packalen, "Organizational and Institutional Genesis," pp.4-5.
4. Ibid.
5. Zucker, Darby, and Brewer, "Intellectual Human Capital and the Birth of U.S. Biotechnology Enterprises."
6. 특히 파월, 휘팅턴, 패클라렌은 제각기 자질이 풍부했던 수많은 잠재적 단지들이 중요한 단지들로 발전할 수 있었는데도 그렇지 않았다고 주장한다. "뉴욕 시의 대도시권과 뉴저지 주 중심부에는 유명 대학들, 많은 부유한 금융 기관들, 숱한 대규모 다국적 제약회사들이 있다. 필라델피아 대도시권에는 펜실베이니아대학교, 위스타연구소, 폭스체이스 암센터, 필라델피아 아동병원, 주요 공공 연구 기관들과 제약회사들이 많이 있다. 초기에 가장 크게 성공한 생명공학 회사 가운데 하나인 암젠이 1980년 창립된 곳인 로스앤젤레스는 캘리포니아 공과대학과 캘리포니아대학교 로스앤젤레스 분교UCLA에 충분한 과학 자원이 있었지만 단지는 그곳에 응집하지 못했다. 텍사스 주 휴스턴에는 금융 자산을 비롯해 여러 의과대학과 종합대학, 연구병원이 있었다. 조지아 주 애틀랜타에는 질병통제센터가 있고 연구대학인 에모리대학교와 조지아 공과대학교가 있다. 오하이오 주 클리블랜드는 모험자본의 초기 본산이었으며, 클리블랜드 10 의료원은 전국에서 손꼽히는 연구병원이다. 그런데 어느 도시에서도 오늘날 눈에 띄는 생명공학 활동이 없다." (Powell, Whittington, and Packalen, "Organizational and Institutional Genesis", pp.4-5)
7. Zucker, Darby, and Brewer, "Intellectual Human Capital and the Birth of U.S. Biotechnology Enterprises"; Zucker et al., "Minerva Unbound"; Zucker, Darby, and Armstrong, "Commercializing Knowledge"; Zucker and Darby, "Capturing Technological Opportunity via Japan's Star Scientists"; Zucker, Darby, and Armstrong, "Geographically Localized Knowledge";

Zucker and Darby, "Present at the Biotechnological Revolution."

8. 최근 연구에서 주커와 다비는 미국이 세계 생명공학 스타들 가운데 절반 남짓을 보유하고 있음을 보여준다. 더더욱 재미있는 것은 이 수치가 시간이 흐르면서 변하는 방식이다. 연구대학들에서 강력한 선두를 지키는 미국은 세계 스타 과학자들의 주된 산실이다. 그렇다고 그 스타들이 모두 미국에 남기로 결정하지는 않는다. 하지만 스타들은 미국에 집중하는 경향을 보인다. 최근 스타들은 스위스, 영국, 캐나다 같은 나라들에서부터 미국으로 왔다. 이것은 아마도 스위스 주들이 들고 나온 새 규제들 때문에 그들이 생명공학에 등을 돌렸다는 사실을 반영할 것이다. 영국은 조직적으로 대학에 대한 지원을 감축했다. 그리고 고도로 숙련된 개인들을 위한 미국 노동시장이 캐나다 노동시장보다 상대적으로 더 매력적이다. 전반적으로 미국은 그럭저럭 양적 순이익을 달성했으며, 생명공학 부문에서 우세를 강화할 수 있게 되었다. 혁신 단지의 소재지에 대해 스타들이 갖는 중요성이 가장 큰 분야는 제약, 생명공학과 컴퓨팅, IT이며, 나노기술 분야가 이보다 영향이 작고, 반도체 분야가 영향이 가장 작다.(Zucker and Darby, "Movement of Star Scientists and Engineers and High-Tech Firm Entry" 참조.)

9. Scott, "Origins and Growth of the Hollywood Motion-Picture Industry."

10. Ibid.

11. Richard Florida, "The Rise of the Creative Class", p.206.

12. Jacobs, "Made in Brooklyn."

13. "The Cost of Cool", *The Economist*, September 17, 2011.

14. Jon Swartz, "San Francisco's Charm Lures High-Tech Workers," *USA Today*, December 6, 2010.

15. Ibid.

16. "The Revolution on Batteries", *Boston Globe*, May 22, 2011.

17. Jaffe, "Real Effects of Academic Research."

18. 300억 달러는 2010년 화폐 가치로 환산한 것이다.

19. Jacobs, "Why TVA Failed."

20. Kline and Moretti, "Local Economic Development, Agglomeration Economies and the Big Push."

21. Mayer, "Bootstrapping High-Tech" 참조.

22. 공공 정책은 더 최근에 와서 더욱 중요해졌다고 메이어는 덧붙인다. 현지 기업들은 공공 정책 변화를 옹호하기 시작했으며, 일부 경우들과 관련해 그 기업들은 시민사회 지도자들을 관여시키는 데 성공했다. 예를 들어 포틀랜드, 보이시, 캔자스시티에서 혁신적 기업들이 몸집을 불려나가자 그 기업들은 더 숙련된 근로자들을 구하기 시작했으며 대학에 기반을 둔 연구에 더 많이 의존하게 되었다. 그렇지만 모든 경우들에 있어 정책 변화에는 시간이 걸렸다. 기술에 기반을 둔 대도시의 경제개발은 필연적으로 장기적 과제이다.

23. Vara, "Clean Tech Arrives, with Limited Payoff."

24. 전 세계적으로 연료 전지, 태양광, 풍력, 지열 에너지 분야 혁신에 대한 특허 신청은 2000년 584건에서 2009년 3,424건으로 거의 다섯 배 증가했다. 이러한 증가에서 태양광 에너지가 가장 큰 몫을 차지했다. 일본 발명가들이 태양광 에너지와 연료전지 기술에 대한 특허를 가장 많이 냈고, 미국 발명가들은 풍력기술에 대한 특허를 가장 많이 냈다.(World Intellectual Property Organization, World Intellectual Property Indicators, 2010 참조.)

25. Vara, "Red Flags for Green Energy."

26. Borenstein, "The Private and Public Economics of Renewable Electricity Generation."

27. Baker, "U.S. Solar Firms Lead in Installation."

28. Vara, "Clean Tech Arrives."

29. Greenstone, Hornbeck, and Moretti, "Identifying Agglomeration Spillovers"; Greenstone and Moretti, "Bidding for Industrial Plants."

30. Busso, Gregory, and Kline, "Assessing the Incidence and Efficiency of a Prominent Place Based Policy."

31. 필자가 이 계산에 사용한 수치들은 이 책 집필 시점(2012년)에 구할 수 있었던 가장 최신판 자료에 근거한 것이다. 거주자와 비거주자의 연간 소득 증가액 합계를 먼저 구하고, 연방 프로그램에 들어간 납세자들의 세금(6억 달러)에 징세비용을 감안해 1.3을 곱해 총비용을 산출한 뒤, 전자를 후자와 비교해 수익률을 산출했다. 이 프로그램에 의해 영향을 받는 근로자 노동의 잠재가격은 제로로 잡았다. 이 프로그램이 고실업 지역을 겨냥했다는 사실을 감안한다면 이러한 가정은 비현실적이지 않다.

7 새로운 인적 자본의 세기

1. Bloom, Schankerman, and Van Reenen, "Identifying Technology Spill-overs and Product Market Rivalry."; Griffith, Harrison, and Van Reenen, "How Special Is the Special Relationship?" and Lychagin, Pinske, Slade, and Van Reenen, "Spillovers in Space" 참조.

2. Bloom, Schankerman, and Van Reenan, "Identifying Technology Spill-overs and Product Market Rivalry."

3. My calculations are based on data from the Census of Population and the American Community Survey, U.S. Census Bureau.

4. 실제로 인구 조사 자료에서 뽑아 필자가 여기 사용한 소득 자료는 최상위 계층을 암호화한 것이다. 30만 달러를 넘는 소득은 모두 30만 달러로 본다는 뜻이다. 이렇게 한 이유는 조사 응답자들의 사생활을 보호하기 위해서이다. 최상위 계층 암호화가 이루어지지 않으면, 자료 속에서 매우 소득이 높은 사람들의 신원을 파악하기 쉬워진다. 최상위 계층 암호화의 부작용은 매우 높은 봉급이 이러한 수치들과 관련이 없다는 것이다.

5. Autor, "The Polarization of Job Opportunities in the U.S. Labor Market."

6. Goldin and Katz, *The Race Between Education and Technology*.

7. Greenstone and Looney, "Where Is the Best Place to Invest $102,000?"

8. 여기에 표시한 평균치들은 일자리가 있는 사람들과 일자리가 없고 봉급도 없는 사람들을 모두 포함한다. 따라서 이 평균치들은 소득 차이만 반영하는 것이 아니라 실업 가능성 차이도 반영한다.

9. Ibid.

10. Moretti and Currie, "Mother's Education and the Intergenerational Transmission of Human Capital."

11. Lochner and Moretti, "The Effect of Education on Crime."

12. Heckman, "Policies to Foster Human Capital."

13. Heckman and LaFontaine, "The Declining American High School Graduation Rate."

14. Samuelson, "High-Skill Job Openings Abound."

15. Riddell, "East Bay Schools Aim to Refresh Biotech Labor Pool."

16. 예를 들어 골딘과 카츠는 앞의 논문에서 이민자의 17퍼센트가 9년 미만의 정

규교육을 받은 반면 토착 미국인 가운데 그런 사람은 1퍼센트에 그친다고 보고하고 있다.

17. Hunt and Gauthier-Loiselle, "How Much Does Immigration Boost Innovation?"

18. Kerr, "The Agglomeration of U.S. Ethnic Inventors."

19. Paserman, "Do High-Skill Immigrants Raise Productivity?" 참조.

20. Arora, Bransetter, and Drev, "Going Soft."

21. Kerr, "The Agglomeration of U.S. Ethnic Inventors"에 근거한 수치임.

22. Hunt, "Which Immigrants Are Most Innovative and Entrepreneurial?"

23. Lohr, "Silicon Valley Shaped by Technology and Traffic."

THE NEW
GEOGRAPHY
OF JOBS